8° R 10025

Paris
1889

Barthélémy-Saint-Hilaire, Jules

La Philosophie dans ses rapports avec les sciences et la religion

BIBLIOTHÈQUE
DE PHILOSOPHIE CONTEMPORAINE

LA PHILOSOPHIE

DANS SES RAPPORTS

AVEC LES SCIENCES ET LA RELIGION

PAR

J. BARTHÉLEMY-SAINT HILAIRE

Membre de l'Institut.
Sénateur.

PARIS
ANCIENNE LIBRAIRIE GERMER BAILLIÈRE ET Cie
FÉLIX ALCAN, ÉDITEUR
108, BOULEVARD SAINT-GERMAIN, 108

1889

LA PHILOSOPHIE

DANS SES RAPPORTS

AVEC LES SCIENCES ET LA RELIGION

A LA MÊME LIBRAIRIE

AUTRES OUVRAGES DE M. BARTHÉLEMY-SAINT HILAIRE

De la logique d'Aristote. 2 vol. in-8 . . . . 10 fr.
Histoire de l'École d'Alexandrie. 1 vol. in-8 . . . . 6 fr.
De la métaphysique. 1 vol. in-18 de la *Bibliothèque de philosophie contemporaine*. . . . . 2 fr. 50

Pensées de Marc-Aurèle, traduites et annotées par M. Barthélemy-Saint Hilaire. 1 vol. in-18. . . . . 4 fr. 50

ŒUVRES D'ARISTOTE, traduction de M. Barthélemy-Saint Hilaire.

Psychologie (Opuscules), avec notes. 1 vol. in-8. . . . 10 fr.
Rhétorique, avec notes. 1870. 2 vol. in-8 . . . . . . 16 fr.
Politique. 1868, 1 vol. in-8. . . . . 10 fr.
Traité du ciel. 1866, 1 fort vol. grand in-8. . . . . . 10 fr.
La Métaphysique d'Aristote. 3 vol. in-8, 1879. . . 30 fr.
Traité de la production et de la destruction des choses, avec notes. 1866, 1 vol. grand in-8. . . . . 10 fr.

Coulommiers. — Imp. P. Brodard et Gallois

LA PHILOSOPHIE

DANS SES RAPPORTS

AVEC LES SCIENCES ET LA RELIGION

PAR

J. BARTHÉLEMY-SAINT HILAIRE

Membre de l'Institut,
Sénateur.

PARIS
ANCIENNE LIBRAIRIE GERMER BAILLIÈRE ET Cie
FÉLIX ALCAN, ÉDITEUR
108, BOULEVARD SAINT-GERMAIN, 108

1889
Tous droits réservés

LA PHILOSOPHIE

DANS SES RAPPORTS

AVEC LES SCIENCES ET LA RELIGION

PREMIÈRE PARTIE

LA PHILOSOPHIE AU XIXe SIÈCLE

Ce n'est pas une apologie de la philosophie qu'on a prétendu faire dans les pages qui vont suivre : la philosophie peut s'en passer; on a simplement voulu expliquer une idée qui est en général trop peu comprise. La philosophie a eu des détracteurs et des ennemis dans tous les temps, depuis Socrate; de nos jours, elle n'est pas beaucoup mieux vue, quoiqu'on ne la poursuive plus par des supplices. Mais bien des gens très sérieux la dédaignent comme une rêverie; d'autres la repoussent comme dangereuse; le plus grand nombre l'ignore. Les dédains et les craintes ne peuvent être justifiés; l'ignorance seule est excusable et inoffensive. C'est pour dissiper de fâcheuses préventions que nous essayerons, après tant d'autres, de montrer ce que la philosophie est en elle-même, et quels sont ses rapports avec les sciences et avec la religion. Ces rapports, qui ont existé à toutes les époques, subsisteront tant que l'esprit humain sera ce qu'il est; mais peut-être ne s'en est-on pas toujours rendu compte assez précisément. Aujourd'hui, il est plus facile qu'autrefois de faire voir ce qu'ils sont. Si l'on y est parvenu dans ce livre, il ne sera pas tout à fait inutile.

La philosophie n'est que l'exercice de la raison dans toute son indépendance et dans sa portée la plus haute; et comme l'esprit humain dans tous ses actes, quelle qu'en soit l'application, extérieure ou intérieure, s'affirme implicitement lui-même en ayant foi aux facultés dont il se sert, il en résulte que la philosophie est nécessairement spiritualiste. Tous les systèmes sans exception ont cette base commune et inévitable; mais les uns la reconnaissent; les autres, tout en s'y appuyant instinctivement, ne savent pas que, sans elle, ils seraient impossibles. La démonstration de cette vérité primordiale fait la gloire de Descartes. C'est l'*aliquid inconcussum*, qu'on pouvait sentir vaguement avant le Discours de la méthode, mais que, depuis cette révélation irréfutable, on ne saurait contredire, pour peu qu'on y réfléchisse. Qu'on ne s'étonne donc pas de trouver ici l'affirmation absolue de cet axiome, le premier et le plus évident de tous; sans lui, il n'y a pas de philosophie réelle. En réponse à ceux qui nient ce principe, on peut leur recommander, avant tout, de s'entendre avec eux-mêmes et de savoir ce qu'ils font.

Il est d'autant plus opportun d'insister sur ce point, que la crise morale et politique que traverse notre pays est plus grave. La philosophie ne peut à elle seule guérir un mal aussi profond; mais elle peut contribuer au salut public en une certaine mesure. Ce serait encore son devoir de se faire entendre, même en supposant qu'elle parlât dans le désert. La discipline philosophique est fort austère; elle ne peut jamais avoir qu'un très petit nombre d'adhérents. Mais la philosophie n'a pas à s'inquiéter du succès; elle ne recherche que la vérité, bien assurée qu'une vérité découverte n'est jamais stérile. Le matérialisme ajoute de nouveaux désordres à tous ceux qui menacent notre société; il tarit les sources les plus vives de l'âme humaine. Le combattre, c'est agir en bon citoyen, au moins autant qu'en philosophe. A cette heure, il a une vogue que secondent les rapides progrès de la démocratie; mais il est hors d'état de remporter une victoire définitive. Comme toujours, il devra périr sous la réprobation du genre humain; mais son triomphe éphémère pourra causer bien des désastres. Les sciences se font ses complices, par faiblesse, et peut-être aussi par un orgueil mal placé. C'est un motif de plus pour que la philosophie ne garde pas le silence, et pour qu'elle montre, une fois encore, quels sont les fondements sur lesquels reposent la dignité et la force des nations. La nôtre ne fait pas exception; et les lois éternelles lui sont applicables, ainsi qu'à toutes les nations qui ont figuré, avant nous, sur le théâtre de l'histoire.

Quel est l'état actuel de la philosophie dans le monde? Quelle place tient-elle aujourd'hui dans la vie des peuples? Quel est son avenir? C'est là une question qui, au premier coup d'œil, paraît bien vaste, mais qui n'est difficile qu'en apparence; elle est très claire dans ses traits les plus généraux. A cette heure, on connaît l'humanité tout entière; on sait à quel degré de science et de lumières sont parvenues chacune des races qui la composent. Il est de ces races qui ne sont pas encore arrivées à la philosophie; peut-être même sont-elles condamnées à n'y arriver jamais. L'histoire doit les négliger, en attendant qu'elles méritent d'attirer ses regards et ses études. Ainsi, l'immense continent de l'Afrique n'offre pas trace de pensée philosophique. Cependant l'Islamisme, qui domine cette partie de la terre, n'a pas toujours ignoré la métaphysique; il l'a cultivée, à plusieurs moments de son existence, et dans quelques-unes des contrées qu'il a successivement conquises; mais nulle part, il ne paraît, de notre temps, s'en préoccuper de nouveau.

En Asie, deux grandes nations, peut-être les plus anciennes du globe, l'Inde et la Chine, ont abordé la philosophie. Mais la Chine, tout ingénieuse qu'elle est et quoique fort intelligente, n'a pas pu s'élever au-dessus des essais les plus informes; et elle ne semble pas près de faire mieux. Confucius et Lao-tseu figurent à peine parmi les philosophes, malgré l'influence morale qu'ils ont eue sur leurs compatriotes.

Quant à l'Inde, elle est métaphysique jusqu'à l'excès. Elle a même de vrais systèmes de philosophie, bien que ces systèmes soient peu méthodiques. Les Darçanas (ou théories) sont de temps immémorial au nombre de six, et ils n'ont jamais été davantage. Fort anciens, ils sont restés uniques; et depuis vingt siècles, ils sont les seuls que le génie hindou ait produits. Ce génie redeviendra-t-il un jour plus fécond? A l'école de la science reçue de l'étranger, retrouvera-t-il des inspirations mieux réglées? L'avenir nous l'apprendra.

Reste l'Europe. Entre les nations dont elle est formée, il n'y en a guère que quatre où la philosophie fleurisse : l'Allemagne, l'Angleterre, la France et l'Italie. Et encore, chez la plupart de ces nations, la philosophie est-elle loin d'être pratiquée dans toute son étendue. L'Allemagne, à la fin du siècle dernier et aux premières années de celui-ci, a jeté le plus vif éclat. Un instant, on a pu croire que Kant allait restaurer la métaphysique, comme il le projetait; mais il n'a fait que la rendre encore moins recommandable qu'elle ne l'avait paru au xviii° siècle. Il l'a perdue dans des subtilités et dans un demi-scepticisme, qui, chez ses successeurs immédiats, ont abouti bien vite à un idéalisme exagéré. L'esprit allemand n'a pu se tenir sur ces bases étroites et instables; et bientôt il s'est précipité dans un matérialisme athée, ou dans un pessimisme romanesque, qui n'est qu'une réminiscence et un contre-coup des aberrations bouddhiques, encore assombries. Le pessimisme est un cri de désespoir, qui n'atteste que la défaillance de ceux qui le poussent; et ces angoisses, qui peuvent bien n'être pas entièrement sincères, sont un spectacle plus douloureux qu'instructif. On peut plaindre les individus qui les endurent; mais ce n'est pas une école à laquelle se mettra le genre humain.

En Angleterre, la philosophie a rencontré d'autres obstacles, qui l'entravent singulièrement. Jamais, dans ce noble pays, d'une énergie si puissante en tous genres, la philosophie n'a trouvé sa véritable voie. Bacon a contribué le premier à l'égarer. Le bruit de sa gloire a dépassé de beaucoup ses services. Sa méthode, fort mal employée par l'auteur lui-même, n'avait rien de neuf. Bien avant ses conseils, l'observation des phénomènes avait été à l'usage de l'Antiquité. Sans doute, il était bon de la ressusciter, après le Moyen Age, qui l'avait fatalement négligée; mais ce n'était pas une découverte, ni surtout un instrument inconnu, Novum Organum, que le chancelier d'Angleterre apportait à l'esprit moderne. Est-ce que Dieu n'avait pas, dès l'origine, donné à l'homme toutes les facultés nécessaires, et n'était-ce pas une tentative bien vaine que de prétendre y ajouter? Bacon a eu aussi le tort d'inaugurer la soi-disant philosophie naturelle, qui ne serait, si l'on n'y prend garde, que la négation et l'abandon de la philosophie même.

Depuis Bacon, l'esprit anglais n'a cessé de glisser sur cette pente irrésistible, que le sage Locke lui-même avait subie. Les Écossais, Hutcheson et Reid en tête, ont versé, eux si prudents, dans cette étrange ornière; ils ont entrepris de faire de la philosophie une science naturelle, sans s'apercevoir que, si la philosophie est en effet la mère de toutes les sciences particulières, elle a néanmoins un procédé et un objet qui sont exclusivement à elle. Loin d'avoir à imiter les sciences naturelles, c'est toujours elle qui les guide et les éclaire, quand elle ne les crée pas. La psychologie des Écossais est d'une admirable exactitude; mais ils se trompent sur les conséquences qu'ils en tirent. En dépit de leurs louables efforts, ils n'ont pas atteint le but qu'ils poursuivaient, et qu'ont cherché, après eux, sans réussir davantage, quelques philosophes français. Désormais, il est démontré que la philosophie ne se développe point à la manière des sciences, qui n'observent que le monde du dehors. Cette différence est indiscutable; et puisqu'à aucune époque la philosophie n'a été une science naturelle, on peut affirmer que jamais elle ne le sera, à la manière de toutes les autres. Ce n'est pas là une déchéance; c'est au contraire une supériorité incomparable.

Les libres penseurs anglais ont été plus indépendants que Bacon et que les Écossais; mais ils se sont amoindris eux-mêmes en se bornant à n'être que les adversaires du christianisme. Parmi eux, on a pu distinguer des esprits très vigoureux et très convaincus; mais, en philosophie, ils n'ont presque rien produit. Leurs polémiques, victorieuses sur quelques points contre la religion, ont été à peu près infécondes pour la vérité. Le résultat le plus évident en a été de provoquer les témérités de Voltaire, et de préparer, malgré lui, à la révolution qui allait éclater en France, des éléments dont l'athéisme seul a profité.

La philosophie française, fidèle disciple de Descartes durant le xix° siècle, a été mieux ordonnée que la philosophie allemande, et moins timide que la philosophie anglaise. M. Victor Cousin, dont l'éloquence et le style ont été dignes du xvii° siècle, a rendu à l'esprit de notre pays et à la philosophie des services qui ne seront jamais oubliés. Par ses labeurs, qui ont duré plus de cinquante ans, il a établi le spiritualisme sur des fondements inébranlables. D'autres avant lui avaient professé cette doctrine salutaire; mais qui pourrait se vanter de l'avoir défendue avec plus de constance et de succès? Qui en a fourni des démonstrations plus solides et plus persuasives? Dans les conférences de l'École normale, dans les leçons retentissantes de la Sorbonne, dans des ouvrages nombreux, M. Victor Cousin s'est consacré sans relâche à cette grande cause, méconnue par le xviii° siècle, et qui seule peut balancer et vaincre, au grand avantage de la société, le matérialisme renaissant.

A cette première gloire, M. Victor Cousin en a joint une autre, non moins sûre : il a créé parmi nous l'histoire de la philosophie. La France n'a pas eu encore, comme la docte Allemagne, des Brücker, des Tiedemann, des Tennemann, des Ritter; mais le mouvement qu'a suscité M. Victor Cousin, a fait surgir en abondance des travaux de détail qui sont l'honneur de notre érudition et de notre bon sens. Le maître avait donné personnellement le plus décisif exemple. Il s'était fait le traducteur de Platon et l'éditeur de Proclus, d'Abélard, de Descartes. Il a composé lui-même une histoire abrégée de la philosophie, que personne ne dépassera dans ces limites restreintes. Enfin, il a traité la plupart des questions secondaires dans une multitude de dissertations, de mémoires et de livres qui peuvent servir de modèles.

Un des administrateurs de l'instruction publique,

M. Victor Cousin a constitué l'enseignement de la philosophie dans les établissements de l'État. C'est à lui que la jeunesse devra cet indispensable complément de toute éducation sérieuse. A la fin des études classiques, quand le jeune homme va quitter les bancs de l'école, pour devenir citoyen, n'est-ce pas une impérieuse nécessité de lui faire voir quels sont les principes de tout ce que ses maîtres lui ont appris, et les règles de la conduite qu'il doit tenir dans le reste de sa vie? L'oubli d'un tel enseignement, après l'étude des lettres et des sciences, ne serait-il pas la plus fâcheuse lacune? Parmi les griefs que d'aveugles adversaires ont élevés contre l'influence de M. Victor Cousin, le reproche de despotisme est peut-être le moins juste. On a blâmé violemment ce qu'on a appelé sa philosophie d'État, comme si l'État, chargé de l'avenir de la société et de l'instruction de la jeunesse, pouvait se désintéresser des questions de cet ordre. Il n'y a que la tyrannie qui les déserte. Le premier Empire méprisait ridiculement les idéologues, et le second supprimait dans nos lycées jusqu'au nom même de la philosophie. L'athéisme est tout prêt à suivre ces tristes exemples.

Régénérer le spiritualisme, organiser l'histoire

de la philosophie, introduire l'enseignement des vérités philosophiques dans les écoles, voilà d'impérissables titres à la reconnaissance de tous les amis de la liberté. On ne se trompe pas en attribuant ces mérites à M. Victor Cousin. Le système qu'il a tenté, l'éclectisme, est-il aussi acceptable? Sur ce point, il est permis de différer d'opinion avec cette généreuse intelligence. Il ne semble pas que l'éclectisme puisse jamais être un système. Pour juger avec équité les doctrines d'autrui, il faut préalablement avoir soi-même une mesure a laquelle on les rapporte; et c'est précisément cette mesure personnelle qui seule constitue un vrai système. On fait bien d'être équitable envers ses devanciers, quand on les discute; mais se contenter de réunir leurs pensées dans un tout harmonieux et impartial, ce n'est plus penser par soi-même; c'est presque renoncer à être philosophe. L'éclectisme est un procédé d'historien et de critique; ce n'est plus un procédé philosophique. S'en tenir au passé, c'est presque désespérer de l'avenir et le frapper d'impuissance. Aussi, tandis que le spiritualisme de M. Victor Cousin subsistera pour toujours, l'éclectisme a déjà presque entièrement disparu; et l'on peut supposer que M. Victor Cousin, sur la fin de sa carrière, sentait cette insuffisance presque autant que ses contradicteurs.

Ce n'est donc pas céder à une vanité patriotique que d'affirmer que, au xix° siècle, c'est encore la philosophie française qui a le mieux mérité de l'esprit humain. Après l'Allemagne, l'Angleterre et la France, l'Italie a pu se glorifier de beaucoup d'écrivains philosophes; mais elle n'a pas enfanté de théories qui aient joui quelque temps d'une légitime autorité. En un mot, si le siècle, qui va finir, n'a compté aucun philosophe de génie en Europe, c'est nous, Français, nous pouvons le dire, qui avons le plus approché du but. Les États-Unis de l'Amérique du Nord, qui occupent déjà une si grande position dans les affaires du monde, n'en ont encore presque aucune dans le domaine de la métaphysique. Néanmoins, il n'est pas douteux que, quand la fougue d'un premier développement s'apaisera, la méditation philosophique ne prenne son rang dans la vie intellectuelle de la grande fédération. Mais il est probable que les fils des anciens sujets de la pieuse Albion se ressentiront toujours, comme elle, des restrictions qu'elle s'est imposées. Ces restrictions résultent d'une croyance sincère et très pratique; mais quand on accepte de dogmes religieux la solution des problèmes supérieurs, il est tout simple de ne plus la demander à la philosophie, quoique ce soit à elle que la solution suprême appartienne.

Malgré ce qu'en pense le vulgaire et malgré ce qu'en ont pensé quelques philosophes, la philosophie n'est point une faculté particulière accordée à quelques-uns et refusée au reste des mortels ; elle n'est en rien un privilège. Elle n'est qu'un état d'esprit permis à tous. Chez quel peuple, à quelle époque, même dans les circonstances les plus défavorables, l'homme, quelque grossier qu'il fût, s'est-il abstenu de se demander ce qu'il est, d'où il vient, où il va, et aussi ce qu'est la nature dans le sein de laquelle il doit naître et mourir? Ne sont-ce pas là des questions capitales, que tout être raisonnable se pose, presque d'instinct, pour peu qu'il ait de loisir et de réflexion? Ce n'est pas, comme on le répète inconsidérément, l'élite seule de l'humanité qui les agite. En réalité, les esprits qui les résolvent le moins imparfaitement sont bien, si l'on veut, une aristocratie, mais une aristocratie ouverte à tout le monde, qui n'est ni une caste, ni même une noblesse, où l'on ne puisse entrer que par droit de naissance. Le pâtre le plus ignorant, qui garde ses troupeaux dans la solitude, peut faire acte de philosophie, sans autre conseil que ses propres pensées, en face de la nature qui étale devant lui son frappant et continuel spectacle. Sans doute, le pauvre rustre ne va pas très loin dans ses réflexions, à moins que Dieu ne lui ait départi le génie, qui peut survenir au plus humble, comme il peut aussi manquer aux chefs des peuples. Mais le génie n'est pas nécessaire pour être philosophe; en cela, comme en tout le reste, il ne l'est que pour s'illustrer dans les souvenirs de l'humanité, et pour lui être utile, en lui montrant le vrai. Sénèque le disait, voilà près de deux mille ans : « Les Dieux n'ont donné à personne la philosophie toute faite; mais ils nous ont permis, à nous tous, de l'acquérir. » Chacun de nous peut s'assurer cet inestimable bien.

La philosophie n'est que cela, dans sa source et dans sa souveraineté. Mais la pensée de l'homme étant libre, la philosophie l'est nécessairement autant qu'elle. S'il est au monde une force incoercible, c'est bien celle-là, grâce à Dieu, qui l'a faite.

Dans les annales de l'intelligence, depuis la Grèce jusqu'à nous, il n'y a que deux époques : l'une de liberté et l'autre de sujétion. Durant toute l'Antiquité, les questions métaphysiques ont été discutées, sans que jamais une autorité quelconque ait songé à proscrire l'exercice et le droit de la raison. Les monuments qu'elle a élevés alors ne nous sont parvenus qu'en ruine. Mais quelle beauté, quelle splendeur, quelle clarté bienfaisante ! Quel héritage, quels trésors n'avons-nous pas recueillis ! Si ce n'est pas là uniquement que notre civilisation a puisé, et si elle a emprunté d'autres éléments encore, ceux-là sont égaux, et peut-être même supérieurs, à ceux qu'on y a joints.

A cette libre période, qui a duré douze cents ans au moins, en a succédé une autre où le silence sur les questions essentielles a été imposé à la raison, comme une loi immuable. Un symbole sacré fixait tous les doutes et satisfaisait les âmes. La philosophie se taisait pendant un intervalle aussi long que le premier; et c'est enfin avec Descartes qu'elle a reparu, modeste ainsi qu'elle doit toujours l'être, mais indomptable sur son terrain, qu'elle venait de retrouver, et où Dieu lui a donné ses forces et ses bornes. De justes plaintes se sont fait entendre bien souvent contre la domination et le despotisme du sacerdoce, qui avait pendant quelque temps asservi les empires, aussi bien que les consciences. Mais aujourd'hui que l'Église ne menace plus personne, on peut apprécier impartialement son action, dix-neuf fois séculaire. Cette action n'est pas plus à maudire que celles des pouvoirs politiques, qui, à leurs heures, n'ont pas été moins cruels, et qui n'ont, ni un objet aussi haut, ni la sanction de la durée. Aujourd'hui, l'hostilité ne serait plus justifiée; la religion, rentrée dans des limites qu'elle n'aurait jamais dû franchir, n'est désormais qu'une institution morale, qui produit le plus grand bien. Les peuples ne peuvent s'en priver, et ils n'ont rien à en craindre. Parmi ceux qui professent le christianisme, il n'en est pas un où la philosophie n'ait toute liberté. Partout, aujourd'hui, elle use en sécurité des droits que la Grèce et Rome ne lui avaient pas disputés. Pour les temps modernes, c'est un progrès; ce n'en est pas un dans la marche générale de l'intelligence humaine. Jouissons de notre émancipation; mais n'en soyons pas trop fiers; elle est la marque d'une servitude que les Anciens n'avaient pas connue, et dont nous avons longtemps porté le joug.

Ceci veut dire clairement que, de l'Antiquité jusqu'à nous, la philosophie n'a pas changé de caractère. Au fond, elle est la même; et le portrait idéal que Platon traçait du philosophe, en regardant son maître Socrate, est toujours digne d'imitation. Nous n'avons rien à en retrancher, rien même à y ajouter; et comme nous n'avons pas de

Socrate devant nous, contemplons encore une fois, pour nous instruire, ses traits immortels, dessinés par son disciple. En nous rappelant comment la Grèce comprenait la philosophie, nous verrons ce que, dans notre temps, on peut attendre d'elle et même en exiger, bien que notre temps ne soit pas tout à fait celui de Périclès.

Que souhaite le divin Platon aux futurs amants de la sagesse? Leur première qualité, selon lui, c'est le sincère amour de la science qu'ils doivent cultiver, c'est-à-dire l'amour des choses éternelles, inaccessibles aux vicissitudes qu'éprouve tout ce qui naît et qui meurt. Une autre qualité, conséquence de la première, c'est le goût du vrai, soutenu par la résolution de ne jamais donner dans son âme accès au mensonge. Quand tous les désirs se portent vers la vérité, et que l'âme n'aspire qu'à la chaste volupté qu'elle trouve en elle-même, on dédaigne aisément les plaisirs extérieurs. Celui qui est réellement philosophe, au lieu de n'en avoir hypocritement que le masque, est tempérant; la cupidité lui est étrangère. Il n'admet aucune bassesse de sentiments; car des idées mesquines n'entrent pas dans une âme qui doit aspirer sans cesse à embrasser l'universalité des choses divines et humaines. Aussi, le philosophe ne craint-il pas la mort; et tant qu'il est dans ce monde en relation avec ses semblables, il lui est facile d'être envers eux plein de douceur, de bienveillance et de désintéressement.

En achevant cette peinture du philosophe, Platon se demande s'il est possible de blâmer, par quelque endroit, une profession que l'on ne saurait exercer convenablement que si l'on est doué des qualités de l'esprit et du cœur, mémoire, pénétration, élévation de sentiments; et que si l'on est ami et comme allié de la vérité, de la justice, de la force et de la tempérance. Platon ajoute que le Dieu même de la raillerie, Momus, ne trouverait rien à reprendre à ce véridique portrait. Cependant les Stoïciens ont essayé d'aller encore plus loin; mais la figure de leur sage, copiée sur celle qu'avait tracée Platon d'une main si sûre, n'en est peut-être qu'une exagération sublime, et inaccessible, si ce n'est aux Zénon et aux Épictète.

Voilà ce que l'Antiquité a pensé de la philosophie. Nous est-il donné de mieux penser et de mieux dire? Ces vertus que la Grèce imposait au philosophe, ne sont-elles pas parmi nous le viril devoir de ceux qui veulent écouter la voix de la sagesse? M. Victor Cousin, après avoir esquissé les conditions d'une histoire de la philosophie, s'arrête et s'écrie : « Nous détournons les yeux de cet idéal de l'historien de la philosophie. » A plus forte raison, nous aussi, détournons nos regards éblouis de cet idéal du philosophe, nous contentant de souhaiter de le voir se réaliser quelquefois parmi nous, dans la mesure où l'infirmité humaine peut se flatter de l'atteindre. Le rôle de l'historien de la philosophie est bien grand; mais celui du philosophe est plus grand encore, puisque l'un se borne au récit de ce que l'autre a fait. Il est beau de transmettre à la postérité la mémoire des héros; mais n'est-il pas plus beau d'accomplir soi-même ces actes héroïques dont l'histoire n'est qu'un reflet? L'action ne vaut-elle pas cent fois mieux que la parole la plus éloquente?

Ainsi, l'histoire de la philosophie, qui d'ailleurs est fort utile, est uniquement l'exposé chronologique des doctrines que de fortes intelligences ont professées. Ces doctrines n'ont que trois objets; mais ces objets comprennent la totalité des choses : l'homme, la nature, et la cause infinie à laquelle la nature et l'homme se rattachent. Les théories, même partielles, sur ces grands objets ont été dignes de l'attention et de la gratitude du genre humain, quand elles l'ont éclairé d'une lumière plus pure sur ces mystères, dont l'un réside en nous, et dont les deux autres nous enveloppent et nous dominent. Des systèmes plus ou moins complets ont paru à diverses époques et chez diverses nations ; mais ils n'avaient entre eux aucune relation, si ce n'est quelques rares polémiques qui les mettaient aux prises, et où la vanité des auteurs tenait peut-être autant de place que la recherche du vrai. Ces systèmes qui, chacun à part, ne sont que la manifestation d'une pensée individuelle, ne constituent pas plus un tout que les monuments de la poésie, qui, elle aussi, a également son histoire, plus aimable et moins sévère. Les controverses métaphysiques peuvent contribuer à la conquête de la vérité ; mais souvent elles la retardent. Le philosophe a toujours plus d'influence par les opinions qu'il exprime que par la réfutation des erreurs qu'il combat. Dans les controverses, on se réduit à une négation, tandis qu'en parlant en son propre nom, le penseur affirme toujours quelque chose. Or l'esprit de l'homme vit, avant tout, d'affirmation et de foi ; et de là vient la puissance des religions, qui n'hésitent jamais à croire, en proclamant leurs dogmes augustes.

Notre siècle, avec celui qui va le continuer et le suivre, est-il capable d'accorder à la philosophie la considération et l'estime que jadis la Grèce a ressenties pour elle? On peut en douter, sans que les philosophes aient à s'émouvoir de cette injustice passagère et de cet aveuglement. Aujourd'hui, chez toutes les nations civilisées, la philosophie a deux adversaires : la religion et les sciences. Les ombrages de la religion sont trop connus pour qu'il y ait à y revenir. L'Église les a conservés; et, par la nature même de son institution, elle les conservera toujours. En tant qu'interprète de Dieu lui-même, elle ne peut pas y renoncer. Dépositaire orthodoxe des vérités les plus hautes, elle croit en avoir le monopole, et elle éloigne le périlleux contact de mains profanes. La philosophie est assez tolérante pour comprendre ces défiances; elle est même, à quelques égards, loin de les désapprouver.

Mais ce qui pourrait la surprendre à bon droit, c'est l'inimitié des sciences, plus récente, mais non moins vive que celle de la religion. Enivrées de leurs succès, les sciences particulières sortent fréquemment de leur domaine; oubliant ce qu'elles sont, elles se retournent contre la philosophie, leur mère commune, à qui elles doivent leurs principes et leur méthode. C'est une flagrante erreur, qui, pour l'instant, subjugue les esprits. Un vent de matérialisme entraîne les sciences, sans qu'elles s'informent du torrent qui les pousse à se mêler de questions qui ne les regardent point. Elles ont échoué déplorablement en tentant de faire un cosmos, et même une philosophie nouvelle, qu'elles ont appelée positive, bien que cette doctrine aventureuse ait le double tort de n'avoir rien de positif ni de philosophique. Cet échec corrigera-t-il les sciences? Pour notre part, nous l'espérons. Mais le moment n'est pas venu; il faut que la mode qui règne actuellement s'épuise d'elle-même; et quand le matérialisme aura senti son impuissance et sa fausseté, il abandonnera des prétentions insoutenables.

Devant ces attaques impuissantes, venues de deux côtés, la philosophie demeure imperturbable. Le fondement sur lequel elle s'appuie est le plus ferme de tous; car la raison est encore l'instrument le moins faillible dont l'homme ait été armé. Au xix° siècle, elle aurait d'autant moins de motifs de se décourager que, par suite des progrès généraux de la société, sa tâche est devenue moins difficile. Dieu, la nature et l'homme gardent bien toujours leur mystérieuse indécision, qui ne doit jamais être complètement dissipée. Mais combien le savoir humain ne s'est-il pas agrandi! Quels documents les âges précédents n'ont-ils pas accumulés sur l'homme, et sur son organisation, morale et matérielle; sur l'univers, dans ses détails et dans sa totalité; enfin sur Dieu, l'être infini, dont on constate de plus en plus la puissance incommensurable, à proportion que l'on connaît mieux ses œuvres! Que d'enseignements le philosophe de nos jours ne doit-il pas tirer d'investigations aussi exactes que diverses! Tout en conservant l'indépendance de son jugement personnel, quelles leçons ne peut-il pas en faire sortir! Il ne subit la loi de personne; mais que d'éléments tout préparés ne trouve-t il pas pour la synthèse, qui affermit sa foi, d'autant plus inébranlable qu'elle est plus éclairée! Les siècles antérieurs n'ont pas eu cette fortune, destinée à s'enrichir sans fin avec les temps qui s'écouleront; mais telle que cette richesse est à cette heure, et quelque immense qu'elle soit déjà, la philosophie doit savoir s'en servir, sans craindre d'en être accablée. La Providence accordera peut-être à l'Europe la faveur qu'elle accordait jadis à la Grèce, dans la personne d'un Platon et d'un Aristote. Une fois de plus, on verra ce que le génie peut faire pour coordonner l'ensemble des connaissances humaines. Un nouveau résumé systématique sera certainement moins incomplet que le précédent, bien qu'il ne puisse pas être plus définitif, et qu'il doive, à son tour, succomber sous l'infini.

Quel heureux mortel, unissant les dons de l'éducation à ceux de la nature, gagnera cette couronne? Quelle nation aura la gloire de porter en son sein le futur législateur de la philosophie et des sciences? Qui répondra victorieusement à un besoin d'autant plus impérieux que l'analyse scientifique a été poussée, dans ce siècle, au delà de toute mesure, et qu'elle appelle une synthèse de plus en plus énergique? C'est la France, c'est notre pays, on peut le croire, qui a le plus de chance d'obtenir ce triomphe. Écartons toute illusion d'amour-propre national, qui serait ici peu convenable, et demandons à nos rivaux eux-mêmes s'ils se sentent plus que nous capables de clarté, de précision et de justesse. Comptent-ils parmi leurs ancêtres un Descartes? Ont-ils l'habitude d'apporter dans ces graves études la discipline qu'elles exigent? Sur ces sommets où les faux pas sont si faciles et si dangereux, ont-ils toujours montré la prudence qui seule peut conjurer l'erreur et le péril? Des course folles, à travers des précipices, sont-elles le meilleur moyen de découvrir la route qui mène au vrai? On accuse l'esprit français de timidité; mais, c'est là une qualité plutôt qu'un défaut dans ces matières solennelles. Nous n'avons jamais construit les utopies que d'autres ont caressées, avec plus d'enthousiasme que de raison. La philosophie n'est pas une épopée; l'imagination peut y trouver une place; mais elle ne doit venir tout au plus qu'au second rang. Quand elle usurpe le premier, elle n'aboutit qu'à des chutes. S'il ne faut pas la bannir, du moins faut-il que les facultés supérieures la surveillent et la tiennent en bride. A cet égard, l'esprit français n'est pas suspect; peut-être même est-il plus mesuré que l'esprit grec ne l'a été quelquefois.

Quoi qu'en pensent nos émules, qui risquent volontiers d'être nos calomniateurs, la clarté est une condition indispensable dans toutes les œuvres humaines; mais en philosophie, elle est l'obligation suprême. Comme les questions métaphysiques sont par elles-mêmes les plus obscures et les plus complexes de toutes, il faut n'exprimer son avis qu'après les plus mûres réflexions. Elles projettent sur ces abîmes d'autant plus de jour qu'elles ont été plus approfondies. Descartes a médité vingt ans sa méthode, avant d'en faire part à ses semblables. Si la patience n'est pas tout le génie, comme le disait Buffon, jamais le génie, même le mieux doué, ne saurait se passer de la collaboration du temps.

En exprimant cette espérance pour l'esprit français et en lui rendant cette justice, il est bon aussi de lui rappeler une autre vérité, qui est faite pour le flatter un peu moins. Par suite de circonstances anciennes ou récentes, la foi, sous toutes ses formes, s'est très affaiblie dans notre patrie; la philosophie peut en souffrir autant que la religion. Si l'on doutait de cette défaillance, il n'y aurait qu'à interroger la politique, où l'absence de principe et de croyance est d'une poignante évidence. Huit ou dix changements de gouvernements en un siècle attestent une irrésolution et une indifférence qui s'étendent à tout. Si les intérêts matériels savent se satisfaire si mal qu'ils flottent incertains d'un extrême à l'autre, sans pouvoir se fixer, que deviennent les intérêts moraux, dont la satisfaction est bien autrement délicate et ardue? La foi, prise dans son acception générale, n'est-elle pas plus nécessaire en philosophie que partout ailleurs? Le philosophe ne doit s'en rapporter qu'à lui seul de la croyance qu'il se fait; il n'a d'appui que sa raison et sa conscience, sous l'œil de Dieu; il ne peut invoquer aucun secours étranger. Au contraire, dans la religion, le fidèle, partageant une foi populaire, y puise une force qu'il ne se sentirait pas s'il restait isolé.

En acceptant une croyance toute faite, il a pour la soutenir le concours d'une nation entière, un culte et des traditions vénérables. Que si, par un triste hasard, l'esprit français avait à subir une éclipse transitoire, la leçon du passé devrait apaiser les appréhensions de notre patriotisme. La philosophie n'a pas péri pour avoir été oubliée pendant seize siècles de suite; on pouvait la croire éteinte; en reparaissant après les ténèbres, elle n'en a été que plus belle. Que notre espoir dans l'avenir ne s'affaiblisse donc pas. La philosophie est immortelle (perennis), comme Leibniz l'a si bien dit. Il ne faudrait pas moins que la mort de l'esprit humain pour que la philosophie vînt à mourir avec lui. Redouter un tel destin est une chimère et une pusillanimité.

Mais, dans nos temps de civilisation avancée, le philosophe doit se dire que sa carrière est, à certains égards, plus difficile peut-être qu'elle ne le fut dans l'Antiquité. Les séductions et les entraînements de la vie sociale, amollie comme elle l'est, sont certainement plus redoutables qu'ils ne le furent jadis. Aux combats que le philosophe doit livrer à ses propres passions, résultant de l'union de l'âme et du corps, se joignent toutes les passions qui l'entourent. Maître de soi d'abord, il doit en outre dominer le monde et ses relations, en s'en dégageant ; en d'autres termes, il doit se doubler d'un sage, pour que sa raison, à l'abri des tempêtes intérieures et des troubles du dehors, ne perde rien de sa puissance. Ces conditions, déjà si rigoureuses, ne sont encore que des préliminaires, indispensables mais insuffisants. La vraie lutte ne commence que quand l'âme, aussi épurée qu'elle peut l'être, en arrive à considérer face à face les questions qui la sollicitent, et quand elle monte, en quelque sorte, à l'assaut des problèmes éternels et infinis. Le philosophe y marche sans compagnon, n'ayant que les armes qu'il a su se forger lui-même, et qui sont les seules efficaces. Il sait bien, quel que soit son courage, que la victoire, s'il la remporte, ne peut jamais être que très incomplète. Il connaît trop les bornes de notre intelligence pour rêver un succès absolu, puisqu'il faudrait être Dieu lui-même pour pouvoir comprendre l'œuvre divine tout entière. Mais le peu que nous en savons nous révèle assez ce qu'est Dieu, et ce que nous sommes par rapport à lui. Nous ne sommes pas ses égaux, quoique parfois un orgueil monstrueux s'en flatte ; mais nous ne sommes pas non plus un néant devant son ineffable majesté. Il nous a permis de rester des personnalités, valant mieux, dans notre imperfection, que le merveilleux univers où nous sommes perdus. La raison, telle qu'elle peut être en nous, quand nous savons l'interroger, est la seule communication que la Divinité nous ait donnée avec elle. C'est parce que la philosophie se fie exclusivement à la raison qu'elle est supérieure à toutes les autres occupations de l'esprit.

N'en demandons pas davantage, et contentons-nous du don presque divin qui nous est échu. Reposons-nous, avec Descartes, dans une sérénité magnanime; croyons à la véracité de Dieu, qui n'a pu nous tromper. N'écoutons, ni les sceptiques qui doutent de tout, ni les matérialistes qui nous ravalent au niveau des bêtes, ni les penseurs désespérés qui méconnaissent leur propre génie. Soyons philosophes autant que nous le pourrons; et sachons que la philosophie spiritualiste, guidée par la raison, nous conduit seule à ces sanctuaires de la science, qu'ont pu chanter les disciples d'Épicure, mais que l'athéisme n'a jamais habités.

Maintenant, quittons les lumineux sommets; et voyons, dans une sphère plus obscure et moins vaste, quelles sont, en ce moment parmi nous, les relations de la philosophie avec les sciences et avec la religion. Ce que nous dirons de la philosophie française s'appliquera tout aussi bien à la philosophie des autres peuples.

DEUXIÈME PARTIE

LA PHILOSOPHIE ET LES SCIENCES

On se souvient peut-être d'un article de M. Claude Bernard [1], qui a paru dans la *Revue des Deux Mondes*, et où l'illustre savant, en parlant du progrès des sciences physiologiques, exposait quelques-unes de ses idées sur les rapports de la philosophie et des sciences. Nous ne discuterons pas ses théories de physiologie; ce soin concerne ses émules et ses successeurs. Mais, sans empiéter sur un terrain qui ne nous appartient pas, nous pouvons, tout profanes que nous sommes, exprimer quelque étonnement de la méthode que Claude Bernard entendait appliquer à ses études favorites. Selon lui, « la science vitale » ne peut employer d'autres méthodes, ni avoir d'autres

---

[1]. Claude Bernard, *Du Progrès dans les sciences physiologiques.* (*Revue des Deux Mondes*, 1ᵉʳ août 1865.)

bases, que celles de la science minérale; il n'y a aucune différence à établir entre les principes des sciences physiologiques et les principes des sciences physico-chimiques. Les conditions des fonctions vitales et les conditions des actions minérales présentent un parallélisme complet et une relation directe et nécessaire. Pour les corps vivants aussi bien que pour les corps bruts, tout dépend du milieu où ils existent. Seulement, les animaux à sang chaud, l'homme par exemple, ont, outre le milieu ambiant, un milieu intérieur, qui modifie, comme le fameux moule intérieur de Buffon, les matériaux qu'ils reçoivent du dehors.

C'est en partant de ce principe, qui assimile la matière animée à la matière inerte, que Claude Bernard a été amené à donner à la méthode expérimentale une importance tout à fait exagérée. Sur cette pente, il va jusqu'à soutenir que la physiologie, appuyée sur des expériences, doit régir les phénomènes de la vie. Il semble pourtant qu'avant de les régir, elle doit les observer, tels que la nature les offre à nos regards; autrement, elle met des hypothèses à la place de la réalité. L'expérimentation est sans doute fort utile, quand elle sait se borner à un service secondaire, suivant le conseil de Cuvier; mais, en sortant de ses limites, elle devient presque un roman, où l'imagination prend une part très périlleuse. Du reste, Claude Bernard n'en admire pas moins « les machines vivantes », dans lesquelles il reconnaît les propriétés les plus merveilleuses. En risquant, non sans danger, une définition nouvelle de la vie, il déclare que « la vie, c'est la création, et qu'elle a son essence dans la force, ou plutôt dans l'idée directrice du développement organique ». Ce sont les termes dont il se sert. Cette idée directrice, n'en déplaise à Claude Bernard, est bien près d'être la marque d'une intelligence toute-puissante. Aussi, le physiologiste s'arrête-t-il tout à coup dans cette voie; et distinguant les causes premières et les causes secondes ou prochaines, il affirme que les causes premières sont absolument impénétrables. Il les laisse de côté, parce qu'il trouve que « le Pourquoi est une question absurde »; il veut s'en tenir au Comment, qui seul est accessible à l'homme. Néanmoins, il avoue que l'idée de finalité est indispensable à la physiologie, tandis que le physicien et le chimiste n'en ont pas besoin. En effet, il serait bien difficile de nier que l'œil soit fait pour voir, ou l'oreille pour entendre. Par

B.-St Hilaire. 3

suite, Claude Bernard refuse à l'astronomie toute recherche d'une fin quelconque, et il la réduit à n'être qu'une science d'observation pure. Sur ce point, il est en opposition formelle avec le juge le plus compétent, avec Laplace, qui voit dans l'astronomie une science de calcul, à laquelle il suffit de quelques arbitraires, en très petit nombre, trois au plus, pour construire le plus solide et le plus magnifique édifice dont l'esprit humain puisse se vanter.

Quant à l'histoire des sciences, Claude Bernard la conçoit d'une façon non moins singulière. Élève ou imitateur d'Auguste Comte, il divise tout le passé en trois périodes. Il croit, avec les positivistes, que la science a débuté par être théologique. Il attribue la seconde phase historique à la philosophie, qu'il appelle aussi la raison. Enfin, la troisième période, celle où nous sommes, est parvenue à l'expérience, qui est la conquête définitive. Sous un autre nom, l'expérience ainsi comprise se confond avec l'état positif d'Auguste Comte. Cette théorie, quelque répandue qu'elle soit, n'a pas le moindre fondement, comme on essayera tout à l'heure de le prouver. Ce n'est qu'une réprobation sommaire du passé et une glorification vaniteuse du présent.

Mais, quand on comprend dans le même anathème la philosophie ou raison et la théologie, ne devrait-on pas voir que l'on frappe du même coup la science positive, qui, pour être équitable, aurait à s'efforcer d'être un peu plus modeste, et à se demander qu'est-ce que peut bien être la science sans la raison?

D'après de telles conceptions sur la nature des êtres animés, sur la méthode en physiologie et sur le passé de la science, on peut pressentir le jugement que Claude Bernard doit porter de la philosophie; il se défie beaucoup d'elle, et il la traite parfois avec une sévérité qui n'est pas loin d'être un véritable mépris. Tout en accordant que l'esprit philosophique doit régner sur toutes les connaissances humaines et sur toutes les sciences, il veut restreindre son influence à être celle d'un simple excitant. La philosophie est bonne à provoquer l'ardeur des intelligences, en leur posant des problèmes insolubles; mais elle est incapable de les diriger. Ce qui la perd, c'est la manie du système; car tout ce qui est systématique effraye Claude Bernard, comme si la science s'était jamais privée de faire des systèmes, comme si la physiologie n'avait pas les siens, même de nos jours, comme si la synthèse n'était pas nécessaire et absolument inévitable après l'analyse. C'est que, dans l'opinion de Claude Bernard, la philosophie, aveuglée par ses prétentions, n'est guère qu'un tissu de rêves; elle n'a rien de scientifique ni de précis. L'indéterminé, comme il le dit expressément, est son domaine, tandis que le déterminé est le domaine exclusif de la science. La psychologie, qui est la partie essentielle de la vieille philosophie, n'est qu'une partie subordonnée de la physiologie. Il y a donc entre la philosophie et la science une sorte d'antagonisme.

« Elles peuvent bien s'unir et s'entr'aider, dit Claude Bernard, sans se dominer l'une l'autre; mais, si, au lieu de se contenter de cette union fraternelle pour la recherche de la vérité, la philosophie voulait entrer dans le ménage de la science, et lui imposer dogmatiquement des méthodes et des procédés d'investigation, l'accord ne pourrait certainement plus exister. La philosophie ne fait que suivre la marche de l'esprit humain, de même que les grands hommes ne sont que fonctions de leur temps, qu'ils représentent, mais qu'ils ne font pas. » Si nous comprenons bien la pensée du physiologiste, c'est une exclusion péremptoire qu'il oppose à la philosophie; il ne veut pas d'elle dans la science, et la science aurait même grand profit à s'en passer. A notre avis, c'est là une énorme erreur; les principes, sur lesquels toute science repose, sont uniquement philosophiques, et vouloir en omettre l'étude, ce serait supprimer la science elle-même, qui, dès lors, ne s'appuierait plus sur rien.

Parmi les savants, cette opinion, que Claude Bernard énonçait en maître, est fort bien reçue; ils approuvent en général l'ostracisme énergiquement lancé contre la philosophie; elle leur est tout au moins suspecte, quand ils ne la proscrivent pas ouvertement. Ainsi, le positivisme, qui se porte fort pour la science tout entière, n'est au fond qu'une tentative de substituer à la philosophie un système qui la détruit, tout en gardant le nom sous lequel le monde l'a toujours connue. Il est vrai qu'Auguste Comte se défend d'employer encore ce nom néfaste, et qu'il tâche d'en corriger le mauvais effet par le correctif qu'il y joint; il userait d'un mot différent si la langue lui en fournissait un autre; mais il doit se résigner à celui-là, faute de mieux. Ce scrupule est mal fondé, et l'on peut rassurer M. Auguste Comte. S'il est forcé de conserver un mot malencontreux, il ne conserve pas la chose que ce mot désigne depuis un temps immémorial. Le positivisme, il faut qu'il le sache, est bien la négation de la philosophie. Qu'on en juge.

Tout d'abord, M. Auguste Comte rappelle un axiome dont personne ne conteste l'évidence : « Depuis Bacon, dit-il, tous les bons esprits répètent qu'il n'y a de connaissances réelles que celles qui résultent de faits bien observés. » Depuis Bacon, soit, quoique la justice voulût qu'on remontât beaucoup plus haut. Les ouvrages d'Hippocrate et ceux d'Aristote, sans citer ceux de Galien, ni de tant d'autres, prouvent que l'observation attentive et exacte n'est pas aussi récente qu'on veut bien la faire. L'Antiquité l'a pratiquée tout comme nous; elle a même proclamé que l'observation des faits est la première règle de la méthode. Mais M. Auguste Comte se hâte d'ajouter que, si l'esprit humain peut observer tous les phénomènes extérieurs, il est hors d'état, par une étrange exception, d'observer les siens propres, attendu que l'individu pensant ne saurait se partager en deux. Pour toute réponse à cette assertion surprenante, on peut renvoyer M. Auguste Comte à l'Homo duplex de Buffon; mais on peut en référer aussi à Auguste Comte lui-même. Est-ce que, dans le cours de son long ouvrage, qui est une espèce d'encyclopédie des principes les plus généraux des sciences, il n'a pas eu cent fois l'occasion d'analyser ses doutes, et de produire ses sentiments et ses réflexions personnelles, quand il avait à contredire ce que d'autres avaient pensé? A quelle source a-t-il puisé ses arguments? N'est-ce pas à son esprit qu'il a dû s'adresser? S'il n'a pas saisi sur le fait ce retour de l'esprit sur lui-même, c'est qu'il ne l'a pas voulu; ou plutôt, c'est qu'il a négligé d'y regarder. Le phénomène n'en est pas moins certain; l'individu pensant se dédouble, lorsqu'il se prend pour objet de son observation. Ce privilège, qui est exclusivement celui de l'homme, s'appelle la réflexion, ou le fait de conscience. C'est mutiler l'esprit humain que lui retrancher cette faculté, dont il jouit sans cesse, bien qu'il oublie trop souvent, comme M. Comte, l'emploi perpétuel qu'il en fait.

De cette première méprise, il en est sorti une foule d'autres, qui sont presque aussi graves. Le passé de l'intelligence humaine n'a pas été mieux observé que son état actuel et permanent. Qu'est-ce que sont ces trois périodes dans lesquelles on divise tout son développement? Où a-t-on vu que la science avait été d'abord théologique, puis métaphysique; enfin, et seulement de nos jours, positive? En remontant aussi loin que nous le pouvons dans les temps écoulés, qu'y a-t-il de théologique dans la poésie d'Homère? A l'aurore de la science, qui s'annonce avec Thalès et Pythagore, six cents ans environ avant notre ère, où est la théologie? Quel caractère théologique a la théorie des nombres? Et les démonstrations de la géométrie et le pressentiment du vrai système du monde, est-ce là encore de la théologie? Un peu plus tard, est-ce par la théologie que le père de la médecine est inspiré? Ses œuvres, que nous possédons, en portent-elles la moindre trace? Et les monuments historiques d'Hérodote et de Thucydide sont-ils théologiques ou métaphysiques aussi? Même le platonisme, issu de Socrate, est-il théologique? L'histoire naturelle d'Aristote, dans les trois grands ouvrages qui la composent, sa politique, sa météorologie, sa psychologie, sa morale, sa logique, sa métaphysique, ne sont-elles pas le résultat et le fécond dépôt des observations les plus exactes et les plus nombreuses? Ne renferment-elles pas un inappréciable trésor de faits étudiés avec autant de discernement et de soin que peut en avoir notre temps? On sait d'ailleurs comment la science s'est éclipsée avec la chute de l'Empire romain, et comment elle s'est délivrée peu à peu des ténèbres et des liens du Moyen Age;

on sait aussi qu'à sa glorieuse renaissance, elle n'a fait que reprendre la route tracée et parcourue par l'Antiquité; elle a renoué alors la chaîne des âges.

Depuis quatre cents ans, ses progrès sont d'un éclat incomparable; mais, tout admirables qu'ils peuvent être, ils ne sont que la continuation du labeur des ancêtres, un héritage incessamment accru, que les siècles futurs accroîtront encore, accumulant sans fin des faits nouveaux, par les mêmes procédés dont les siècles passés se sont servis. La seule différence, c'est que le nombre des observateurs s'est augmenté prodigieusement, ainsi que les acquisitions scientifiques; la seule différence, c'est que les observations sont mieux faites et de plus en plus méthodiques. Mais les trois degrés, théologique, métaphysique, positif, n'ont rien de réel. Autant vaudrait accuser M. Comte d'être théologique, parce que, sur ses derniers jours, il a imaginé une religion, qui n'avait pas plus d'avenir que le reste de son système. Cette théorie des trois périodes de la science est particulièrement chère au positivisme, parce qu'il s'en est fait un piédestal aux dépens de ce qui l'a précédé, et qu'il croit se grandir en abaissant tout ce qui n'est pas lui. Positif, c'est le vrai; théologique et métaphysique, c'est le faux. Le positivisme est tellement satisfait de ses trois périodes qu'il les retrouve jusque dans l'individu, tout aussi bien que dans l'humanité. L'enfant commence par être théologique, dans le peu qu'il sait; jeune homme, il est à l'état métaphysique; adulte ou vieillard, il devient positiviste. De tels rapprochements sont-ils sérieux?

Ce qui l'est peut-être davantage, c'est la classification des sciences; elle est considérée par M. Comte et son école comme le cœur et la gloire de sa doctrine. Cette tentative n'était pas précisément la première de ce genre; on en trouverait le plus ancien germe dans la République de Platon. Depuis Bacon, nos encyclopédistes du xviiie siècle et Ampère, le physicien, avaient renouvelé l'épreuve, sans beaucoup plus y réussir. Une classification des sciences est à peu près impossible, comme l'échelle des êtres, à cause de la complexité infinie de la nature. On peut demander à Cuvier, après Linné, combien une classification, même très imparfaite, rencontre d'obstacles insurmontables, non pas même pour la nature entière, mais pour un seul de ses règnes, le règne animal, à ne mentionner que celui-là. Quoi qu'il en soit, M. Auguste Comte classe les sciences selon que les faits qu'elles étudient sont plus ou moins généraux. Il commence par les mathématiques, calcul, géométrie, mécanique rationnelle. Après les mathématiques, c'est l'astronomie, qui présente les faits les plus simples; puis, la physique; après la physique, la chimie; après la chimie, la physiologie, et enfin la sociologie, ou physiologie sociale. Telles sont les sciences principales, au nombre de six. Selon le positivisme, elles comprennent tout le savoir possible.

Mais la philosophie, où est-elle dans tout cela? La philosophie, répond le positivisme, consiste uniquement à condenser, pour chacune des sciences, les généralités que l'esprit humain peut en extraire; l'ensemble de ces généralités, plus ou moins clairement déduites, forme toute la philosophie. Quant à la science de l'esprit, la psychologie faisant partie de la physiologie, soit physique, soit sociale, elle n'a pas de rang dans la série scientifique, loin d'avoir le premier rang que lui assigne la philosophie vulgaire. Tout au plus lui ferait-on une petite place à part dans la physiologie, sous le nom de psychophysiologie. Le moi pensant, auquel croit la métaphysique, n'existe pas; c'est le cerveau qui pense, ou, mieux encore, le centre de l'encéphale, le mésocéphale, qui, chez les positivistes, remplace la glande de Descartes. Il ne faut pas dire avec Descartes : « Je pense, donc je suis » ; il faut dire : « Je sens, donc je suis ». L'impression est le fait fondamental de toute science.

Pour M. Auguste Comte et ses partisans, voilà le comble de la science; il n'y a rien au delà. Les sciences travaillent chacune spontanément et sans méthode commune, dans leur domaine spécial. La philosophie vient recueillir, tant bien que mal, ce qu'elles ont de plus général, c'est-à-dire de moins positif, puisque le positif, c'est l'observation, et que les généralités ne sont, après tout, que des abstractions plus ou moins hypothétiques, et des inductions, qui ne sont pas infaillibles. Cependant cette classification, si incomplète, passe par excellence pour l'œuvre philosophique du xix° siècle; elle a donné à la philosophie, nous assure-t-on, la méthode positive des sciences, et aux sciences l'idée d'ensemble de la philosophie. M. Auguste Comte est venu terminer, après deux siècles, la révolution inaugurée par Descartes. Plus grand même que lui, il a remplacé définitivement la doctrine mécanique par la doctrine positiviste; maintenant la révolution est close. La philosophie pourra toujours recommencer ses inventaires, au fur et à mesure que les sciences s'étendront par de nouvelles découvertes; mais sa fonction ne changera plus. Désormais, elle sait ce qu'elle est tenue de faire, si elle ne veut pas retourner à ses anciennes illusions, et retomber dans les abîmes de la métaphysique et de la théologie.

Tout indépendant que M. Comte croit être, il adjoint prudemment quelques autorités à la sienne; il les emprunte à ce passé tant déprécié, et il invoque Bacon, Descartes, Galilée, Newton, Cuvier même, dont il fait les précurseurs du positivisme. Il dédie son livre à M. Fourier, le mathématicien, et à M. de Blainville. C'est là se mettre certainement en excellente compagnie; mais cette compagnie n'est pas tout à fait celle du positivisme, et l'on peut douter que cet hommage fût bien accueilli par ceux à qui il est adressé. Bacon lui-même, quoiqu'il semble parfois incliner vers le positivisme, au sens où l'a entendu M. Auguste Comte, répète souvent que la métaphysique est la mère des sciences, en leur fournissant tous leurs axiomes, et il ne se fait pas faute de respecter la théologie. Descartes, plus résolument encore que Bacon, dit que toutes les autres sciences empruntent leurs principes à la philosophie; et il craint si peu la métaphysique qu'il n'hésite pas à déclarer que les raisons dont il se sert pour démontrer la vérité de sa méthode, surpassent en certitude et en évidence les démonstrations de géométrie. Bien plus, il dédie ses Méditations métaphysiques à MM. les doyens et les docteurs de la sacrée Faculté de théologie de Paris. Newton repousserait également l'honneur qu'on lui fait, en montrant le scholie général qui termine le troisième livre des Principes mathématiques de la philosophie naturelle, et où il proclame que le vrai Dieu est un dieu vivant, intelligent et tout-puissant, au-dessus de tout et absolument parfait. Galilée, Laplace, le Newton de notre temps, et Cuvier, ne seraient pas embarrassés de faire des déclarations non moins décisives. Peut-être le positivisme ne les accepterait-il point; mais quoi qu'en pense M. Auguste Comte, ces hommes de génie ne sont pas ses patrons; ils ne sont pas avec lui en « opposition évidente » contre l'esprit théologique et métaphysique.

Dans l'ancienne philosophie, la théorie des causes finales est celle que le positivisme attaque avec le plus de passion et de persévérance. Sur ce sujet scabreux, l'école positiviste se prononce avec bien plus de décision que M. Claude Bernard. Ce n'est pas seulement la cause suprême qu'elle écarte, sans cependant oser la nier, mais sans l'affirmer non plus; elle écarte, même les causes secondes, quelles qu'elles soient. Elle prétend se borner à la constatation des phénomènes et de leurs lois, qui n'ont point eu, à ce qu'il paraît, de législateur pour les établir et qui se sont établies toutes seules. Aristote avait proclamé hautement que la nature ne fait rien en vain; et cette grande maxime a été répétée par la plupart des philosophes; elle est d'accord avec toutes les religions et avec le sens commun de l'humanité; elle est même d'accord avec la vraie science, qui admire d'autant plus les phénomènes naturels qu'elle les connaît et les comprend mieux. Comme le dit Pascal : « L'esprit de l'homme se lassera plus tôt de concevoir que la nature de fournir; » ou, comme le dit Agassiz, qu'on peut écouter même après Pascal : « La nature cache d'inépuisables richesses dans l'infinie variété de ses trésors de beauté, d'ordre et d'intelligence. » Mais les positivistes sont implacables contre la nature; ils n'y voient ni providence ni sagesse; ils détestent une marâtre, qui répand le mal à profusion. Ils laissent donc les causes finales à la métaphysique; elles sont un instrument sans vertu. C'est un de ces problèmes que l'esprit humain s'était posés dans son enfance, et dont il continue à poursuivre la solution par tradition et par simple habitude.

A ces déclamations pessimistes, on peut répondre que, sans les causes finales, aboutissant à une cause souveraine, l'univers est inintelligible; la science n'est plus qu'un amas de faits sans liaison entre eux; et, pour nous, la nature demeure plongée dans la plus profonde obscurité. Elle peut encore servir à nos besoins, comme elle sert aux besoins des brutes; elle ne dit plus rien à notre raison ni à notre cœur.

C'est là cependant ce que le positivisme veut nous donner pour le dernier mot de la science et de la philosophie; il est imperturbablement convaincu d'avoir résolu l'énigme agitée, depuis plus de deux mille ans, par tout ce qu'il y a de plus grand dans l'humanité. Sa foi en lui-même est si robuste et si aveugle, qu'il se persuade avoir changé de fond en comble les bases de la moralité, avec celles des sciences, et qu'il invite l'Europe civilisée à recommencer toute son éducation. Jusqu'à lui, tout a été ignorance et chaos; c'est lui qui apporte enfin la lumière que les siècles antérieurs n'avaient pas trouvée. La classification des sciences répond à tout et doit tout régénérer. Kant demandait, avec candeur, que les gouvernements voulussent bien s'entendre pour inculquer le système de la Raison pure aux peuples, qu'elle seule pouvait instruire. Auguste Comte ne présente pas une requête aussi naïve; mais pour refaire l'éducation et la moralité des peuples, le concours des gouvernements et des souverains les mieux disposés ne serait pas de trop, s'ils se prêtaient à cette croisade passablement puérile.

Ampère, le physicien, bien loin d'être l'adversaire de la philosophie, comme Auguste Comte et Claude Bernard, a lui-même fait de la psychologie et de la métaphysique spiritualistes. Mais, dans sa classification des sciences, il a méconnu la place réelle que la philosophie doit occuper. Il partage les sciences en deux règnes ou groupes principaux : les sciences cosmologiques et les sciences noologiques, c'est-à-dire sciences de la nature et sciences de l'esprit. Cette division était plus acceptable que celle de Bacon, adoptée par les encyclopédistes, ou que celle d'Auguste Comte. Mais commencer l'étude des choses par l'univers et ne mettre l'intelligence qu'en seconde ligne, c'est manquer gravement à la logique. Bacon avait commis la même faute, en rangeant les sciences selon l'ordre qu'il assignait aux facultés humaines : mémoire, imagination, raison; histoire, poésie, science ou philosophie. Ampère a le tort de mettre aussi la philosophie au troisième rang, après les mathématiques et la technologie, et de la faire suivre de l'ethnographie. Il n'est pas plus heureux quand, abordant les sciences philosophiques proprement dites, il les dispose dans l'ordre suivant : psychographie, logique, méthodologie et idéogénie. A l'appui de cette division, déjà peu rationnelle, il en établit une autre, encore moins justifiable, dans la psychographie : ontothétique, théologie naturelle, hyparctologie et théodicée. Mais quelques critiques qu'on puisse faire de ces bizarreries et de l'uniformité de ces dichotomies, procédé défectueux emprunté au platonisme, Ampère s'est efforcé de servir la philosophie; il ne l'a pas repoussée ou détruite, avec les physiologistes et les positivistes.

Il serait fastidieux de pousser plus loin cette nomenclature. A Claude Bernard, à Auguste Comte, à Ampère lui-même, on joindrait une foule de savants qui ont médit de la philosophie, ou qui ne l'ont pas bien comprise. De leur part, on ne doit peut-être pas attendre ou exiger davantage. Mais que des philosophes aient attaqué la philosophie, à laquelle d'ailleurs ils étaient sincèrement dévoués, c'est ce dont on peut être surpris à bon droit. Notre siècle en compterait plus d'un exemple. Jouffroy, dans sa belle préface à la traduction des œuvres de Thomas Reid, soutient que la philosophie est une science dont l'idée n'est pas encore fixée. Tandis qu'il n'y a qu'une physique, qu'une astronomie, il y a autant de philosophies que de philosophes. Cette divergence vient de ce qu'on n'a qu'une idée vague de la philosophie. Toujours confuse, elle ignore et cherche encore quel est son objet, sa circonscription, sa méthode et son critérium. Elle s'égare de système en système, sans pouvoir s'arrêter à aucun. Aussi Jouffroy accorde-t-il aux Écossais trois mérites, entre tant d'autres : d'abord, ils ont prouvé par leurs écrits qu'il y a une science de l'esprit humain; en second lieu, qu'il faut commencer cette science par la psychologie; et enfin, qu'il faut modeler complètement les recherches philosophiques sur les recherches physiques. A ce prix, la philosophie peut devenir une science aussi régulière que toute autre. Mais ce qui a toujours empêché ses progrès, c'est qu'elle s'est fait de fauses idées d'elle-même; elle s'est flattée d'être une science à part et supérieure, une science extraordinaire et unique. Il faut qu'elle rabatte de son orgueil; la réserve qu'elle saura s'imposer recevra sa récompense dans une stabilité et un succès que les sciences naturelles ont dès longtemps conquis.

Jouffroy, tout étranger qu'il est au positivisme, pense donc avec Auguste Comte que la philosophie est à réformer entièrement; elle s'est trompée sur la route qu'elle a adoptée; il faut qu'elle en change. Certes, nous partageons l'estime de Jouffroy pour les Écossais; on ne saurait trop louer leurs études aussi sages qu'utiles; elles leur font le plus grand honneur. Mais le respect et la reconnaissance dus aux Écossais n'empêchent pas de les juger. Leur tentative a échoué, dans ce qu'elle a de plus important aux yeux de Jouffroy; ils n'ont pas assuré la place de la philosophie à côté des sciences naturelles. Voilà plus d'un siècle que Thomas Reid écrivait ses admirables Essais; ils n'ont pas modifié en quoi que ce soit la philosophie, qui est restée ce qu'elle était avant lui.

Kant, sur la trace des Écossais, et avec eux, adversaire déclaré du scepticisme de Hume, s'était cru aussi en mesure de réformer la philosophie, dont l'état lui semblait déplorable. Suivant lui, la métaphysique n'a point été assez heureuse pour prendre le caractère d'une science, quoiqu'elle soit la plus ancienne de toutes; elle n'a jamais été dans le passé qu'un pur tâtonnement entre de simples concepts. En ce point, la nature s'est montrée peu bienveillante envers l'homme; elle a affligé notre raison du souci infatigable de rechercher la certitude métaphysique, prise pour notre intérêt le plus grand. Dans la révolution que Kant médite, il se propose d'imiter Copernic. L'astronome a démontré le vrai système du monde en faisant tourner la terre et les planètes autour du soleil, au lieu de faire tourner le soleil autour de la terre immobile. Pourquoi ne pas tenter la même inversion dans les problèmes métaphysiques? Jusqu'ici, l'on s'est figuré que notre savoir devait se régler sur les objets; il faut essayer si l'on ne réussirait pas mieux en supposant que les objets doivent se régler sur nos connaissances, au lieu de nous les procurer. Tel est le but que Kant espérait atteindre par la Critique de la raison pure.

L'entreprise pouvait sembler réalisable; mais elle n'était que téméraire. Il était impossible qu'elle réussît, parce que le fondement en était ruineux. On ne pouvait critiquer la raison que par la raison elle-même; et, dès lors, comment la raison qui critique aurait-elle eu plus d'autorité que la raison qui est critiquée? De là, les erreurs de Kant, qui fait de l'espace et du temps de simples formes de la raison; de là aussi, toutes les conséquences désastreuses dont le criticisme a été le point de départ. Il était inévitable que l'idéalisme sortît du système de Kant. Entre ses mains, l'idéalisme s'était tenu encore dans certaines bornes; chez ses élèves, il s'est déchaîné, dans toutes ses exagérations et ses inextricables subtilités. Il en est résulté un affreux désordre, où de puissants esprits ont jeté de très brillants éclairs ; mais ces lueurs éblouissantes et passagères n'ont fait qu'épaissir les ténèbres. La philosophie en est sortie encore plus décriée qu'auparavant; la métaphysique, que Kant voulait réhabiliter, est tombée plus bas que jamais dans la considération des hommes. Cette défaite bruyante et irrémédiable n'a pas peu contribué à inspirer aux savants le dédain dont ils ne se cachent pas. Les arguties ultra-scholastiques de Kant et de ses successeurs les ont repoussés et dégoûtés. Appliqué aux sciences, le kantisme est devenu ridicule, malgré sa bonne foi et les vastes monuments qu'il a élevés. Ces égarements, du reste, n'avaient rien de nouveau. Descartes avait essayé, deux siècles auparavant, de les prévenir, « parce qu'il avait appris, dès le collège, disait-il, qu'on ne saurait imaginer rien de si étrange et de si peu croyable qui n'ait été dit par quelqu'un des philosophes ».

L'Allemagne philosophique ne semble pas avoir entendu l'avertissement, quelque pratique qu'il eût été pour elle.

On le voit donc : savants et philosophes sont parfois d'accord pour dénigrer la philosophie. Mais de nos jours, pour le dire en passant, on a vu mieux encore. A la suite d'une révolution politique, l'autorité a prêté son concours à des rancunes qu'on n'osait avouer, mais qui n'en étaient pas moins vivaces. Elle a supprimé, dans les études de la jeunesse, jusqu'au nom de la philosophie; les programmes de nos lycées n'ont plus eu que des classes de logique. C'était peut-être une réminiscence de la haine de Napoléon contre l'idéologie. On aurait dit que les pouvoirs publics avaient les mêmes ressentiments que M. Auguste Comte, et qu'ils auraient aimé avec lui à effacer pour jamais un mot odieux. C'était aussi pour complaire aux savants qui étaient les promoteurs de cette réforme, qu'on appelait la bifurcation, d'un nom aussi barbare que ses effets. Il paraît même que des professeurs de philosophie s'étaient prêtés à réglementer ces exécutions, oublieux du jugement de Tacite sur les empereurs, qui se figuraient, bien avant leurs copistes, qu'en brûlant des livres, on abolissait la conscience du genre humain.

Des cœurs fidèles à la philosophie se sont émus pour elle; ils l'ont crue menacée, en voyant la conspiration des savants, des philosophes et des gouvernements. Peut-être même sont-ils allés, dans leur sympathie, jusqu'à redouter un dépérissement fatal, si ce n'est une mort définitive. Ces craintes honorent ceux qui les ont éprouvées; mais elles sont sans cause. Les titres de la philosophie sont imprescriptibles. La pérennité que lui promettait Leibniz, a bravé de bien autres persécutions; la ciguë, les bûchers n'y peuvent rien. Victor Cousin, remontant dans sa chaire, en avril 1828, démontrait éloquemment, et pour toujours, que la philosophie appartient à l'esprit humain; elle subsistera aussi longtemps qu'il subsistera lui-même. Entre les cinq idées essentielles qui le constituent, la philosophie est à la fois la plus haute et la plus nécessaire. Elle représente le vrai, de même que la religion, avec le culte, représente le saint, que l'art représente le beau, que l'État représente le juste, et que l'industrie représente l'utile. A un certain point de vue, la vérité est encore plus indispensable que tout le reste. L'idée du vrai pénètre et soutient les autres idées, qui lui sont soumises, et qui y plongent leurs racines. L'utile, le juste, le beau, le saint et le vrai, c'est là un faisceau qu'aucune force ne peut rompre; et c'est le vrai qui en est le lien indestructible.

Qu'est-ce donc que la philosophie? Quels sont ses rapports avec les sciences? En quoi en diffère-t-elle? En quoi leur ressemble-t-elle?

Cette question a pu longtemps paraître épineuse; cependant, grâce aux enseignements du passé et à toutes ses élaborations, la réponse est aujourd'hui plus facile qu'on ne le suppose généralement. Pour l'éclaircir, il faut interroger l'histoire avant tout, sans négliger non plus de consulter l'état actuel, qui n'est pas moins instructif. L'école positiviste convient qu'à l'origine toutes les sciences ont été cultivées simultanément par les mêmes esprits, et qu'elles formaient alors une unité. Il serait plus exact de dire qu'au début il n'y avait qu'une seule science, enveloppant toutes les autres dans son sein; c'était un germe contenant en quelque sorte les fruits et les floraisons de l'avenir.

Le premier coup d'œil jeté par l'homme sur le monde où il est placé, n'a pu que lui révéler un ensemble; la vue distincte des détails n'est venue que successivement. Ce regard initiateur n'a pas été moins clair que les suivants, bien qu'il s'adressât à la totalité du phénomène, avant de s'adresser à ses parties. Le tout, mille fois plus important que les éléments dont il est formé, dut apparaître d'abord sous un aspect non pas confus, mais immense. Si, plus tard, l'intelligence de l'homme a tenté d'analyser les parties une à une, ce fut toujours pour comprendre cette totalité, que l'impression primitive lui avait fait connaître, et qui reste le constant objet de notre sollicitude. Il n'a été donné à personne d'assister à la naissance de l'humanité et à ses émotions primordiales. Mais, sur ce mystère, la raison peut se trouver d'accord avec les légendes religieuses. L'homme a été doué d'un désir insatiable de savoir, comme Aristote le remarque dès la première ligne de sa Métaphysique; et le spectacle que la science humaine ne cesse de nous offrir confirme de jour en jour ces vénérables traditions. L'homme ne renonce jamais à cette passion, qui lui est tout à la fois si naturelle et si utile. On s'est trompé en lui en faisant un crime, mais lui ne se trompe pas en s'y livrant. Eh bien! la philosophie, c'est l'étude de l'ensemble; les sciences ne sont que l'étude des parties diverses. Quand on considère les parties isolément, c'est afin de les mieux observer; mais les parties ne se comprennent bien que par leur relation avec le tout; elles y sont attachées, ainsi que les rameaux le sont au tronc de l'arbre qui les porte, quelque nombreux qu'ils soient.

Voilà le rapport le plus général des sciences à la philosophie. Mais ce rapport n'est pas le seul, il s'en faut bien. On ne tentera pas ici une nouvelle définition de la philosophie, définition manquée trop souvent. C'est un simple fait historique qu'on rappelle et qui ne peut être contesté. Le savoir humain a nécessairement commencé comme on vient de le dire; et l'épanouissement de toutes les branches du savoir, quelque large qu'il devienne, ne peut altérer en rien cette relation de la philosophie et des sciences, qui est, à cette heure, aussi étroite qu'elle l'a toujours été et qu'elle le sera toujours. Il n'y a pas entre les sciences et la philosophie cet antagonisme que Claude Bernard dénonçait avec tant d'amertume. Entre elles, il n'y a aucune opposition absolue; de part et d'autre, c'est toujours le savoir. L'unique différence, c'est que l'objet du savoir n'est plus le même.

Par là s'explique l'erreur du positivisme sur la nature de la philosophie. Des généralités sur les mathématiques, sur l'astronomie, sur la physique, la chimie, la physiologie et la sociologie seront toujours, quelque exactes qu'on puisse les faire, des mathématiques, seront toujours de l'astronomie et le reste. Les six principales sciences du positivisme auraient beau embrasser réellement tout le savoir permis à l'homme, la science de l'ensemble manquerait encore. On n'a pas défini ce qu'est le cercle quand on a défini ce que sont le diamètre, le centre, les rayons, les arcs, les sinus et cosinus, en un mot toutes les parties et les éléments du cercle. Même après ces définitions limitées, et quoique l'idée du cercle soit impliquée dans toutes, le cercle est encore à définir. Oublier cette dernière définition, plus compréhensive que toutes les autres, c'est ne faire les choses qu'à moitié. Il en est de même pour la philosophie et les sciences. Les notions que les sciences nous procurent ne sont que partielles; la notion totale est absente; et, sans celle-là, les autres sont trop incomplètes pour assouvir ce légitime besoin de connaître dont l'homme se félicite, loin de s'en affliger avec Kant.

La philosophie est donc un complément et un couronnement nécessaire; sans elle, le savoir humain serait décapité. Mais elle fait pour les sciences, dont elle est le tronc, plus que les engendrer; elle les nourrit de la même manière que l'arbre fait vivre ses branches. Toutes les sciences, sans aucune exception possible, n'ont qu'un procédé; pour savoir les choses, il faut les observer, quoique d'ailleurs on les observe plus ou moins bien. Mais l'esprit humain, passionné pour le vrai, que fera-t-il afin de mieux assurer ses pas et d'éviter, autant qu'il le peut, des chutes fâcheuses? Il s'imposera une règle de conduite dans l'usage de ses facultés. C'est ce qu'on appelle la méthode, mot dont l'étymologie ne signifie que cela. Mais à qui revient le soin de chercher la méthode, d'en fixer les lois et d'en prescrire l'application? Évidemment, ce n'est à aucune des sciences particulières que ce devoir incombe. Si les mathématiques, l'astronomie, la physique ou toute autre science essayent d'étudier la théorie de la méthode, et si elles font acte de législation à l'égard des autres sciences, elles cessent par cela même d'être ce qu'elles sont; elles manquent à leur fonction propre, pour assumer une fonction qui leur est étrangère. Cette usurpation nuit à la science, sortie de son domaine, et sert mal au progrès. Plus d'un savant s'y est trompé, même avec le secours du génie. Épris de l'étude à laquelle on se livre, on veut l'imposer pour modèle à toutes les autres. Ainsi Laplace pour l'astronomie, ainsi Cuvier pour l'histoire naturelle, se sont laissé séduire. Pour l'un, la méthode de l'astronomie, pour l'autre, la méthode de la zoologie, est la seule méthode que les sciences devraient adopter; c'est l'école de la vraie logique. A plus forte raison, les mathématiciens sont-ils d'un semblable avis. Il est vrai que, pour soutenir leur ambition, ils peuvent invoquer l'autorité de Pascal, un de leurs maîtres, et le génie que l'on sait. Pascal avait cependant contribué à la composition de la Logique de Port-Royal, et cette collaboration aurait dû le retenir. Mais, bien que la revendication des mathématiques soit plus spécieuse que toute autre, elle n'est pas plus recevable; et quand les mathématiciens se hasardent sur le terrain de la méthode, ils désertent le leur, où ils devraient demeurer.

La méthode, guide commun et instrument de toutes les sciences, ne pouvant appartenir à aucune d'elles, revient à la science générale et ne peut revenir qu'à celle-là. C'est à elle qu'aboutit tout le savoir; c'est à elle de le conduire dans toutes ses voies, aussi sagement que le comporte l'infirmité humaine. La philosophie est donc chargée de la méthode; et, de fait, elle s'en est toujours occupée. Socrate et Platon ont eu leur méthode; Aristote a eu la sienne, qu'il a tracée presque aussi régulièrement que la traçait Descartes, quand il écrivait cet immortel Discours touchant la méthode pour bien conduire sa raison et chercher la vérité dans les sciences. Victor Cousin, après avoir établi que la philosophie n'est pas autre chose que la réflexion en grand, ajoute qu'elle n'est guère qu'une méthode, et qu'aucune vérité ne lui appartient peut-être exclusivement. Cela est vrai; mais c'est un peu exagéré. La méthode n'est pas toute la philosophie, parce qu'elle en relève. Descartes a exposé les règles qu'il a suivies personnellement, sans vouloir exiger que les autres les suivent. On peut en adopter de différentes, bien que les siennes soient remplies de prudence.

Mais si les règles varient, l'obligation de la méthode ne varie pas. C'est un nouveau rapport de la philosophie avec les sciences, et un service qu'elle seule peut leur rendre. En le leur rendant, elle n'entre pas dans le ménage de la science; c'est au contraire la science qui entre dans le ménage de la philosophie, quand elle agite incidemment une question capitale qui ne la concerne pas. Le reproche de Claude Bernard tombe de lui-même. Ceci ne veut pas dire que le mathématicien, l'astronome, le chimiste, ne puissent traiter de la méthode, s'ils le veulent; mais alors ils doivent savoir qu'ils ne font plus œuvre de chimie, d'astronomie, de mathématiques, mais œuvre de philosophie. Cette excursion peut leur être très profitable. La philosophie, loin de s'en plaindre, accueille les nouveaux venus; elle est heureuse de se les acquérir et de les inspirer.

En fait de méthode, la philosophie est une science tout comme une autre, usant elle-même assidûment des procédés qu'elle conseille à autrui. Mais ici s'élève une question délicate et ardue. Où la philosophie trouve-t-elle les lois de la méthode? A quelle autorité dominatrice et incontestable les emprunte-t-elle? Est-ce elle qui les invente? C'est peu probable, puisqu'elle est la première à s'y soumettre. Alors, à quelle source supérieure lui faut-il remonter? Pour la plupart des hommes, c'est ici que l'obscurité commence; pour la philosophie, c'est ici que la lumière éclate. C'est la raison qui confère à la méthode cette suprême autorité. Mais où l'esprit entend-il les oracles de la raison? Grâces à Dieu, depuis Descartes, on ne peut plus hésiter; c'est l'esprit qui, en se repliant sur lui-même, trouve en lui les règles qu'il se prescrit et qui s'étendent à tout. Il est « le réceptacle des axiomes », qui doivent gouverner tout le savoir, et même toute la vie de l'homme. Bacon l'avait dit; c'est Descartes qui l'a démontré, sans laisser désormais de place un peu solide à aucune objection.

Descartes attache à la méthode plus d'importance que ne l'a jamais fait aucun philosophe, ni aucun savant. Peut-être même va-t-il trop loin, quand il avance que la méthode fait toute la différence entre les hommes, attendu que la raison est tout entière en chacun de nous. C'est être bien modeste, quand on a soi-même un tel génie, de se mettre sur le niveau des autres mortels. Mais la méthode n'a pas tant de vertu; elle ne peut pas nous conférer une puissance que nos facultés n'ont pas naturellement; elle nous apprend simplement à mieux user de celles que nous avons reçues. Mécontent de la philosophie vulgaire, « qui ne donne que le moyen de parler vraisemblablement de toutes choses et de se faire admirer des moins savants », honteux des disputes oiseuses qu'elle prolonge depuis plusieurs siècles, se défiant de la logique et même des mathématiques, « Descartes ne veut bâtir que dans un fond qui soit tout à lui »; il ne veut réformer que ses propres pensées, sans rien demander à celles des autres. Or, l'esprit ne peut avoir que deux objets d'observation : lui-même ou le dehors, le moi et le non-moi, le subjectif et l'objectif, selon le langage de l'École. Sans nier le second terme, Descartes s'en tient au premier; et c'est exclusivement à l'esprit qu'il se confie. L'esprit peut mettre en doute toutes choses, quelles qu'elles puissent être; mais il ne peut pas douter de sa propre pensée, qui lui est plus présente, s'il est possible, que son existence même. De là l'inébranlable axiome : « Je pense, donc je suis. » Dans le fait de la pensée se saisissant elle-même, il y a une clarté irrésistible, et une évidence que le scepticisme le plus audacieux, avec ses plus extravagantes suppositions, ne peut obscurcir, puisque le scepticisme lui-même est bien forcé de recourir à la pensée. Tout ce que l'esprit concevra aussi clairement qu'il se conçoit lui-même sera vrai; ce qu'il ne verra pas avec une égale évidence sera faux, ou tout au moins douteux.

D'où vient que les philosophes eux-mêmes ont en général si peu compris la fécondité et la force invincible d'un tel principe? D'où vient que bon nombre d'entre eux l'ont combattu, non pas seulement au xvii⁰ siècle, mais aussi dans le nôtre? Descartes a répondu victorieusement à toutes les critiques de son temps, après les avoir provoquées de la part de ses amis. Les critiques actuelles n'ont pas plus de valeur, et il n'y a point à s'en inquiéter davantage. L'axiome cartésien, que chacun de nous peut vérifier à toute heure sur soi-même, est l'aliquid inconcussum cherché par tous les systèmes antérieurs, entrevu par quelques-uns, et oublié trop de fois par les philosophes et les savants. C'est le fondement unique et resplendissant de toute certitude; car la certitude ne vient en définitive que de l'incomparable évidence de ce premier fait, qui se répète inévitablement, et sans exception possible, dans tous les faits de connaissance. A quelque objet extérieur que l'esprit s'applique, il s'affirme d'abord lui-même par un acte de foi, qui d'ordinaire est inconscient, mais dont on peut toujours se rendre compte, dès qu'on le veut. La réflexion ne dépend absolument que de nous; à tout instant, l'esprit peut rentrer en lui-même et se prendre pour objet de sa propre attention. C'est la réflexion ainsi pratiquée qui constitue précisément le caractère distinctif du philosophe; chaque homme peut se le donner à son gré, parce que la faculté de conscience, si ce n'est la raison, est la même dans tous les êtres humains. Comment se fait-il alors qu'il y ait si peu de philosophes? Descartes nous l'apprend : c'est que, « pour entendre ces raisonnements, il faut se détacher du commerce des sens, et qu'il ne se trouve pas tant d'esprits dans le monde qui soient propres pour les spéculations de la métaphysique que pour celles de la géométrie ». C'est que le fait de conscience, comme le dit Bossuet, « se passe dans un endroit de l'âme si profond et si retiré, que les sens n'en soupçonnent rien, tant il est éloigné de leur région ». C'est enfin, comme le remarque Buffon, en commençant l'étude de la nature de l'homme, que, « quelque intérêt que nous ayons à nous connaître nous-mêmes, il nous arrive trop souvent de connaître mieux tout ce qui n'est pas nous ». Socrate avait obéi à l'oracle de Delphes : « Connais-toi toi-même » ; et il avait recommandé le divin conseil à ses semblables, après l'avoir pratiqué jusqu'à la fin et au péril de sa vie. Descartes, vingt siècles plus tard, a clos la question, en montrant le foyer inextinguible où la lumière se concentre, et d'où elle jaillit pour éclairer l'homme et l'univers. Descartes n'a peut-être pas introduit l'esprit philosophique dans le monde moderne, ainsi qu'on l'a dit ; mais il l'y a tout au moins renouvelé.

A cet égard, les sciences doivent tout à la philosophie. Quoiqu'elles soient peu reconnaissantes envers elle, c'est pourtant de la philosophie qu'elles tirent toute leur certitude, et, par conséquent, toute leur puissance. Elles s'en rapportent spontanément au témoignage des sens, auxquels elles se fient, non sans motif, comme le genre humain s'y abandonne, par un instinct naturel. Sans eux, les sciences ne pourraient rien faire. Mais les sens ne sont pas infaillibles. Une réfutation qui les accable n'est pas à chercher bien loin. L'astronomie, une des sciences les plus vénérées et les plus sûres, leur donne le plus éclatant démenti, que Descartes a signalé le premier. Le lever, le coucher du soleil, et sa marche dans les vastes cieux, sont des faits quotidiens auxquels nos sens nous forcent de croire, mais que notre raison ne croit plus et qu'elle ne pourra jamais croire de nouveau. Dans quelle mesure faut-il se fier aux sens, dans quelle mesure faut-il les récuser? C'est la philosophie seule qui l'enseigne aux sciences; par elles-mêmes, elles ne peuvent pas le savoir. Sans doute, le savant peut faire les découvertes les plus belles et les plus utiles sans avoir examiné ce qu'est l'instrument dont il se sert, quelle en est la nature et la portée. Mais l'esprit humain a plus de souci; et, après bien des efforts, il franchit toute la distance qui sépare le précepte socratique de l'axiome cartésien. Arrivé à cette limite extrême, il s'y arrête, parce qu'il ne saurait aller au delà. Les sciences ne devraient pas en vouloir à la philosophie de les défendre contre le scepticisme, qui, depuis Ænésidème jusqu'à Hume, n'a cessé de les attaquer. Recevoir de la philosophie le secret de la méthode et de la certitude, est-ce donc si peu de chose qu'on puisse dédaigner de tels services ? N'en a-t-on pas toujours le plus urgent besoin ? Les sciences pourraient-elles les trouver ailleurs que dans la philosophie ?

Voilà déjà bien des liens essentiels entre la philosophie et les sciences. Sont-ce les seuls ? N'y en a-t-il pas encore bien d'autres ? Outre la méthode et la certitude, les sciences ne font-elles pas à la métaphysique des emprunts non moins indispensables ? Quand la science étudie les êtres que le monde des sens lui révèle, ne suppose-t-elle pas toujours certaines conditions indéfectibles auxquelles ces êtres sont tous soumis ? Indépendamment de leurs formes diverses et variables, n'y a-t-il pas dans chacun d'eux quelque chose qui subsiste et qui les fait être ce qu'ils sont, d'une manière permanente ? N'est-ce pas ce qu'on appelle la substance ? Tous les êtres, en conservant leur substance, ne sont-ils pas placés dans un temps et dans un espace ? Substance, espace et temps sont des idées absolument nécessaires aux sciences, qui les introduisent, sans y prendre garde, dans tout ce qu'elles observent et dans tout ce qu'elles décrivent.

Qu'on dise avec Kant que ce sont là de simples concepts de notre raison, ou qu'on en admette la réalité hors de nous, il n'importe guère. Quelque parti que l'on prenne, il faut toujours analyser ces idées; il faut les approfondir dans leur infinitude; et comme les sciences spéciales ont un but tout différent, c'est la métaphysique qui remplit cette tâche, pour compléter l'œuvre de l'intelligence et de l'observation scientifiques. Omettre cette analyse se conçoit de la part des sciences spéciales; mais c'est une lacune que l'esprit humain doit combler, attendu que rien ne pourrait se comprendre sans ces conditions indispensables et communes. De nos jours, elles n'excitent pas moins d'intérêt que du temps de Platon et d'Aristote. Pas plus que nos ancêtres, nous ne saurions les supprimer; et même, plus la science est rigoureuse, moins elle doit penser à se priver de ce secours. Il y a bien d'autres idées que celles de l'espace, du temps et de la substance, dont la métaphysique doit se préoccuper au profit de la science; mais rappeler ces trois-là suffit; si les autres sont encore fort importantes, elles sont subalternes.

Méthode, certitude, substance, espace et durée, voilà par quelles chaînes les sciences tiennent secrètement, mais indissolublement, à la philosophie, et même à la métaphysique, tant redoutée. Parfois, les sciences ont essayé entre elles, et en dehors de la philosophie, d'autres alliances, qui semblaient plus pratiques et qui néanmoins ont échoué. Ainsi, les sciences physiques, chimiques et naturelles ont cherché à s'unir; elles n'y ont pas réussi; et quand elles ont prétendu pousser leurs études un peu avant, elles sont arrivées à des synthèses qui avaient le double inconvénient d'être partielles et hypothétiques. C'est en poursuivant un dessein de ce genre que Claude Bernard se hasardait à soumettre à une même loi le développement des êtres animés et celui des minéraux. La chimie, sans doute, peut être utile à la physiologie, comme les mathématiques le sont à l'astronomie et à une foule de sciences. Mais dans chacune des sciences particulières, il se trouve toujours quelques questions réservées qui ne peuvent être comprises par les sciences voisines; et quand, de proche en proche, on parvient par la synthèse d'une science aux principes qui la doivent sanctionner, on aperçoit que ces principes sont du domaine de la philosophie.

C'est à ce centre qu'il faut toujours en revenir. Voilà comment on peut, avec Aristote, définir la philosophie : La science des principes et des causes. Parmi tant de définitions, celle-là est encore une des plus exactes, tout en étant une des plus vieilles. Ce n'est pas Descartes, non plus que Bacon, qui y contredirait. Le positivisme lui-même est contraint d'avouer qu'il y a « des principes logiques, tels que celui-ci : L'effet ne peut pas contenir ce que la cause ne contient pas; et des dispositions morales innées qui règlent le gros de la conduite ». Mais les positivistes ne nous disent pas comment nous connaissons ces principes, qui sont tout ensemble la règle de nos jugements et la règle de nos actes. Descartes, tant blâmé, n'est pas coupable d'une omission si peu philosophique.

C'est qu'en effet l'axiome cartésien est plus que scientifique; il est éminemment moral. Pour s'en convaincre, il n'y aurait qu'à voir les conséquences qui en sortent. Tout d'abord, l'esprit, en s'affirmant lui-même, se sépare de ce qui n'est pas lui; il distingue profondément l'âme du corps; et, malgré leur intime union, il ne peut plus les confondre. Ce principe a dans la science les suites les plus considérables; il l'empêche de se perdre dans le matérialisme, vers lequel elle n'est que trop portée. Si les savants obéissaient toujours à ce prudent avis, et s'ils se rendaient à cette évidence, ils s'épargneraient bien des faux pas; ils craindraient une inattention qui les mène aux plus regrettables erreurs. On n'attend pas de la science qu'elle démontre l'immortalité de l'âme et qu'elle en fournisse les preuves; mais on peut lui demander de ne pas la nier à la légère, et de vouloir bien, avant de se prononcer, peser les arguments tirés par Descartes de la nature de l'esprit.

Autre conséquence de même ordre, et non moins profitable aux sciences. Descartes a rattaché directement l'idée de l'existence de Dieu à notre propre existence. L'esprit ne peut pas rentrer un seul moment en lui-même sans avoir le clair sentiment des bornes où il est renfermé. Partant de l'idée du fini qu'il voit en lui, il ne se comprend qu'à la condition de l'idée de l'infini, parce que le contraire suppose son contraire de toute nécessité, comme la sagesse antique l'avait dès longtemps reconnu. Descartes, appuyé sur cette invincible logique, ne balance pas à affirmer que l'existence de Dieu et l'existence de l'âme sont plus certaines que les choses du dehors. C'est un mathématicien, c'est un savant qui parle ainsi. Descendons avec le philosophe dans ces profondeurs et ces lumières de la réflexion, et nous verrons que les preuves du dehors, quelque puissantes qu'elles soient encore, ne valent pas cette démonstration rationnelle.

Certainement, on fait bien de les invoquer, à défaut de meilleures; mais celle qu'a donnée Descartes est la vraie; et, auprès de celle-là, toutes les autres pâlissent et s'effacent. L'athéisme est un des plus funestes égarements de la science; la philosophie peut le conjurer, si la science consent à l'écouter et à rester dans ses attributions. Pas plus que pour l'immortalité de l'âme, les sciences n'ont à se prononcer sur l'existence de Dieu; mais quand elles la nient, elles ne se trompent pas moins que quand, à leur grand dommage, elles confondent la matière et l'esprit. Il paraît bien que Laplace n'a pas tenu le propos qu'on lui prête; mais il est parfaitement vrai que l'astronomie n'a point à s'occuper de cette question. La réserve même du positivisme, qui ne veut ni affirmer Dieu ni le nier, est louable, s'il ne s'agit que du devoir des sciences spéciales. Mais la philosophie doit parler quand tout le reste se tait; le silence qu'on prétendrait lui imposer ne serait qu'une faiblesse de sa part. Si elle l'acceptait jamais, ce serait trahir la cause de l'humanité.

Ajoutez que cette idée de l'infini, apparaissant à notre raison, quand elle considère l'être fini que nous sommes, contient une solennelle leçon. Qu'est-ce que l'homme en présence de l'être infini? Qu'est-ce que la science humaine, toute vaste qu'elle est, en face des phénomènes prodigieux et sans nombre qui la sollicitent, et qui dépassent si démesurément notre curiosité? Que sommes-nous dans cette immensité où se perd notre esprit aussi bien que notre existence éphémère? Sans aucun doute, la science est encore dans l'homme ce qu'il a de plus fort et de plus réel. Mais que les bornes de la science sont étroites! Que son cercle est restreint! Ses conquêtes les plus glorieuses, que sont-elles auprès de toutes les conquêtes qu'elle peut rêver, mais qu'elle n'atteindra jamais! Socrate avait coutume de dire que ce qu'il savait le mieux, c'est qu'il ne savait rien. Descartes avouait que tout ce qu'il avait appris n'était rien en comparaison de ce qu'il ignorait. Qui peut se flatter d'être mieux partagé que ces deux sages? Qui a le droit de ne pas ressentir autant d'humilité? N'est-ce pas là un enseignement et un exemple à l'usage de tous les temps? L'orgueil sied-il jamais à l'homme? Les sciences peuvent être fières à juste titre de leurs progrès, quand elles se rappellent leur point de départ et qu'elles voient où elles en sont arrivées. Dans cette carrière, l'homme ne rencontre que lui-même. Mais quand il porte ses regards vers l'infini, ne sent-il pas que cette notion l'écrase et le réduit presque à un pur néant? Pascal a bien raison de trouver que l'homme est plus noble que l'univers, parce que l'homme comprend l'univers et que l'univers ne comprend pas l'homme. Mais, encore une fois, malgré cette légitime noblesse, qu'est-ce que l'homme devant l'infini et devant Dieu? Il est bon que la philosophie et les sciences fassent de temps à autre ces réflexions salutaires, pour ne pas méconnaître, comme elles le font quelquefois, le véritable rôle de l'homme, et pour ne pas abdiquer le leur, en se substituant à Dieu. Il s'est trouvé des savants pour refaire le monde au lieu de l'étudier, et pour être persuadés que si, à l'origine des choses, ils eussent pu être consultés, elles seraient mieux organisées qu'elles ne le sont aujourd'hui. Laissons-leur cette démence, qui heureusement n'est pas contagieuse.

Dernière considération, qui doit toucher les savants non moins que les philosophes. Cet esprit qui, en s'interrogeant lui-même dans la conscience, y découvre les règles de la méthode, les fondements de la certitude, les notions essentielles de la nature des êtres, la distinction de l'âme et de la matière, l'idée de l'infini et de Dieu, y découvre encore des choses qui nous importent plus, s'il se peut. N'est-ce pas, en effet, sur le théâtre de la conscience, dans le for intérieur, que se passent les actes les plus admirables de la vie humaine? Où la vertu, guidée par le libre arbitre et la volonté, puise-t-elle ses résolutions héroïques, ses dévoûments, ses abnégations? Où les martyrs puisent-ils leur enthousiasme et leur indomptable courage? Où les poètes reçoivent-ils leurs inspirations? Où s'élaborent les maximes de la morale éternelle? Où se font entendre les ordres du devoir, cet « impératif catégorique » que Kant allait chercher si loin quand il l'avait en lui-même et sous sa main? La science peut-elle vouloir émaner d'une source plus haute et plus pure? N'a-t-elle pas, elle aussi, ses héros et ses martyrs, quoiqu'elle en ait moins que la philosophie? Si elle ne veut pas naître de ce sanctuaire, comme en naissent la philosophie et la métaphysique, de quelle nouvelle région de l'âme humaine pourra-t-elle venir?

Maintenant, peut-on insister pour savoir si la philosophie est une science? Peut-on encore lui opposer le succès des sciences naturelles et ses constants revers? A première vue, il paraîtrait bien surprenant que la philosophie, qui procure aux sciences leur certitude et leur méthode, ne fût pas elle-même une science. Ce qu'elle conquiert par l'étude de l'esprit est-il moins assuré, est-il moins clair que ce que les sciences conquièrent en étudiant la nature? N'est-ce pas l'esprit qui fait la science? Sur les deux éléments qui la composent, n'est-ce pas l'esprit qui est l'élément invariable et constant? L'élément extérieur change; l'élément intérieur ne change pas. L'objet d'une science n'est jamais l'objet d'une autre science.

La physique, la chimie, les mathématiques, en un mot toutes les sciences, ont des objets différents. Mais dans toutes sans distinction, des plus relevées aux plus humbles, l'intelligence, qui étudie tour à tour chacun de ces objets, reste identique; c'est l'intelligence qui crée la science, tandis que le phénomène extérieur n'en est que l'occasion. Jouffroy reprochait à la philosophie d'ignorer encore quel est son objet, sa circonscription, sa méthode et son critérium. Ne peut-on pas répondre à Jouffroy : L'objet de la philosophie, c'est l'étude de l'esprit par l'esprit, avec toutes les conséquences qu'il peut déduire de la réflexion; sa circonscription est celle de l'esprit, qui peut embrasser tout; sa méthode est l'observation, que l'esprit a le don d'employer d'abord à connaître ses facultés propres, avant d'en faire la discipline obligée de toutes les sciences extérieures; enfin, le critérium de la philosophie, c'est l'évidence, dont l'esprit est le seul juge, ainsi que Descartes l'a définitivement démontré? Que peut-on exiger de plus? Si ces titres ne sont pas scientifiques, quelle science peut en présenter de plus authentiques que ceux-là? C'est en vain qu'Auguste Comte nie l'observation intérieure; elle est tout aussi réelle, et l'on pourrait presque dire plus réelle, que l'observation du dehors.

Mais, dit-on, pourquoi la philosophie n'a-t-elle pas fait plus de progrès quand les sciences naturelles en ont fait tant? Pourquoi s'attarde-t-elle à enfanter tous ces systèmes qui ne naissent et ne se succèdent que pour se renverser les uns les autres? Cette objection a l'apparence d'être fort grave; mais, au fond, elle ne l'est pas. Trouve-t-on que la poésie ait fait beaucoup de progrès depuis Homère? Sur cette route que l'humanité a mis trente siècles à parcourir, n'a-t-elle pas rencontré et admiré une foule de poètes, à côté du plus grand et du plus parfait de tous? Dieu nous garde de comparer la philosophie et la poésie. La philosophie est le domaine de la raison, dans ce que la raison a de plus sévère et de plus fécond ; la poésie est le domaine attrayant et léger de l'imagination. Cependant, entre la poésie et la philosophie, il y a cette ressemblance que l'une ne paraît pas avoir avancé plus que l'autre, dans cette longue carrière de trois mille ans. Virgile en est-il moins beau, parce que son génie est autre que celui d'Homère, et que l'Énéide ne tient pas à l'Iliade? Le cartésianisme en est-il moins vrai, parce que le platonisme l'a précédé? Homère et Virgile ont charmé et charmeront à jamais tous les esprits assez délicats pour les goûter ; Platon et Descartes instruiront ceux qui se mettent à leur école et qui se dévouent à ces austères méditations. C'est que la philosophie est tout individuelle, ainsi que la poésie. C'est leur point de contact, malgré les différences frappantes qui les séparent.

Le philosophe interroge sa conscience ; mais il ne peut pas interroger de la même façon la conscience de ses semblables. Comme Socrate, il ne peut qu'accoucher les autres intelligences, ou, comme Descartes, leur proposer son exemple. On ne saurait être en un autre au même degré qu'on est en soi. C'est pour son propre compte que l'individu pense; il ne peut penser pour le compte d'autrui. Quand il donne une expression à ses croyances, il ne parle qu'en son nom personnel. Son témoignage sur lui-même, sur Dieu, sur le monde et la nature, peut toujours être contesté par le témoignage contraire d'un observateur qui a vu les choses sous un autre aspect, bien qu'il les ait vues par le même procédé et sur le même théâtre. Les consciences ne varient pas moins que nos physionomies; nous avons tous un visage composé des mêmes parties; et cependant aucun de nous n'a la physionomie de ses voisins. Il en est de même en philosophie. Les systèmes y sont plus ou moins vrais, plus ou moins compréhensifs, plus ou moins conformes à la réalité; mais ils ont tous le tort, ou l'avantage, d'être individuels. C'est de là que vient la faiblesse de la philosophie, qu'on lui a si souvent objectée; mais de là aussi, sa grandeur, composée surtout d'indépendance et de raison.

Les sciences ayant nécessairement un objet extérieur, matériel et sensible, qui ne varie pas, elles peuvent ajouter sans cesse des faits nouveaux à des faits antérieurement observés; elles amoncellent leurs richesses, et elles finissent par les porter au point où nous les voyons et les admirons à cette heure. C'est une gloire que personne ne peut leur refuser. Elles ne s'arrêteront même pas là, et elles ont le droit de compter sur un avenir non moins brillant que leur passé. Elles peuvent se promettre des conquêtes de plus en plus belles; et le gage de ces fermes espérances, ce sont les merveilles qu'elles réalisent chaque jour sous nos yeux. La philosophie ne saurait prétendre à une pareille fortune. Les systèmes qu'elle produit ne se joignent pas aux systèmes précédents; ils se succèdent sans s'accumuler et s'unir, pas plus que les chefs-d'œuvre de la poésie.

Cette inconsistance n'enlève à la philosophie quoi que ce soit de sa puissance et de son utilité. Seulement, son influence et son action ne sont pas celles des sciences; et elles s'exercent tout autrement. Il semble donc qu'il y a dans les sciences une stabilité dont la philosophie ne jouit pas. Pourtant, que les sciences ne se hâtent pas de triompher; elles aussi ont eu, et elles auront toujours, leurs systèmes, presque aussi mobiles que ceux de la philosophie; elles subissent la loi commune. La physiologie de Claude Bernard n'est pas celle de Haller. La chimie de notre temps n'est plus celle de Lavoisier. Si la mobilité scientifique est moins grande, c'est que le champ d'études pour chaque science est plus étroit, tandis que le champ de la philosophie est sans bornes, comme les objets qu'elle cherche à s'expliquer. Les sciences doivent en outre se dire que, placées devant l'infini, chacune dans leur sphère, elles ne l'épuiseront pas; l'analyse, poussée aussi loin qu'on voudra, ne verra jamais le terme éternellement poursuivi et éternellement inaccessible.

La science ne désespère pas cependant; pourquoi la philosophie se découragerait-elle? De loin en loin, des sciences nouvelles surgissent; ce qui prouve bien que la science n'est pas complète. Ces éclosions, que les deux derniers siècles ont vues se multiplier, ne cesseront jamais. La géologie, la chimie, l'électricité, le magnétisme, la paléontologie sont d'hier. A des symptômes non douteux, on sent que bien d'autres sciences sont à l'état d'incubation et qu'elles ne tarderont pas à naître. Pour les sciences, l'analyse ne sera donc jamais achevée, pas plus que la synthèse ne l'est pour la philosophie. Si l'une est à critiquer, l'autre ne l'est pas moins.

Quand on pèse ces considérations, on doit comprendre comment la philosophie ne saurait devenir une science naturelle. Le conseil qu'on lui donne, pour qu'elle se réforme, est inspiré peut-être par une sincère sympathie et par une sorte de regret bienveillant ; mais il est absolument impraticable. Les tentatives faites à plusieurs reprises ont avorté, et elles ne pouvaient pas obtenir un résultat meilleur. Les Écossais, si sensés, si attentifs, si persévérants, y ont perdu leur peine ; personne ne peut espérer d'être plus heureux, parce que personne ne méritera davantage de l'être. A regarder l'objet propre de la philosophie et l'objet des sciences naturelles, on voit que l'assimilation est impossible. Autant vaudrait songer à supprimer la synthèse au profit de l'analyse, ou l'analyse au profit de la synthèse. La philosophie, c'est la liberté, parce qu'elle ne s'adresse qu'à l'esprit ; la science est soumise à la nécessité, parce qu'elle s'adresse à la nature, où rien ne dépend de l'homme. L'esprit se dirige comme il le veut ; la science doit s'astreindre docilement à l'étude de phénomènes qui ne changent pas. Les faits sensibles peuvent être vérifiés à tout instant par un observateur nouveau, parce qu'ils sont immuables et qu'ils restent ce qu'ils sont. Mais les faits de conscience ne peuvent être connus que par celui qui les porte en lui-même ; ils sont insaisissables à tout autre. Sur des objets tels que l'esprit, l'univers et Dieu, il ne peut y avoir que des opinions individuelles et absolument libres. Si jamais la philosophie arrivait à l'état de science naturelle, elle imposerait bientôt aux intelligences un Credo et un catéchisme. Des philosophes ont, à bonne intention, couru cette aventure; on sait avec quel succès. C'est qu'alors la philosophie, s'oubliant elle-même, passe à l'état de religion; en d'autres termes, elle se suicide. Est-ce à cela qu'on la convie, quand on lui souhaite de devenir une science telle que toutes les autres? N'est-ce pas la méconnaître absolument? C'est peut-être à Newton qu'il faudrait faire remonter l'équivoque. Mais le grand astronome, en intitulant son ouvrage : Principes mathématiques de la philosophie naturelle, ne songeait guère à transformer l'antique philosophie. Il restreignait la philosophie naturelle à l'astronomie et à quelques autres sciences analogues, comme le font encore bien des écrivains anglais; il ne pensait pas à provoquer une révolution, qu'on a tentée plus tard, et qu'il aurait, dans sa piété, certainement désavouée.

Si la philosophie ne peut pas prendre place parmi les sciences naturelles, elle n'est pas non plus une science unique et à part; elle ressemble au reste des sciences, en ce qu'elle vit comme elles d'observations et d'inductions. On l'a blâmée d'une prétention et d'une vanité qu'elle n'a pas. La seule différence qui puisse l'isoler, est non pas en elle-même, mais dans les objets qu'elle étudie. Ces objets ne peuvent être comparés à aucun des autres objets, parce qu'ils sont les plus grands et qu'ils comprennent tous les autres. Qu'y a-t-il au-dessus de Dieu, de la nature et de l'esprit? Est-il rien de plus nécessaire pour notre intelligence que de sonder les mystères que ces trois mots recèlent? Est-il rien de plus pratique pour la conduite de la vie et pour l'explication de notre destinée, pour les sociétés et pour les individus? La religion tâche de les interpréter, et même quelquefois d'en retenir le monopole par la force, tant l'humanité est jalouse de la solution. La philosophie n'a point à combattre la religion; elle serait tentée plutôt de la défendre, quoique souvent persécutée par ceux qui la représentent. Mais elle ne suit pas la religion comme la suivent les nations, parce que son procédé est tout autre, et que la raison, si elle peut s'accorder sur certains points avec la foi, ne peut jamais se confondre avec elle, malgré ce que Leibniz en a pensé. La foi s'en remet au témoignage et à l'autorité; la raison ne s'en remet qu'à elle seule. Elle cesserait d'être ce qu'elle est, si elle abdiquait son indépendance en quelque mesure que ce fût. Elle n'en a pas moins d'affectueuse vénération pour la religion, dont le but est le même que le sien, quoique la religion y arrive par une voie moins sûre.

De cette conformité d'objet sort une conséquence toute naturelle : c'est que la philosophie reçoit, dans l'estime des hommes, quelque chose de leur respect pour la religion. Ce n'est pas aux ministres du culte, ce n'est pas aux philosophes que s'adresse cet hommage ; il s'adresse aux problèmes que la religion et la philosophie ont à résoudre, chacune à leur point de vue. Ces problèmes sont si graves, ils intéressent si essentiellement l'humanité, qu'elle ne saurait les entourer de trop de solennité. Leur grandeur majestueuse se reflète en partie jusque sur ceux qui en gardent le dépôt, sacré ou profane.

Placer la philosophie à cette hauteur, est-ce la surfaire? Est-ce lui demander plus qu'elle ne peut donner? Est-ce se méprendre sur sa vraie fonction à l'égard des sciences, et même à l'égard des sociétés ? S'il pouvait subsister en ceci le moindre doute, il suffirait, pour le dissiper, de recourir au passé et de voir la place que la philosophie y a toujours remplie. La voix des siècles nous répond, et nous prouve que la philosophie est apparue à nos ancêtres les plus éclairés telle que nous la concevons à notre tour. C'est à la Grèce d'abord de nous dire ce qu'elle en a pensé. La Grèce est le peuple philosophique par excellence. Dans les conditions où elle a vécu, la philosophie lui a tenu lieu de religion, à côté et au-dessus de la mythologie populaire.

Pythagore, Platon, Aristote, peuvent nous sembler bien anciens, peut-être même bien surannés; mais la vérité ne vieillit pas; et puisque ces puissants esprits l'ont découverte, elle est à notre usage aussi bien qu'au leur. Qu'importe si les œuvres de Pythagore ne sont pas parvenues jusqu'à nous? N'est-ce pas lui qui a inventé ce noble mot de philosophie, où sont contenues tant de choses? En faut-il davantage pour signaler celui qui le prononça le premier à l'attention et à la gratitude de ses successeurs? Selon Pythagore, toutes les occupations des hommes en société peuvent se ranger sous trois classes : Ou les hommes songent à leurs intérêts, ou ils se passionnent pour la gloire et le bruit qu'elle fait, ou enfin ils se contentent de contempler le spectacle magnifique de l'univers, sans lui rien demander que de le comprendre; « car rien n'est plus beau que la vue du ciel et des astres qui s'y meuvent, pourvu qu'en admirant l'ordre qui les régit, on remonte à leur principe, que la raison seule peut concevoir ». Ces contemplateurs de l'univers, ce sont les philosophes, les amis de la sagesse. Entre les destinées humaines, la leur est la plus enviable de toutes, malgré la richesse des uns ou la renommée des autres.

Telle est, six siècles avant l'ère chrétienne, l'idée de la philosophie; très simple, mais exacte, comme il convenait à ces temps reculés, et aux débuts d'une race aussi intelligente.

Dans Platon, cette idée est déjà beaucoup moins vague. Pour lui, la philosophie est la première des sciences, parce qu'elle remonte à l'essence des êtres, en sachant la discerner sous leurs apparences matérielles et passagères. Il donne à cette science supérieure une méthode par la dialectique. Mais beaucoup plus pratique qu'on ne le suppose ordinairement, Platon s'applique à former des philosophes, bien plutôt qu'à définir la philosophie. Il apprend aux chefs d'État quelles sont les qualités et les vertus qu'annoncent dès l'enfance ces natures heureuses, amies du vrai, pleines d'horreur pour le mensonge, insatiables d'apprendre et apprenant facilement, désintéressées dans leur modération, leur douceur et leur magnanimité. C'est qu'avant tout Platon, en bon citoyen, songe au bien public, et que, par l'éducation des natures philosophiques, il voudrait préparer pour la société des guides capables de la bien gouverner un jour, et de faire son bonheur. On s'est beaucoup raillé de ce rêve platonicien ; mais la raillerie paraît bien déplacée quand on songe aux règnes d'Antonin le Pieux et de Marc-Aurèle. Il n'est que trop réel que la félicité des peuples est en proportion de la sagesse de ceux qui les gouvernent. Les sages sont partout fort rares ; ils le sont plus encore à la tête du pouvoir. Du reste, Platon ne se trompe pas sur le sort qui attend les philosophes, dans leurs relations avec le reste des hommes ; et l'exemple de son maître, Socrate, pouvait lui faire voir jusqu'où vont parfois l'ignorance, l'envie et l'iniquité contre les plus innocents.

Avec Aristote, la philosophie est constituée dans toute sa force ; elle connaît tous ses devoirs, presque aussi clairement qu'avec Descartes, deux mille ans après lui. Père et organisateur de la métaphysique, il en marque le caractère en traits ineffaçables. « A la différence des autres arts, dit-il, la science des premiers principes et des causes n'a pas un objet directement pratique ; c'est là ce qu'atteste l'exemple des plus anciens philosophes. A l'origine, comme aujourd'hui, c'est l'étonnement et l'admiration qui conduisirent les hommes à la philosophie. Entre les phénomènes qu'ils ne pouvaient comprendre, leur attention, frappée de surprise, s'arrêta tout d'abord à ceux qui étaient le plus à leur portée; et, s'avançant peu à peu dans cette voie, ils dirigèrent leurs doutes et leur examen sur des phénomènes de plus en plus nombreux. C'est ainsi qu'ils s'occupèrent des phases de la lune, du mouvement du soleil et des astres, et même de la formation de l'univers. Si donc c'est pour dissiper leur ignorance que les hommes ont cherché à faire de la philosophie, il est évident qu'ils ne cultivèrent si ardemment cette science que pour savoir les choses, et non pour en tirer le moindre profit matériel. En effet, cette science est, entre toutes, la seule qui soit vraiment libre, puisqu'elle est la seule qui n'ait absolument d'autre objet qu'elle-même. C'est la plus divine des sciences, et les dieux pourraient l'envier aux mortels, si les dieux étaient accessibles à un sentiment de jalousie. Les autres sciences peuvent être plus nécessaires que la philosophie; il n'en est pas une qui soit au-dessus d'elle. »

Aristote dit encore, en comparant l'étude des

choses éternelles et celle des choses périssables :
« Dans quelque faible mesure que nous puissions
atteindre et toucher aux choses éternelles, le peu
qu'il nous est donné d'en apprendre nous cause,
grâce à la sublimité de ce savoir, bien plus de plaisir
que tout ce qui nous environne, de même que, pour
les personnes que nous aimons, la vue du moindre
et du plus insignifiant objet nous est mille fois
plus douce que la vue prolongée des objets les
plus variés et les plus beaux. » Aussi, avec quel
enthousiasme, avec quels ravissements inattendus, le fondateur de la logique, de la psychologie,
de la météorologie, de la science politique, de
l'histoire naturelle et de tant d'autres sciences, ne
vante-t-il pas les inexprimables jouissances que
nous procure la contemplation de la nature, où
rien n'est à négliger, parce que tout y resplendit
de puissance, de sagesse et de beauté! Mais
Aristote ne se contente pas d'admirer la nature;
il enseigne le moyen de la connaître. Ce moyen
unique, c'est l'observation des faits, première loi
de la méthode. Il l'a lui-même toujours pratiquée,
et il la recommande magistralement à toutes les
sciences, qui doivent y rester à jamais fidèles.
Bacon, au XVIIe siècle, ne faisait donc que répéter
Aristote; Bacon n'inventait rien, et surtout il

n'apportait pas à l'esprit humain le nouvel organe qu'il lui promettait.

Après Aristote, après Platon, après Pythagore, parlant au nom de la Grèce, Sénèque, qui peut parler au nom de Rome, s'exprime à peu près comme eux : « Ce que la philosophie, dit-il, a de plus grand et de plus estimable, c'est que la divinité n'en a donné naturellement la connaissance à personne; mais elle a accordé à tout le monde la faculté de l'acquérir; on ne la doit qu'à soi-même, on ne l'emprunte pas d'un autre. Si c'est aux dieux immortels que nous devons la vie, c'est à la philosophie que nous devons de savoir employer la vie comme il convient. La sagesse en est le fruit et la récompense. »

Après de tels enseignements reçus des Anciens, que resterait-il à faire, si ce n'est ce qu'a fait Descartes? C'était de montrer à l'esprit humain, replié sur lui-même, les trésors qu'il renferme, et lui indiquer la voie qu'il doit suivre pour marcher du pas le plus assuré et le plus fécond. Descartes ne veut pas « faire de la science un métier pour le soulagement de sa fortune »; mais avant de se livrer sans retour à ses études solitaires, il parcourt le monde, où, pendant neuf années, « il roule çà et là », ainsi qu'il nous le dit lui-même, observant les choses sans s'y mêler plus que ne le ferait un disciple attardé du pythagorisme.

Désormais la philosophie, sans jurer sur la parole d'un maître, et en conservant sa pleine indépendance, doit se mettre à l'école de Descartes, parce que c'est l'école de la vérité. On s'égare dans la mesure où l'on s'en éloigne. Notre siècle agité a vu des philosophes se faire gloire de secouer un joug tutélaire. Cet aveuglement a été châtié par des chutes inévitables, qui peut-être ne préviendront pas de nouvelles témérités. Celles de Spinoza n'ont pas manqué d'imitateurs. Quant à nous, écoutons doublement Descartes, lorsqu'il nous affirme, en philosophe et en juge expérimenté des choses sociales, « qu'il reçoit une extrême satisfaction des progrès que sa méthode lui a fait faire dans la recherche de la vérité, et que si, entre les occupations des hommes, purement hommes, il y en a quelqu'une qui soit solidement bonne et importante, il ose croire que c'est celle qu'il a choisie ».

Si l'esquisse qu'on vient de tracer n'est pas inexacte, si le passé de la philosophie, sa nature et sa relation avec les sciences, sont tels qu'on les a exposés, quel sérieux dissentiment peut subsister entre la philosophie et la science de nos jours? Les sciences n'ont-elles pas besoin de la philosophie toutes les fois qu'elles veulent scruter les principes sur lesquels elles reposent? La philosophie ne doit-elle pas toujours emprunter les matériaux de ses synthèses aux sciences particulières? Qu'y a-t-il de changé? Rien, absolument rien, non pas seulement depuis Descartes, mais depuis l'Antiquité, notre vénérable aïeule. Ce n'est donc qu'un malentendu entre la science contemporaine et la philosophie. Par la nature même des choses, ce malentendu ne saurait être définitif; mais il peut durer longtemps. La philosophie, mère des sciences plutôt que leur sœur, comme le supposait Claude Bernard, n'a rien à craindre, et elle ne peut pas périr; mais elle peut souffrir des éclipses plus ou moins prolongées. Le spiritualisme cartésien est la vérité même; et tout système qui ne l'admet pas, ou qui le contredit, est condamné à être faux et même dangereux, soit pour la conduite de l'intelligence, soit pour l'ordre social. Mais malgré l'éclat que le spiritualisme a jeté, quand l'éloquence de Victor Cousin l'interprétait, voilà soixante ans, il n'a pas persuadé le xixe siècle, qu'entraînent en sens contraire une foule de causes, qui ne regardent plus la philosophie. C'est dans le siècle précédent que cette tendance regrettable s'est manifestée; elle s'est fortifiée de plus en plus, malgré des résistances venues de côtés divers. Aujourd'hui, elle domine dans les sciences, et l'on n'entrevoit pas de motif pour que cette aberration cesse de sitôt. On nous permettra de plaindre notre siècle, sans désespérer de l'avenir. La philosophie a traversé des temps plus durs. Étant ce qu'elle est et ne redoutant pas d'être jamais dépossédée, elle se résigne sans peine à être moins en honneur; elle se passe d'une vogue qu'elle n'a jamais ambitionnée et qui pourrait la compromettre, en l'enivrant, comme il est arrivé au xviiie siècle, père et corrupteur du nôtre.

Actuellement, dans le monde entier, aussi bien que chez nous, les sciences obéissent au mouvement qui les emporte, et qui ne laisse pas que d'être périlleux pour elles. Pendant plus de deux siècles après la Renaissance, les lettres seules avaient été cultivées et honorées, les sciences étaient restées presque en oubli et en sous-ordre. Bacon fut un des premiers à pressentir leur prochain triomphe, suite de la diffusion des lumières depuis la découverte de l'imprimerie. Le de Augmentis et l'Instauratio magna n'ont pas un autre sens; et cette aspiration généreuse fit la fortune de ces deux ouvrages, d'ailleurs si loin de tenir leurs promesses. En eux-mêmes, ils étaient insuffisants; mais ils annonçaient, dans le style le plus brillant, l'avènement d'une puissance nouvelle. Les sciences allaient entrer en scène, à côté des lettres, et les remplacer, si elles le pouvaient. C'est donc une sorte de revanche que les sciences continuent à poursuivre de nos jours. Dans la lutte, la philosophie n'a pas été moins maltraitée que les lettres; elle partage la défaveur qui les atteint. Elle ne s'en étonne, ni ne s'en émeut.

Les lettres sont une œuvre purement humaine; elles ne demandent presque rien au dehors; elles viennent de l'esprit et ne s'adressent qu'à l'esprit. La philosophie ne fait guère autre chose, si ce n'est qu'elle substitue la raison à l'imagination et à la sensibilité. Le destin des lettres et le sien sont semblables, et elle tient à ne s'en pas séparer. Elle attendra patiemment la réaction, qui est inévitable. Quand le monde se sera saturé de science, il verra ce qui lui manque; et il reviendra aux lettres et à la philosophie, qui donnent aux sciences leur forme et leur base. Mais ces oscillations de l'intelligence chez les nations les plus civilisées peuvent être fort lentes. Des périodes d'obscurcissement succèdent à des périodes de lumière. Après la Grèce et Rome, surviennent les ténèbres, que le Moyen Age a eu tant de peine à vaincre. D'aussi funestes cataclysmes ne sont plus à redouter ; mais ce qui est toujours possible, c'est la prédominance d'un des éléments de l'esprit sur l'autre élément, relégué dans l'ombre.

Aujourd'hui, l'esprit est surtout occupé des choses extérieures, et il néglige celles du dedans. On peut, sans être trop sévère, trouver que c'est là un abaissement; mais chez les peuples comme chez les individus, l'esprit peut être opprimé par la matière, bien que cette déchéance ne soit jamais que transitoire.

Deux dangers principaux menacent les sciences : D'abord, une analyse poussée à l'excès ; et, d'autre part, une recherche trop assidue des applications pratiques. Ces deux déviations, également fréquentes, peuvent fausser la science, en la détournant de son but. L'immensité des détails est un poids accablant ; le nombre en augmente incessamment, et déjà il est presque incalculable. Il n'est pas une branche de l'histoire naturelle qui ne se développe sans fin, à mesure qu'on la cultive. Un savant peut consumer son existence entière dans l'histoire d'une seule espèce d'insectes. La prédiction de Pascal se réalise, et la nature se lasse de fournir encore moins que l'homme ne se lasse de l'étudier. L'infini de petitesse n'est pas plus épuisable que l'infini de grandeur. Sans doute, on ne saurait blâmer une légitime curiosité, même ainsi bornée; peut-être même les limites étroites dans lesquelles elle se renferme assurent-elles aux résultats obtenus plus de précision et d'exactitude. L'analyse, portée aussi loin qu'on le peut, est une des règles les plus utiles de la méthode cartésienne. Mais ces travaux, par trop minutieux, gênent la science plus qu'ils ne la secondent. Le positivisme lui-même a cru devoir s'en inquiéter. Les synthèses d'Auguste Comte n'avaient été tentées que dans cette intention; il voulait résumer en de brèves généralités chacune des six sciences entre lesquelles il divisait tout le savoir humain. Comte a échoué dans une entreprise qui dépassait ses forces, et qui, en outre, manquait d'un fondement assez solide. Mais la pensée n'en est pas moins juste; l'exécution seule a failli, comme pour le Cosmos de Humboldt. Ce besoin de synthèse partielle est tellement réel que toutes les sciences, chacune dans leur domaine spécial, s'efforcent spontanément de le satisfaire. Quand les observations accumulées paraissent assez multipliées, on tâche de les condenser en les généralisant, afin de les mieux comprendre.

C'est ainsi qu'on a été amené à faire la philosophie de l'histoire, la philosophie de la chimie, la philosophie de la zoologie, la philosophie de la nature, la philosophie des mathématiques, etc. Ce n'est plus là de la philosophie proprement dite; mais dans la circonscription de chaque science isolée, l'esprit éprouve, à un certain moment, le même désir qui le pousse à embrasser l'ensemble des choses par la philosophie première, par la philosophie véritable. Il n'y a pas d'autre barrière à opposer à ces analyses exagérées. C'est à la science de se corriger elle-même de ce défaut, dès qu'elle sent le mal.

Le second danger est beaucoup plus sérieux; il est moins facile de le conjurer. Sans doute, on ne saurait avoir trop de louange et d'estime pour la science assurant à l'industrie, sous toutes ses formes, ses progrès les plus réels et les plus bienfaisants. Il y aurait parti pris d'injustice et de malveillance à nier les services que la science rend aux sociétés, en dirigeant les arts, dont elles ont sans cesse l'impérieux et renaissant besoin. La vie sociale, jadis si rude et si imparfaite, a été adoucie et améliorée de toutes les manières. Il ne s'écoule pas de jour qui ne voie de merveilleuses découvertes accroître matériellement le bien-être des hommes; une invention en fait surgir cent autres. C'est la science qui enfante ces prodiges, dont elle est fière, autant qu'en sont étonnés ceux qui en profitent.

Les peuples reconnaissants comblent d'honneurs et de richesses les savants qui les servent si bien. Mais c'est là précisément qu'est l'écueil, d'autant plus redoutable qu'il est caché sous les plus belles apparences, et que même de grandes âmes, dédaigneuses de la fortune et de la gloire, peuvent ne pas rester insensibles à la tentation de devenir un des bienfaiteurs de l'humanité. Il faut cependant se défendre de cette séduction et de cet attrait.

Le savant est, par-dessus tout et exclusivement, l'ami de la vérité; c'est à elle seule qu'il se dévoue; elle seule qu'il poursuit dans ses laborieuses investigations. Pour la conquérir, il n'a pas trop de toutes ses forces et de tout son temps. Sans parler des catastrophes auxquelles l'industrie est sujette, et que le savant peut subir avec elle, en s'y livrant il fausse sa vocation; il abandonne son devoir purement scientifique, pour y mêler un accessoire étranger. Dans l'industrie, on applique la science; on ne la fait pas. Le savant à qui est due une découverte peut se croire plus apte que personne à en tirer les conséquences industrielles; la pente est fort glissante. Mais alors le savant doit s'avouer qu'il va être perdu pour la science; elle veut qu'on se donne à elle tout entier pour elle-même. Il doit laisser à d'autres mains les applications, quelque faciles, quelque précieuses qu'elles soient; elles ne le regardent point; et si son cœur est sincèrement épris de la vérité, le sacrifice ne lui coûte guère; sa part reste encore la plus belle et la plus féconde; car l'industrie et la richesse ont des bornes et d'amers retours que la science ne connaît pas.

Exiger ce désintéressement absolu peut sembler excessivement sévère; et ce conseil de stoïcisme a d'autant moins de chance d'être écouté que, parmi les philosophes les plus illustres et les plus autorisés, il en est qui ne l'approuvent pas, et qui même proposent à la science et à la philosophie, pour but suprême, les applications pratiques qui servent directement à la vie et à la société. Descartes, tout spiritualiste qu'il est, incline à cette opinion; « il voudrait qu'au lieu de cette philosophie spéculative qu'on enseigne dans les écoles, on en pût trouver une pratique, par laquelle, connaissant la force et les actions du feu, de l'eau, de l'air, des astres et de tous les autres corps qui nous environnent, aussi distinctement que nous connaissons les divers métiers de nos artisans, nous les pussions employer en même façon à tous les usages auxquels ils sont propres; et ainsi nous rendre comme maîtres et possesseurs de la nature ». Descartes va même plus loin; en terminant le Discours de la méthode, il annonce « sa résolution de ne consacrer le temps qui lui reste à vivre, qu'à tâcher d'acquérir quelque connaissance de la nature qui soit telle qu'on en puisse tirer des règles pour la médecine ». Et d'où vient tant de prédilection pour l'art médical? C'est que le philosophe est convaincu que, « s'il est possible de trouver quelque moyen qui rende communément les hommes plus sages et plus habiles qu'ils n'ont été jusqu'ici, c'est dans la médecine qu'on doit le chercher ».

Bacon, avant Descartes, avait appliqué toutes les ressources de son génie et de son style à imprimer à la philosophie cette direction nouvelle. C'était en changer absolument le caractère et la fonction, comme devait l'essayer aussi Auguste Comte, qui se croyait l'héritier de Bacon, et qui a échoué encore plus complètement. Au temps de Bacon, la méprise se conçoit mieux; on se débattait alors contre la scholastique, d'où l'on sortait à peine; on sentait tout le vide de ses vaines formules, et l'on se précipitait avec passion à l'excès opposé, au risque de blesser la philosophie, frappée d'un anathème qu'elle ne méritait pas, et qui n'aurait dû atteindre que les fantaisies de l'École. Lord Macaulay, si justement implacable envers le chancelier prévaricateur, ne trouve pas assez d'éloges pour une innovation qu'il qualifierait volontiers de prophétique. A l'entendre, c'est Bacon qui a suscité et inspiré les sciences appliquées; qui leur a révélé leur avenir et leur fécondité inépuisable. C'est lui qui a appris enfin aux philosophes à ne plus se payer de mots et à ne s'occuper que des choses; à lui qu'est dû cet incomparable développement qui a commencé à son appel et qui ne s'arrêtera plus. Lord Macaulay fait bon marché d'un titre de gloire ordinairement attribué à Bacon; l'induction avait été connue, décrite bien avant lui, et employée de tout temps; lui-même n'en a rien su tirer. Mais son vrai titre, son titre impérissable, selon Macaulay, est d'avoir démontré que la philosophie doit avoir un but pratique et ne plus être uniquement un exercice de l'esprit; en excitant les hommes à découvrir des vérités utiles, Bacon les a arrachés aux rêves d'une stérile spéculation. Aussi Macaulay, dans son enthousiasme de panégyriste, n'hésite-t-il pas à mettre l'artisan fort au-dessus du philosophe, parce que l'artisan, même le plus vulgaire, un cordonnier par exemple, est cent fois plus exact dans ce qu'il crée que le philosophe ne l'est dans ce qu'il dit. Au temps de Pompée et de César, Posidonius, blâmé par Sénèque, prônait déjà la philosophie pratique, avec autant de ferveur et avec aussi peu de raison.

Laissons à Macaulay la responsabilité de cette comparaison; dans sa pensée, elle n'a rien d'injurieux; et convenons qu'il a parfaitement expliqué les prévisions de Bacon. Mais où nous nous séparons de lui, c'est quand il semble admettre que c'est Bacon qui a déterminé ce mouvement immense d'industrie scientifique dont nous sommes les témoins. D'abord, un progrès tout à fait analogue, quoique moins général, s'est produit dès l'Antiquité. Les magnifiques monuments qu'elle nous a transmis et que nous pouvons juger malgré leurs ruines, ses entreprises perpétuelles de civilisation pacifique ou de guerre, attestent assez que la science appliquée aux arts n'a pas été plus inconnue des Anciens que du Moyen Age et de nous. En second lieu, le siècle même où Bacon a vécu avait réalisé bon nombre de découvertes avant qu'il écrivît. Son mérite, qui n'en est pas moins considérable, c'est d'avoir deviné l'explosion qui se préparait, de l'avoir encouragée, et même de l'avoir louée, avant qu'elle éclatât dans toute son énergie. Notre temps est encore plus fertile en inventions que ne l'ont été les deux siècles précédents ; serait-il équitable de reporter à l'influence de Bacon ce que nous voyons et ce que verront nos successeurs? Ce serait une exagération que peut excuser le patriotisme, mais que l'impartiale histoire ne ratifie pas.

Que reste-t-il des conseils éloquents et répétés de Bacon? Ceci uniquement, si on l'en croit : Que la philosophie, depuis sa plus lointaine origine jusqu'au XVII° siècle, a fait fausse route, et qu'elle doit à tout prix cesser d'être spéculative, pour devenir pratique et utile. Avoir contre soi Macaulay, Bacon, peut-être Descartes, et certainement la plupart des savants contemporains, qui tiennent la philosophie en fort médiocre estime, c'est beaucoup ; mais cependant, nous ne nous rendons pas, et nous résistons sans hésiter à ces autorités imposantes.

Nous maintenons que la philosophie n'a point à se réformer; elle n'a nullement à changer de rôle; sa mission est bien toujours celle-là même que lui assignaient les sages de l'Antiquité, quand ils la nommaient la science des choses divines et humaines. Étudier l'esprit de l'homme, la nature et Dieu, lui suffit; c'est là son devoir; et dans la division du travail intellectuel, sa part est assez grave et assez large pour l'absorber entièrement. La tâche est si ardue qu'en s'y consacrant sans réserve, elle ne peut pas même se flatter de l'accomplir dans toute son étendue. Les questions qui lui sont confiées sont trop hautes et trop mystérieuses pour que l'esprit de l'homme n'y succombe pas quelquefois, en dépit des efforts les plus énergiques et les plus constants. Le mot de l'énigme universelle n'a été définitivement trouvé, ni par Socrate, ni par Platon, ni par Aristote, ni par Descartes. Dans les religions, ce mot n'est trouvé que pour les croyants et les fidèles; il reste éternellement à chercher; chaque philosophe vient à son tour déposer son opinion et son témoignage individuel. Quand la voix de l'interprète est assez puissante, elle est entendue par l'humanité, ou du moins par ceux qui se dévouent au même labeur, ou qui se préoccupent des mêmes problèmes.

Appeler la philosophie à devenir pratique, au sens de Bacon ou de Macaulay, c'est lui proposer de déserter son poste. Les sciences mêmes, issues de la philosophie, leur mère et leur institutrice, ne peuvent jamais s'en passer complètement; et elles ne doivent pas davantage céder à une invitation décevante. Elles non plus n'ont point à penser à l'utile; elles ne doivent penser qu'au vrai.

Est-ce à dire pour cela que la science pure et la philosophie sont sans fruit, comme Bacon le leur reproche, et stériles, comme ces vierges auxquelles il les compare? L'histoire du passé est là pour protester et prononcer sans appel. Le platonisme, frayant la voie à des croyances meilleures, quatre cents ans avant l'ère chrétienne, le péripatétisme exerçant sa souveraineté bienfaisante durant tout le Moyen Age, le stoïcisme soutenant les âmes défaillantes, le cartésianisme au siècle de Louis XIV, ont-ils été sans influence sur les destinées du genre humain? La philosophie du xviii° siècle n'a-t-elle rien fait pour son temps ni pour le nôtre? Est-ce qu'il peut y avoir deux réponses à de telles questions? Si l'on veut rapprocher les changements qu'amènent les sciences appliquées aux arts, des changements que la philosophie cause dans le monde moral, nous nous assurons que la spéculation, tant accusée de stérilité, a été plus pratique et plus efficace que les sciences hybrides auxquelles on voudrait l'immoler. Vienne quelque nouveau génie, si Dieu nous l'accorde, dans la philosophie et dans la science; et l'on verra si notre âge reste plus insensible et plus sourd que ses devanciers, et s'il écoute moins attentivement l'heureux mortel qui lui apportera une parcelle de vérité ignorée jusque-là. Quant à renoncer définitivement aux problèmes qu'agite la philosophie, ce n'est pas à elle qu'il faut le demander; c'est à l'esprit humain.

A l'heure où nous sommes, la philosophie n'entre donc pas dans le ménage de la science, comme l'en accusait Claude Bernard; elle connaît trop bien ses propres frontières pour vouloir envahir les frontières d'autrui. Elle respecte toutes les sciences; et elle applaudit d'autant plus volontiers à leurs progrès qu'elle en profite. Plus leur domaine s'étend, plus le sien, qui ne peut pas s'étendre, devient solide. Après Copernic, Kepler, Newton, Laplace, la métaphysique ne peut plus parler du système du monde comme au temps d'Aristote; après Cuvier et la révélation des fossiles, elle ne peut pas parler du globe que nous habitons dans les mêmes termes que Voltaire, au siècle dernier.

Ainsi, la philosophie, loin de dédaigner le concours de la science, le réclame; elle en use, pour pénétrer plus profondément dans les secrets de la nature et de la Providence. La psychologie même ne repousse pas l'aide de la physiologie; mais elle s'en distingue; l'esprit, qui, pour se connaître, ne peut s'en fier qu'à lui-même, ne sait que trop qu'il est joint à un corps. Descartes, qui a fait le Discours de la méthode, a fait aussi le Traité des passions de l'âme. Mais la philosophie, malgré les emprunts qu'elle peut demander aux sciences, n'en est pas moins indépendante. Elle sent sa supériorité, non point par une illusion d'amour-propre, mais parce qu'elle est antérieure aux autres sciences, et plus générale qu'aucune d'elles. La philosophie gardera la priorité qui lui est échue dans le temps et dans l'ordre universel des choses. Ce n'est pas elle qui a posé ces règles immuables; elle y obéit comme le reste; et le seul avantage peut-être qu'elle revendique, c'est de les comprendre aussi clairement que le permet notre trop réelle infirmité.

Concluons qu'entre les sciences et la philosophie, il n'y a pas plus aujourd'hui qu'autrefois le moindre motif de dissentiment; elles servent toutes deux une seule et même cause, et contribuent à un résultat commun : L'interprétation de plus en plus exacte et de plus en plus large des œuvres de Dieu. D'où viennent donc des divergences qui nuisent également à l'une et à l'autre? Elles tiennent uniquement à des préjugés dont les meilleurs esprits ne se préservent pas toujours. L'Antiquité, exempte de ces préventions, n'a jamais connu une telle différence entre les sciences et la métaphysique.

Les controverses de notre temps passeront comme tant d'autres, sans laisser plus de traces; et surtout elles ne changeront rien aux relations essentielles de la philosophie et des sciences. Mais ce qu'on pourrait attendre des savants qui se plaisent à ces polémiques, ce serait de montrer un peu plus de tolérance. On a pu les avertir assez justement qu'ils renouvellent contre la philosophie la guerre que lui a faite, pendant si longtemps, la théologie. S'unir à la théologie contre la libre métaphysique, c'est une violente contradiction de la part des sciences contemporaines; elles se l'infligent cependant, sans se douter peut-être de la faute qu'elles commettent si gratuitement. Il est vrai que jadis les persécuteurs supprimaient la personne de leurs adversaires; aujourd'hui, on se contente de supprimer les questions; et, du même coup, la philosophie, qui dès lors n'aurait plus de raison d'être. Toute proportion gardée entre les époques, les sciences ne se font guère plus d'honneur que la théologie, par de hautaines et insoutenables négations, ou par une indifférence peu digne d'elles.

TROISIÈME PARTIE

LA PHILOSOPHIE ET LA RELIGION

S'il est facile de se rendre compte des rapports de la philosophie et des sciences, il est beaucoup plus délicat de déterminer les rapports de la philosophie et de la religion. Ce n'est pas que cette seconde question soit plus obscure; mais elle est embarrassée par de longues traditions et par les scrupules les plus respectables. La philosophie, mère des sciences, est la tige dont elles sont les rameaux; elle est l'ensemble dont elles ne sont que des fragments; c'est elle qui leur donne la méthode et la régularité. Dépositaire des principes et des axiomes, elle rend aux sciences des services essentiels et constants, qu'on ne méconnaît que si l'on n'y regarde pas d'assez près. Quand il s'élève des discussions, à la suite de quelque malentendu, elles se passent en famille, et s'apaisent bientôt; au fond, elles n'ont pas de raisons d'être. Mais entre la philosophie et la religion, il en est tout autrement. La religion prétend dominer la philosophie, ce qui revient à la supprimer; ou, si, malgré ses défiances, elle la conserve, c'est en sous-ordre, et pour son propre usage. Elle veut bien l'avoir pour servante de la théologie, comme au Moyen Age; mais elle lui ôte l'indépendance et la liberté, sans lesquelles la philosophie n'existe point. Renoncer à la liberté, c'est pour la philosophie renoncer à être; si elle acceptait l'abdication, ce serait un suicide. Elle s'y est toujours refusée; et, même dans les temps les plus généralement pieux, il s'est rencontré de loin en loin des esprits indépendants, qui, avec plus ou moins d'éclat et de péril, ont éludé l'obéissance commune. A toutes les époques, la foi a exigé la soumission de la raison; elle l'exige encore. Longtemps, elle a paru l'obtenir sans réserve; mais ce ne pouvait pas être une solution définitive, bien que cette domination provisoire ne se fût pas établie sans des causes très graves, ni même sans une grande utilité.

Le principe de la raison et le principe de la foi sont tout différents, si ce n'est ennemis. La conciliation a été tentée vainement par les hommes les plus éclairés. On ne la tente plus guère aujourd'hui, parce qu'elle aurait moins de chances de réussir qu'elle n'en a jamais eu. La philosophie sait trop bien quels sont ses devoirs envers l'intelligence humaine pour les déserter; et la religion n'est pas moins convaincue de ses droits supérieurs. C'est donc une compétition d'empire; et il semble qu'il est impossible de s'entendre. Pourtant, grâce à la tolérance, qu'a revendiquée le xviii° siècle, la philosophie et la religion peuvent, parmi nous, subsister côte à côte et en paix; elles ne s'accordent pas, sans doute; mais, du moins, elles ne se déchirent pas. L'État, qui doit rester neutre, les protège toutes deux; et il leur impose des limites infranchissables, dans l'intérêt de la paix publique. Cette intervention de l'État suffit, quoiqu'elle ne soit pas toujours parfaitement équitable, et que nous ne pratiquions pas la tolérance beaucoup mieux que nos pères du siècle dernier, ni que Voltaire, qui, cependant, en était le fervent apôtre.

La philosophie a les plus sérieux motifs d'honorer la religion, tout en ne se soumettant pas. D'abord, ne serait-ce pas se manquer à soi-même que d'attenter à la liberté d'autrui, quand on prétend garder la sienne? La philosophie, chargée de rechercher la vérité, n'est pas chargée de la pénible mission de réprimer ce qu'elle regarderait comme une erreur. Ne se croyant pas infaillible, il ne lui siérait pas d'agir comme si elle l'était; ce serait pour elle une fantaisie dangereuse et une contradiction. La religion doit être libre dans son domaine, autant que la philosophie l'est dans le sien, qui est assez beau pour qu'elle s'en contente.

En second lieu, aucune institution n'est, par son ancienneté, plus vénérable que la religion; voilà dix-neuf cents ans qu'elle dure, au milieu des péripéties les plus redoutables. Malgré des prédictions sinistres, qu'on ne lui épargne pas, elle n'est pas près de sa fin. Certainement l'ancienneté des choses n'est pas une garantie de leur bonté; mais, c'est tout au moins une présomption en leur faveur. Avant d'y porter la hache et de les renverser, il faudrait être bien assuré qu'on peut les remplacer par quelque chose de meilleur. La fonction de la religion est indispensable à la société; on peut la troubler passagèrement; mais on est forcé bientôt de la rétablir, après l'avoir un instant suspendue par la violence. Enfin, la philosophie, en s'interrogeant elle-même avec impartialité, s'aperçoit bien vite que la religion pense comme elle sur une foule de points, et qu'en morale, par exemple, elles ne diffèrent pas pratiquement, bien qu'elles puissent différer en théorie. Unanimes sur ce point capital, les deux sœurs immortelles, comme M. Thiers les a si bien nommées, peuvent se supporter, et concourir, chacune pour leur part, au bien de l'humanité. Leurs voies sont diverses; mais leur but est le même. Il n'y a pas lieu à des dissentiments implacables; et il est à espérer que le fanatisme, dans l'un ou l'autre sens, ne donnera plus, aux temps à venir, le spectacle des crimes affreux dont nos devanciers ont été les auteurs ou les victimes.

La philosophie n'a donc, désormais, qu'à s'exprimer en toute franchise à l'égard de la religion, non pas parce que la franchise est aujourd'hui sans danger, mais parce qu'elle sert à éclaircir les situations, et qu'elle ne retranche rien à un respect loyal, mêlé de reconnaissance.

I

Le moyen de voir clairement ce que doivent être les rapports de la religion et de la philosophie, c'est d'examiner quelle est la place de la philosophie dans les facultés dont l'homme est doué. Le rôle de la philosophie une fois compris, celui de la religion apparaîtra non moins nettement ; et il sera aisé de se prononcer entre leurs prétentions respectives. Il se peut que ces prétentions soient, à des titres divers, également légitimes, quoiqu'opposées, puisqu'en fait, la raison et la foi coexistent sans se détruire depuis assez longtemps ; mais leurs objets étant autres, il convient de les bien distinguer, afin d'empêcher toute usurpation et toute erreur.

Considérons donc un instant la nature de l'homme dans ses traits les plus saillants, telle qu'elle se montre, à cette heure, sous nos yeux, à l'issue de notre dix-neuvième siècle, dans les sociétés où nous vivons, et où nos successeurs vivront comme nous, au milieu de la civilisation dont nous jouissons, avec tous les avantages et les inconvénients qui y sont attachés. Les recherches préhistoriques, dont on fait aujourd'hui tant de bruit, sont fort curieuses, et elles nous apprennent sur les débuts de l'homme bien des faits qui méritent de ne pas demeurer ignorés. Mais ce serait une très fausse méthode que de préférer des indices lointains et douteux à des observations directes, dont l'exactitude peut être rendue incontestable.

Que l'homme ait successivement passé par l'âge de la pierre polie et par l'âge des métaux, peu importe pour savoir ce qu'il est maintenant. Pour juger d'un adulte, va-t-on demander le secret de son caractère et de sa virile activité aux premiers instants de sa vie et aux bégaiements de son berceau? Tenons-nous-en donc aux lumières que notre temps nous offre; si elles ne peuvent avoir rien de bien neuf, elles pourront, du moins, nous instruire sûrement, sans que nous ayons à nous plonger dans des ténèbres où l'on est exposé à se perdre.

De toutes les qualités qui nous frappent le plus dans l'homme de nos jours, n'est-ce pas sans contredit son intelligence? L'homme se flatte-t-il, et le flatte-t-on en disant qu'il est le plus intelligent des êtres animés? Ce n'est pas seulement parce qu'il leur commande en maître, comme Pline l'a remarqué le premier; mais c'est surtout à cause des œuvres sans nombre, toutes plus étonnantes les unes que les autres, qu'il accomplit, les multipliant et les améliorant sans cesse. Industrie, arts, sciences, lettres, inventions de toute sorte, découvertes utiles, entreprises audacieuses et fécondes, agglomérations politiques qui se perfectionnent du mieux qu'elles peuvent, législations de plus en plus douces, bienfaits de la civilisation échangés d'un peuple à l'autre, n'est-ce pas là ce que fait devant nous l'intelligence humaine? N'est-ce même pas ce qu'elle a fait, quoique moins bien, depuis plus de trois mille ans que l'histoire enregistre ses actes et en rend le souvenir impérissable?

N'insistons pas; les contemporains sont bien assez enclins à se vanter eux-mêmes, sans qu'il soit nécessaire de stimuler une vanité qui ne s'oublie point, et qui d'ailleurs est justifiée. Si l'homme, à en croire certains savants, est simplement un animal plus intelligent que les autres, la distance comparative est si énorme qu'on est fort excusable de s'y tromper, et de voir dans l'homme une différence de race, et non pas uniquement une différence de degré. Il est vrai que quelquefois l'instinct de l'animal se rapproche beaucoup de l'intelligence humaine, et même qu'il l'égale; mais cette portion d'intelligence est tellement restreinte qu'on ne saurait l'assimiler à cet ample et ferme entendement qui parvient à comprendre le système du monde, et à changer, sur notre globe, la face de la nature. En dépit de l'ethnologie et du matérialisme, nous tenons, quant à nous, que l'homme est un être à part, un être qui est en effet un animal par son corps, mais qui, par l'esprit, est toute autre chose.

Il n'est pas seulement un être intelligent, cœteris imperaturum; il est de plus, et surtout, un être moral et libre. Les animaux sont-ils libres? C'est un problème qui n'est pas résolu; mais on peut répondre que, si par hasard ils le sont, ce n'est pas à notre manière. Être libre, c'est discerner, dans son for intérieur, le bien et le mal; c'est se sentir la possibilité de faire, à son choix, l'un ou l'autre. Ne faut-il pas être bien prévenu pour soutenir que les animaux ont la liberté ainsi comprise? Une autre prévention encore plus fâcheuse, c'est d'aller jusqu'à nier le libre arbitre, et à supposer qu'il y a toujours un irrésistible motif à nos résolutions, qui alors ne dépendent plus de nous, mais de l'extérieur. Contre un tel rêve, notre conscience réclame si haut, nous sentons si vivement notre liberté, au plus profond de notre âme, que la théorie qui nie la liberté est à peu près incompréhensible, même pour les philosophes, et que le déterminisme ne semble qu'un pur sophisme.

Notre moralité ne consiste-t-elle pas à obéir à cette voix intérieure, qui nous invite au bien, mais qui ne nous y contraint pas, puisque trop souvent nous faisons le mal? Mais ces avertissements du dedans, se répétant pour tous les actes de notre vie, constituent, par leur permanence, une loi qui s'impose à notre conduite. Entendre les prescriptions de cette loi naturelle et s'y soumettre, soit spontanément, soit avec réflexion, c'est le devoir, qui nous commande toujours impérieusement, catégoriquement, selon l'étrange vocabulaire de Kant, quoique nous puissions toujours nous en écarter. C'est si bien une loi qui nous parle qu'elle a ses récompenses toutes prêtes, et ses châtiments, qui en sont la sanction inévitable. La récompense, c'est la satisfaction de soi; la peine, c'est le repentir ou le remords, sans parler des conséquences matérielles que la faute traîne toujours après elle, même quand la peine a le pied boiteux. Or, cette loi, ce n'est pas l'homme qui l'a faite; il la subit; et, quand il l'a violée trop gravement, elle devient un tel supplice pour sa conscience qu'il la détruirait sur-le-champ, s'il dépendait de lui d'y porter la moindre atteinte.

Mais elle est hors de sa juridiction; « elle est la lumière qui éclaire tout homme venant en ce monde ». Interprétée plus ou moins bien par chacun de nous, cette loi surhumaine est de tous les temps et de tous les pays; c'est la morale éternelle et immuable de Cudworth. C'est elle seule qui inspire les codes et les coutumes de toutes les nations, depuis les plus barbares jusqu'aux plus cultivées. Elle se développe à travers les siècles, comme toutes les autres facultés de l'homme, en s'étendant, de mieux en mieux, à un nombre d'objets de plus en plus compliqués; mais, au fond, elle ne change point. D'où vient cette loi? Qui l'a empreinte dans le cœur de l'homme d'une manière ineffaçable? Tous les peuples civilisés répondent : « L'auteur de la loi morale qui régit l'homme ne peut être que l'auteur de l'homme lui-même, l'auteur de toutes choses, Dieu, le législateur universel, qui se communique à nous par cette voix intime, plus directement encore que par la splendeur éclatante de ses œuvres prodigieuses ».

Intelligent, et moralement responsable, l'homme, grâce à ces deux qualités éminentes, possède tout ce qu'il faut pour s'unir étroitement à ses semblables, et pour former avec eux ces durables associations, dont nous sommes membres, et qui ne cessent pas de croître en richesse, en bien-être, en puissance et en lumières. Les sociétés humaines, selon leurs besoins et selon le point où elles sont arrivées, selon les temps et les climats, se donnent des gouvernements pour maintenir l'ordre et la sécurité dans leur sein et pour veiller aux intérêts communs. Le premier élément de cette organisation sociale, on l'a dit cent fois, c'est la famille, c'est-à-dire le foyer des affections les plus chères et les plus solides, qui, des parents, descendent aux enfants, avant de s'étendre jusqu'à des compatriotes. L'homme est le seul être sociable, comme Aristote l'a si bien dit, parce que l'éducation des enfants exige de l'espèce humaine les soins les plus prolongés et les plus assidus. Chez les animaux, il n'y a point de société proprement dite. Si quelques espèces vivent en troupes, comme les abeilles et les castors, peut-on dire que ce soient là des sociétés? L'industrie collective de ces animaux est surprenante. Mais, depuis des milliers d'années, a-t-elle fait un seul pas? Aujourd'hui, l'abeille ne construit-elle pas ses alvéoles comme elle les construisait identiquement, il y a quinze ou vingt mille ans, peut-être davantage, lorsqu'au moment de la fusion des matières primitives, ses hexagones réguliers étaient incrustés dans les marbres stratifiés? Pour l'homme, au contraire, quelles forces l'association qu'il contracte avec ses semblables ne lui procure-t-elle pas! Quels progrès n'a-t-il pas réalisés, ou ne peut-il pas se promettre !

Le seul point de contact et d'analogie réelle que l'homme ait avec les autres êtres animés, c'est que, comme eux tous, il n'a qu'une existence éphémère, soumise aux mêmes phases. Ainsi qu'eux, il commence par la faiblesse, nudum in nuda humo; il acquiert peu à peu toute sa vigueur; puis cette vigueur, à partir de son plus haut période, décroît, jusqu'à ce qu'il se perde dans la mort. L'homme paraît un instant sur la scène du monde pour en disparaître presque aussitôt. Loin de s'en affliger, l'homme doit se dire que ces instants sont d'autant plus précieux qu'ils sont plus courts, et qu'une existence si passagère a d'autant plus de valeur qu'elle a moins de durée.

Ne poussons pas plus loin ces considérations, si rebattues. D'une manière très générale, voilà l'homme de notre temps, considéré en lui-même et dans ses relations avec la société, où l'a placé et d'où le retire une puissance suprême. Le voilà sur le globe qu'il habite, et qu'il embellit par un travail qui l'honore et le soutient.

Mais l'homme a une place aussi dans le monde, puisque sa terre fait partie d'un tout qui ne peut être qu'infini. L'homme a ignoré bien longtemps ce secret; mais plus il le sait, plus il admire le séjour qui lui a été donné, et d'où il peut contempler une partie des merveilles universelles. Quel spectacle de plus en plus majestueux ne se déroule pas devant ses regards étonnés et pénétrants! On a trouvé l'homme bien petit devant ces immensités d'espace et de durée; et on l'a accablé de son prétendu néant. Pascal l'a vengé en l'appelant « un roseau pensant »; et avec son irrésistible éloquence, il a prouvé que l'homme, tout chétif qu'on veut le faire, vaut mieux que l'univers qui l'écrase, mais qu'il comprend sans en être compris. L'homme serait-il mille fois plus grand qu'il n'est, quelle quantité finie peut compter devant l'infini? Dans cet évanouissement général, les mondes les plus étendus, les astres les plus colossaux disparaissent, aussi bien que nous et notre globe imperceptible. L'homme n'est donc pas plus petit que tout le reste devant l'infini; il est ce qu'il est; et le privilège que Pascal préfère en lui au monde entier, est en effet mille fois au-dessus. Plus nous connaissons les choses, plus nous devons nous glorifier de les connaître, et d'être associés, dans une mesure croissante, à Celui qui les a faites.

Dans ces conditions, l'homme est-il heureux sur la terre et dans cet incommensurable univers, où notre globe tient son rang, comme tous les corps qui roulent dans l'espace? Oui, l'homme s'y trouve heureux. La preuve irréfutable, c'est qu'il aime passionnément la vie. Quand il la perd ici-bas, il la prolonge par ses espérances; autant qu'il dépend de lui, il veut la faire éternelle; et cette vie ultérieure le charme d'autant plus qu'il l'imagine encore meilleure que celle qu'il quitte avec tant de regret. Quelquefois des plaintes furieuses s'élèvent contre la vie; et c'est surtout de nos jours qu'elles ont retenti. Mais le pessimisme a beau déclamer et gémir, il ne persuade pas le genre humain; nos races y sont réfractaires. S'il est des races autrement organisées, qui aient la vie en horreur et qui veulent y substituer le néant, ce ne sont certes pas les peuples entre lesquels nous sommes fiers de figurer. Ceux-là savent apprécier la vie tout ce qu'elle vaut; et, sans nier ses épreuves et ses douleurs, ils la tiennent en la plus haute estime, la défendant avec sollicitude, dans chaque individu, par les lois les plus vigilantes, et apprenant à chacun de nous, si nous l'ignorions, quel trésor sans prix il possède, pour sa félicité, et pour sa dignité, plus importante encore que son bonheur.

Sans pousser plus loin cette rapide esquisse, exagère-t-on quand on pense que l'homme est un être distinct de tous les autres? Dès lors, dans quel dédain ne doit-on pas prendre ces théories, soi-disant scientifiques, qui font de l'homme un descendant du singe, parce qu'il a plu à l'Auteur des choses de donner au singe une forme qui est voisine de la forme humaine? Si la descendance est réelle, comment se fait-il que la transformation ne s'accomplisse plus sous nos yeux, et qu'elle se soit arrêtée précisément au jour où il y avait un spectateur pour la voir et pour la juger? Peut-être l'organisation physiologique de l'homme n'est-elle pas plus admirable que celle du singe ou de tout autre animal. Mais notre organisation intellectuelle, qu'en fait-on? N'est-ce pas celle-là qui est le tout de l'homme? La passer sous silence, ou la mettre au niveau de l'aveugle instinct, n'est-ce pas manquer aux premières règles de l'observation? Ou plutôt, n'est-ce pas avouer implicitement que, si on l'omet, c'est qu'on ne la comprend pas? On applique complaisamment son intelligence a démontrer que toute intelligence se réduit à l'instinct de la brute.

Ce paradoxe, qui passera comme tant d'autres, n'appartient même pas à notre temps. Ce pauvre héritage nous vient du siècle passé, avec Lamettrie, Demaillet et leurs sectateurs. Nos novateurs ne sont que des plagiaires, un peu plus instruits, mais non moins égarés. La mythologie même, en nous racontant les métamorphoses des êtres, n'avait jamais méconnu l'homme à ce point. Ovide, après avoir dépeint les premières origines, et la production de tous les autres animaux, s'aperçoit qu'il en manque encore un, « le plus sacré de tous, celui-là seul qui est capable des hautes pensées »; il fait naître l'homme, et il exalte sa physionomie, pareille à celle des dieux, dans les beaux vers que tout le monde sait. L'aimable poète de la cour d'Auguste, invoqué si souvent, s'est-il trompé? On peut le demander aux plus autorisés des naturalistes modernes, Linné, Buffon, Cuvier. Il serait superflu de leur joindre d'autres témoins; et, tout en appréciant le savoir de nos contemporains, ce n'est pas leur faire injure que de s'en tenir à leurs prédécesseurs, qu'ils ne devraient pas contredire.

Toutes ces manifestations de l'intelligence humaine, que nous venons d'indiquer si sommairement, sont extérieures à l'homme; elles ne sont pas lui, bien qu'elles émanent de lui. Le spectacle intime qu'il se donne, en se contemplant lui-même, est bien autrement significatif que le spectacle du dehors. Tout d'abord, l'esprit a cette puissance singulière de pouvoir se dédoubler et de se prendre pour objet de sa propre attention. Qu'on n'hésite pas à le proclamer : Voilà le phénomène le plus extraordinaire de toute la nature; il nous isole de tout ce qui n'est pas nous; il nous met en face de nous-mêmes. Là, nous sommes dans le domaine spirituel, où les sens n'ont plus rien à faire; là, le monde extérieur n'a de retentissement que celui que nous voulons bien lui concéder.

Mais l'intelligence ne se borne pas à une contemplation stérile, où elle risquerait de s'abîmer dans la léthargie si chère au mysticisme. L'intelligence s'étudie comme elle étudierait tout autre objet; et après avoir appris, avec Descartes, qu'elle n'existe qu'en tant qu'elle pense, elle se pose certaines questions dont la gravité dépasse de beaucoup toutes celles qui l'ont sollicitée et passionnée, dans les agitations et le cours entier de la vie. Qu'est-ce que l'homme? D'où vient-il? quelle est sa destinée après la mort? D'où vient le monde? Qui a créé tout cela? Comment du néant est-il sorti quelque chose? Tels sont les problèmes que l'intelligence soulève; ils lui sont tellement inhérents qu'elle ne pourrait les négliger qu'en cessant d'être elle-même ce qu'elle est. Elle les aborde, avec cette forme particulière de notre faculté de connaître qu'on appelle la raison; et la raison ne se décourage jamais de ces problèmes, tout en en voyant l'insondable obscurité. Ce n'est pas une témérité et une imprudence de sa part; elle cède en ceci à une nécessité impérieuse; et cette tentative est nécessaire à tel point que l'humanité, depuis qu'elle existe, n'a jamais hésité à la faire. Chez tous les peuples, à toutes les époques, à tous les degrés de culture, l'esprit de l'homme a donné des solutions à ces mystères. Ces solutions, plus ou moins claires, plus ou moins vraies, n'ont jamais manqué, même aux peuplades les plus sauvages; elles ne manqueront pas davantage à l'avenir, sous forme de religion ou de philosophie.

La raison est cette partie supérieure de notre intelligence qui est en rapport avec les principes et avec l'évidence; elle seule les aperçoit et les sanctionne. C'est la raison qui discerne l'indémontrable, et le met au-dessus de ce qui est douteux et à démontrer. Elle décide du vrai et du faux, du bien et du mal. Comment parvient-elle à ce discernement aussi utile que périlleux? C'est à Fénelon de nous le dire. L'archevêque de Cambrai en a parlé mieux que qui ce soit : « Il y a, dit-il, deux raisons en nous : l'une, que nous sentons être nous-mêmes; l'autre, qui est au-dessus de nous. La raison qui est nôtre peut, nous le savons de reste, être fautive, incertaine, prévenue, précipitée, sujette à s'égarer, changeante, opiniâtre, ignorante et bornée; elle ne possède jamais rien que d'emprunt. L'autre raison, commune à tous les hommes, est supérieure à eux; elle est parfaite, éternelle, immuable, toujours prête à se communiquer en tous lieux, et à redresser les êtres intelligents qui se trompent, incapable d'être jamais épuisée, ni partagée, quoiqu'elle se donne à tous ceux qui la veulent. » C'est ce que Fénelon appelle « le maître intérieur », à la décision duquel il faut toujours s'en référer; les autres maîtres ne font que nous ramener aux leçons de celui-là, dans cette école intime où il parle seul. La raison qui est à nous n'est donc qu'une émanation, faible et momentanée, d'une raison primitive, indépendante de la nôtre et immuable. Et Fénelon, prosterné devant cette raison souveraine, que, dans ses recueillements, il a dû interroger tant de fois, s'écrie : « Où est-elle cette raison suprême? N'est-elle pas le Dieu que je cherche? »

Non, cette raison suprême n'est pas précisément Dieu; mais elle vient de Dieu, pour éclairer, diriger et dominer la nôtre. Elle est la vérité, à laquelle nous devons nous conformer; c'est à elle que nous rapportons tous nos jugements et les jugements de nos semblables; c'est sur elle que nous les mesurons. Elle est l'arbitre; elle prononce entre nous. C'est la raison impersonnelle, très bien nommée de ce seul mot par M. Victor Cousin. Mais la mission de la raison impersonnelle n'est pas seulement de concilier les hommes, en leur offrant un terrain commun, pour qu'ils puissent se réunir et s'entendre; elle a une mission plus haute; elle nous met en communication directe avec la puissance infinie, de qui tout vient et à qui tout retourne. Elle est l'intermédiaire et l'anneau qui unit la terre et le ciel, par ces liens de fer et de diamant dont parle Platon. Elle descend à nous pendant que nous montons à elle; elle ne manque jamais à notre faiblesse, pour nous soutenir, et pour nous conférer, quand le devoir l'exige, une force invincible.

S'il est un don, entre tous, dont l'homme puisse justement s'énorgueillir, s'il est un inébranlable appui auquel il puisse se fier, c'est celui-là. Et cependant, en présence de l'Être tout-puissant, à la pensée de son infinitude et de son éternité, le premier sentiment de l'homme, même avant celui de la reconnaissance, c'est le sentiment de sa propre faiblesse. Qu'est-il devant l'Être des êtres, devant la nature où nous sommes enfermés? On a beaucoup blâmé l'orgueil de la philosophie; et cette facile critique est encore répétée chaque jour. Mais la vraie philosophie mérite-t-elle cette accusation? Parmi ses plus grands représentants, en est-il un seul qui n'ait pas été profondément et sincèrement humble devant Dieu? Mais tous aussi n'ont-ils pas attesté par leur génie la grandeur de l'homme, que Dieu a bien voulu faire à son image, et qui s'efforce, dans la mesure permise, de se rendre moralement semblable à lui? Qu'on songe à ce qu'ont été des âmes telles que celles de Socrate, de Platon, de Zénon, d'Epictète, de Marc-Aurèle, et qu'on se demande si jamais une vanité déplacée a rapetissé de tels cœurs.

Mais l'homme, malgré son humilité, ne s'efface pas absolument devant Dieu, qui a daigné se mettre en rapport avec nous. Celui qui obéit aux ordres de la raison se préserve du péché et de la faute, en faisant prédominer la parcelle divine qui l'anime, divinæ particulam auræ, sur la matière qui le dégrade. Attentif observateur de la loi, s'il n'a rien à craindre de l'être qui la lui a imposée, il doit toujours compte au législateur de la manière dont il a suivi ou violé la loi. Est-ce dans cette vie que ce compte est rendu? Évidemment non. Les biens et les maux sont ici-bas très inégalement répartis entre les mortels. D'ailleurs, sont-ce bien des rémunérations matérielles que recherche et que mérite la vertu? Dieu ne doit-il pas avoir des récompenses et des punitions tout autres que celles de nos législations imparfaites? Quel est cet ordre nouveau de choses, si différent de celui où nous aurons vécu? C'est là un mystère que nos philosophies et nos religions ont essayé de pénétrer, et qui a résisté et résistera à tous nos efforts.

Socrate, sur le point de mourir, et quand déjà le poison agit pour le tuer, se souvient des légendes populaires sur l'autre vie; il s'y arrête avec complaisance, sans y croire; il les raconte tout au long, sans vouloir ni les combattre ni les approuver. Mais ce dont il est sûr, c'est qu'il rencontrera dans la vie future des Dieux justes et amis de l'homme; il s'en remet à leur jugement infaillible, avec une imperturbable confiance, que même l'approche d'une mort cruelle ne saurait ébranler. « La foi antique du genre humain, dit-il à ses amis, qui recueillent ses dernières paroles, c'est que, dans l'autre vie, la destinée des bons doit être meilleure que celle des méchants. »

De nos jours, après deux mille ans, sommes-nous plus avancés que le sage d'Athènes? La foi religieuse elle-même, à défaut de la foi philosophique, nous instruit-elle mieux? Pour dissiper ces ténèbres, l'imagination d'un Dante a-t-elle été plus heureuse que celle des Grecs? Le Moyen Age et notre temps en savent-ils plus que l'Antiquité? Nous ne pourrions le dire; mais, dans une question de cet ordre, il n'importe pas de savoir comment sont les choses; ce qui importe uniquement, c'est de savoir réellement qu'elles sont. Il serait sans doute fort curieux de connaître dès maintenant ce qu'est précisément la vie future; mais pratiquement, ce qui est utile par-dessus tout, c'est d'être persuadé qu'après la vie présente, il en est une autre qui est le complément de celle-ci. La plupart des systèmes de philosophie et des religions sont d'accord pour affirmer ce dogme. Tout le monde sent que la vie actuelle ne s'explique pas par elle seule, et qu'elle serait dénuée de sens, si elle n'était suivie de rien. Or la vie présente nous offre trop de marques irréfragables d'une intelligence infinie pour que nous puissions admettre que cette intelligence parfaite ait laissé son œuvre inachevée. L'ordre moral doit être réglé encore mieux que l'ordre matériel; et la foi de Socrate suffit si bien au genre humain que, depuis lui, le genre humain ne l'a pas modifiée ni contredite.

Voici donc ce que peut faire et ce que fait la raison de l'homme, dans ces régions supérieures où se meut la philosophie : La raison se connaît d'abord elle-même; puis elle s'élève à Dieu, de qui elle vient; et après avoir guidé notre pensée et notre vie en ce monde, elle nous montre une autre vie, où c'est l'éternité qui nous attend, quelle que soit d'ailleurs cette condition nouvelle. Sonder ces questions, les plus grandes de toutes, les plus difficiles et les plus pressantes, tel est le rôle, ou plutôt le devoir de la philosophie. On l'a définie assez exactement en disant qu'elle est la réflexion en grand; peut-être serait-il plus exact de dire qu'elle est l'exercice de la raison, dans toute son étendue et dans toute sa fécondité. Si la philosophie, ainsi que notre faible raison, a ses erreurs et ses lacunes, c'est la condition même que Dieu nous a faite, puisqu'il a gardé pour lui seul l'infaillibilité. La raison humaine n'en est pas moins puissante, malgré ses faux pas ; et, si la philosophie a toujours été tenue en honneur, même par ses ennemis, c'est qu'elle répond aux besoins les plus élevés de l'esprit, et que c'est par elle que l'homme peut espérer d'atteindre méthodiquement le vrai et de pratiquer le bien.

Ne nous lassons pas de le répéter : appuyée sur la raison, qui nous éclaire et nous conduit, la philosophie se distingue par des traits qui ne sont qu'à elle, et qui restent, de nos jours et à notre profit, ce qu'ils ont toujours été. En premier lieu, la philosophie est ouverte à tous les hommes, par ce motif péremptoire que la raison a été donnée à tous sans exception, et qu'il dépend de chacun de nous de s'appliquer à découvrir ce qu'il est dans cette vie, et ce qu'il sera après elle. Nous pouvons tous devenir philosophes, dans la mesure de nos facultés. La méditation y suffit; et la méditation n'est refusée à personne. Les situations sociales les plus obscures y sont appelées aussi bien que les plus brillantes. Épictète est l'esclave d'un maître impitoyable; Marc-Aurèle est empereur, et souverain du monde alors connu. L'esclavage, avec toutes ses misères, n'empêche en rien la sagesse stoïque de l'un; le pouvoir, avec toutes les séductions du despotisme, ne fait pas plus d'obstacle à la vertu de l'autre. Si le contraste des positions est complet, la similitude des âmes ne l'est pas moins : les deux philosophes sont aux extrémités contraires des choses humaines ; mais formés à la même école, la philosophie les rend égaux, à quelque distance que le hasard de la naissance ou la société les ait mis. Si de notre temps, comme jadis, les philosophes sont peu nombreux, c'est que, par la force des choses, les esprits qui se font méditatifs sont rares, bien que tous puissent l'être, s'ils le veulent. Descartes le disait au xviie siècle ; et Senèque, conseiller du jeune Lucilius, exprimait les mêmes vues dans son langage magnifique. La philosophie, accessible à tous les êtres raisonnables, n'est donnée toute faite à aucun d'eux. Les dieux nous ont seulement permis de l'acquérir ; mais il faut en prendre la peine, et le prix de la conquête vaut bien le labeur qu'on y consacre. Les détracteurs de la philosophie n'en sont pas exclus plus que d'autres, malgré leurs attaques et leurs outrages. Mais les dénigrements du scepticisme ne prouvent qu'une chose : l'inattention et l'impuissance de ceux qui se permettent ces injustices, sans remarquer la contradiction ridicule dans laquelle ils tombent.

Par cela même que la philosophie est à la portée

de toutes les intelligences, ne doit-elle pas être absolument libre? Son indépendance peut-elle souffrir aucune limite? Dieu en a-t-il mis à notre raison, en nous donnant une part de la sienne? Notre raison peut, par son essence même, toucher à tout; et c'est uniquement pour pouvoir l'employer à cet usage sans bornes que nous la possédons. Restreindre sa liberté, c'est mutiler l'œuvre divine. Aussi la philosophie, gardienne de ce principe et pénétrée du sentiment de son devoir et de son droit, ne doit-elle jamais céder. Les ombrages des pouvoirs publics se sont souvent éveillés contre elle. Les pouvoirs religieux surtout l'ont proscrite et persécutée, sans pouvoir la réduire. Dans la position inexpugnable que la Providence lui a faite en nous, rien ne peut l'atteindre que notre propre volonté. Les ennemis du dehors y échouent; la résistance intérieure les brave, avec la certitude de la victoire, si nous savons rester sourds aux suggestions de notre faiblesse. Socrate, dont la vie peut toujours offrir tant d'exemples à la nôtre, ne se rend pas, bien que, d'un mot, il puisse sauver sa vie. La loi athénienne permettait à l'accusé, avant que la sentence fût prononcée, d'indiquer lui-même la peine dont il se croyait passible. Que répond Socrate? Il répond que, si les juges l'absolvent, il continuera de faire ce qu'il a fait jusque-là, sur l'ordre de l'oracle de Delphes; il préfère obéir à Dieu plutôt qu'aux hommes. Cette fermeté lui coûte la vie, en décidant le vote homicide. Quelle démonstration de la liberté philosophique!

Cette indépendance de la raison produit une autre conséquence. C'est que tout système de philosophie est purement individuel. Ainsi qu'on l'a déjà dit, on n'est plus libre, si l'on subit une opinion étrangère; on pense par soi seul; les autres ne peuvent pas penser pour nous. C'est là ce qui explique comment les systèmes métaphysiques ne se tiennent pas entre eux et ne se font pas suite, et comment la philosophie ne peut jamais être traitée comme les autres sciences, malgré ce qu'en ont cru les sages écossais, et les quelques disciples qu'ils ont pu compter parmi nous. Tout au contraire, dans les sciences qui s'adressent à la nature extérieure, les faits s'accumulant d'âge en âge, il n'y pas de terme possible à leur nombre sans cesse accru, parce que la science est en face de l'infini, qui lui fournit perpétuellement d'inépuisables matériaux. Il n'est pas donné à la philosophie de faire des progrès de ce genre. Chacun peut user, s'il le veut, des conseils ou des erreurs de ses devanciers; mais quand on se met à leur école, pour accepter ce qu'ils ont pensé, on ne fait que répéter leurs leçons assez inutilement, parce qu'ici la conviction ne peut résulter que d'un examen personnel. Descartes l'a parfaitement senti ; et s'il raconte l'histoire de son propre esprit, ce n'est pas qu'il prétende s'imposer à qui que ce soit : il veut seulement apprendre à ses semblables quelle route il a suivie, et où cette route l'a mené.

Malgré cet individualisme, que la philosophie partage avec la poésie, elle n'en a été ni moins féconde, ni moins utile. Platon a éclairé toute l'Antiquité; il a aidé puissamment à la conversion de l'esprit païen, tout prêt, sur ses pas, à recevoir le christianisme. Aristote a dominé et instruit le Moyen Age. Descartes a inspiré le xvii° siècle, et il reste à jamais notre guide. Mais les systèmes de Platon, d'Aristote, de Descartes, n'ont rien de commun; leurs théories se succèdent sans s'unir; elles se juxtaposent sans se combiner. L'histoire entière de la philosophie montre qu'il en est de même pour les penseurs moins illustres que ceux-là. Chacun d'eux a exprimé son opinion, sans que cette opinion pût faire corps avec les précédentes, ou avec celles des successeurs. Témoignages venus d'intelligences indépendantes, ils n'engagent que ceux qui les ont déposés. Les problèmes agités par la philosophie touchent si intimement chacun de nous que c'est à chacun de nous exclusivement de décider de la solution. Il y va du salut dans ce monde-ci et dans l'autre; et puisque Dieu a voulu que notre destinée ne relevât que de nous seuls, c'est obéir à Dieu que de s'en fier à la raison individuelle.

On a pu classer les systèmes de philosophie selon les procédés qu'ils emploient, et selon les sources auxquelles ils puisent : Sensualisme, idéalisme, scepticisme et mysticisme. L'un s'adresse à la sensation; l'autre, à l'esprit; le troisième, moins sérieux, se joue de l'esprit et des sens, en les récusant, bien qu'il s'en serve comme le vulgaire; le dernier, en désespoir de cause, renonce, autant qu'il le peut, aux voies ordinaires de la raison, pour se jeter dans tous les délires de la sensibilité et de l'imagination. Mais quoique cette classification soit légitime, les systèmes n'en restent pas moins isolés; ils ne formeront jamais une unité de doctrine. Si cette unité se réalisait, elle les réduirait bientôt à n'être qu'une insuffisante copie du catéchisme.

Si une habituelle méditation, un retour de

l'esprit sur lui-même, une réflexion consultant la raison supérieure et impersonnelle, constituent la philosophie, elle n'est pas pour nous aujourd'hui autre qu'elle n'a été pour les temps les plus anciens. Le Phédon la définit un apprentissage et une anticipation de la mort. « Eh quoi! se récrient les adversaires du Platonisme, la philosophie nous apprend à mourir; elle ferait bien mieux de nous apprendre à vivre! » Jadis cette critique semblait triomphante; et il n'est pas improbable qu'elle ne le semble encore actuellement. Cependant elle n'a rien de fondé. Socrate, auteur de cette théorie profonde, avait assez bien vécu pour que sa vie pût servir de modèle. Mais, en fait, que sont cette étude et cette intuition de l'esprit par lui-même, si ce n'est un avant-goût de cet état où l'âme immortelle doit se trouver après qu'elle sera séparée du corps? Si la mort ne fait que désunir les deux substances, n'est-ce pas anticiper la mort que de pratiquer dès maintenant cette désunion, dans la mesure où elle est possible? Platon conseille au philosophe de s'isoler de la folie du corps et des troubles corrupteurs que les sens nous causent. Il veut que la pensée pense par elle seule, et qu'elle s'élève aux essences des choses, aux idées, qui sont la vraie réalité, au-dessus de la réalité sensible. Ce sont ces essences que l'âme contemplera dans une vie nouvelle; mais elle peut déjà, dans celle-ci, en considérer les images, qu'elle porte dans son propre sein. Sous une autre forme, n'est-ce pas ce que disait Fénelon? N'est-ce pas ce que nous devons nous répéter après lui et après Platon? Le caractère de la philosophie a-t-il changé parce qu'elle a deux siècles ou vingt siècles de plus?

Cette habitude de méditation solitaire, cette constante préoccupation des questions les plus générales et les plus relevées font du philosophe une sorte de personnage à part; il peut avoir place dans l'estime de quelques-uns de ses pareils; mais pour le commun des hommes, il semble plus bizarre que respectable. La société le comprend peu, parce qu'il n'a pas les mêmes passions et les mêmes intérêts qu'elle. Il ne s'y mêle que dans une mesure fort restreinte. S'il l'étudie parfois, c'est d'assez loin, parce que c'est en lui-même, bien plus qu'en elle, qu'il trouve l'aliment de ses fortes pensées. Il peut être utile à ses compagnons de vie; mais il ne songe point directement à eux, comme y doivent songer les hommes d'État. Quoi qu'en dise Labruyère, « le philosophe ne consume pas sa vie à observer les hommes; il n'use pas

ses esprits à en démêler les vices et le ridicule »;
Non pas que ce ne soit une œuvre très louable que
d'essayer de rendre les hommes meilleurs; mais
le philosophe obéit à une autre vocation; et les
problèmes qu'il a le devoir de scruter sont certainement plus importants pour les sociétés que les
conseils ou les railleries du moraliste.

Platon, instruit peut-être par la mort de son
maître, a vu les choses mieux que le censeur
du xvii° siècle. Le sage athénien veut que les
chefs de la société soient philosophes; mais, n'espérant guère que la sagesse philosophique intervienne dans les affaires d'État, il sent bien que
son vœu est impraticable. Le philosophe n'ambitionne pas de gouverner ses concitoyens; il a bien
assez de se gouverner lui-même. Il ne connaît
pas de profession supérieure à la sienne. Loin de
toute basse convoitise, et de tout ce qui pourrait
corrompre son cœur, il se relègue en quelque
sorte dans l'exil, comme Descartes, pour demeurer
fidèle à la philosophie. « Il se tient en repos,
uniquement occupé de ses propres affaires; et
comme le voyageur pendant l'orage, abrité derrière quelque petit mur contre les tourbillons
de poussière et de pluie, voyant, de sa retraite,
l'injustice envelopper les autres hommes, il se

trouve heureux s'il peut couler ici-bas des jours purs et irréprochables, et quitter cette vie avec une âme calme et sereine et avec une belle espérance. »

Qu'ajouterions-nous à ce tableau d'une si parfaite vérité et d'une simplicité si exquise?

Il est bon, d'ailleurs, pour la société que les philosophes n'y forment qu'une minorité infime. A quelque degré de civilisation que les sociétés soient parvenues, elles réclament le concours matériel et pratique de la presque totalité des membres qui les composent. Les besoins de la vie de chaque jour sont incalculables; et ils s'accroissent, en une énorme proportion, avec les générations et avec les individus qui se succèdent en se multipliant. Que deviendraient les sociétés si le nombre des contemplateurs se développait dans la même mesure? La vie sociale ne serait-elle pas bientôt si difficile qu'elle perdrait toute son énergie et qu'elle se mourrait? Au Moyen Age, les moines, qui n'étaient pas des philosophes, tant s'en faut, mais qui menaient une vie contemplative et à peu près inutile, s'étaient si bien accrus que les sociétés ont dû les supprimer, pour ne pas périr elles-mêmes. On n'a rien à craindre de pareil de la philosophie; ses vrais disciples seront toujours excessivement rares, bien que parfois la foule de ses faux partisans devienne démesurément grande. Le nom peut être fort commun; la réalité ne l'est pas. Platon se plaignait que la « philosophie, négligée par les hommes les plus distingués, qui devraient lui appartenir, fût privée de ses protecteurs naturels, et qu'elle demeurât exposée à l'invasion d'indignes étrangers qui la déshonorent, et qui lui attirent ce reproche trop mérité que, parmi ses adhérents, les uns ne sont bons à rien, et que les autres ne sont que des sophistes dangereux ». Notre dix-huitième siècle prouverait que ces plaintes sont applicables à toutes les époques, quoique la nôtre ait des motifs de croire qu'elle est un peu mieux partagée. Mais l'infime minorité des philosophes n'enlève rien à la puissance de la philosophie. Ne sait-on pas qu'il suffit de quelques sages, pour instruire le genre humain? Quelles lumières l'Antiquité n'a-t-elle pas transmises au monde qui l'a remplacée! N'est-ce pas là ce flambeau de vie dont parle Lucrèce? C'est nous qui le tenons aujourd'hui, et qui allons le faire passer à ceux qui nous succéderont, sur l'océan et l'abîme des âges et des lieux.

Si la raison et la philosophie sont bien ce qu'on

vient de voir, si elles remplissent dans notre intelligence et notre vie des fonctions sacrées, si l'homme n'est homme qu'en tant qu'être raisonnable, que doit-on penser d'une formidable entreprise qui voudrait interdire au genre humain l'exercice plein et complet de la raison? Nous nous hâtons de le dire : Ce n'est pas la raison tout entière qu'on prétend abolir; ce serait folie; c'est seulement une partie de l'usage que nous pouvons en faire. Il est des questions qu'on permet à la raison humaine; il y en a qu'on lui interdit, parce qu'elle est, dit-on, impuissante à les comprendre et à les résoudre. Or, il se trouve que ces questions réservées sont précisément les plus importantes de toutes, celles auxquelles la raison de l'homme doit tenir avant tout. Cet asservissement de la raison, même partiel, est un fait particulier et très grave dans les annales de l'esprit humain. Comment a-t-il pu se produire? Comment même peut-il jusqu'à un certain point se justifier, si ce n'est aux yeux du philosophe, du moins aux yeux de l'humanité, qui l'accepte et en tire d'incomparables avantages?

Nous n'ignorons pas les récriminations violentes qui se sont élevées de part et d'autre, ni les arguments solides qui se sont produits dans les deux sens. Nous nous efforcerons de rester impartial, tout en ayant une opinion arrêtée et absolument indépendante.

II

Bossuet, qui parle assez souvent en philosophe, quoiqu'il soit toujours théologien, s'écrie dans la sermon sur la Divinité de la religion : « Hommes doctes et curieux, si vous voulez discuter la religion, apportez-y du moins et la gravité et le poids que la matière demande. Ne faites point les plaisants mal à propos dans des choses si sérieuses et si vénérables. » Le conseil est excellent, on doit le suivre, même en n'abordant ce grand sujet que par un de ses moindres côtés. Bossuet donne l'exemple de la loyauté à ses adversaires, en leur déclarant que « la vérité chrétienne n'a point cherché son appui dans les raisonnements humains ; assurée d'elle-même, de son autorité suprême et de son origine céleste, elle a dit ; elle a voulu être crue ; elle a prononcé ses oracles et elle a exigé la sujétion. Elle a donné pour toute raison qu'il faut que la raison lui cède, parce que la raison est née sa sujette. » Bossuet ajoute : « Et en effet, que peut opposer la raison humaine? Dieu a le moyen de se faire entendre; il a aussi le droit de se faire croire. »

Comme nous n'avons point à discuter les dogmes de la religion, nous nous bornons à recevoir cette déclaration hautaine, mais orthodoxe, et à rechercher, d'un point de vue purement historique, comment l'Église en est arrivée à réglementer la raison, et à y substituer la tradition, qui la dépossède. Dans l'Antiquité grecque et romaine, des philosophes avaient pu être de temps à autre poursuivis au nom de l'ordre public. Socrate avait été condamné, parce que, selon ses accusateurs, il ébranlait la religion de l'État, et qu'il pervertissait la jeunesse. Mais personne, chez les Anciens, ne s'était avisé de s'attaquer au principe même de la raison et de contester à l'esprit humain un droit aussi légitime et aussi nécessaire. C'est que l'Antiquité, quoique plus superstitieuse que nous, n'avait point eu de livres sacrés, ni de sacerdoce organisé; aucun texte réputé divin n'y avait dominé la pensée, ni entravé sa liberté. La mythologie ne pouvait pas avoir d'ombrages, parce qu'elle n'était point assez sérieuse; elle n'était pas une religion; et sous ce rapport, on ne peut que la récuser, bien qu'elle ait d'autres mérites. Mais, au-dessus des croyances populaires, la philosophie professait une morale très pure, que le christianisme a eu la prudence et la gloire d'accepter, dans ce qu'elle avait de compatible avec lui.

Arrêtons-nous quelques moments sur ce grand fait de l'avènement de l'Église romaine.

Ce ne fut pas de parti pris et du premier coup que l'Église conçut ce dessein inouï de gouverner les âmes, comme jadis Rome païenne avait gouverné le monde. Elle fut amenée pas à pas à cette ambition de suprématie, qui devait lui assurer la domination des intelligences, absolue et universelle. Les commencements furent des plus humbles; et quoiqu'on ait pu dresser la chronologie probable des papes, à partir de saint Pierre, ses successeurs, pendant cinq ou six cents ans, sont en général bien obscurs. Mais ils siègent à Rome; presque tous sont canonisés; les dix ou douze premiers sont des martyrs. Néanmoins les conciles œcumémiques ne se tiennent pas d'abord dans la vieille capitale, dont l'évêque ne compte pas plus que les autres; ils se tiennent à Nicée, à Constantinople, à Ephèse, à Chalcédoine. Le grand Athanase, le vainqueur d'Arius, vient d'Alexandrie et non de Rome. Le concile de Latran, qui mit fin à la querelle des investitures, et qui est le premier de Rome, neuvième œcuménique, n'est que du xii° siècle. La qualification même de souverain pontife est du milieu du septième. C'est seulement à dater de Charlemagne, et grâce à ses générosités, que la primauté du Saint-Siège commence à s'établir, presque sans contestation. Le pape couronne les empereurs; de là, à disposer des trônes, il n'y a pas très loin, quoiqu'Adrien III soit séparé de Grégoire VII, d'Innocent III et de Boniface VIII par plusieurs siècles. La papauté devait échouer dans sa tentative politique, qui l'a égarée quelque temps, quoique ses possessions territoriales, constituées par la donation de la comtesse Mathilde, en eussent fait un État aussi puissant que tant d'autres. Mais sa tentative religieuse a réussi; et malgré le déchirement causé par le schisme des Grecs au xi° siècle et des Protestants au xvi°, c'est la foi chrétienne, sortie de Rome, qui régit la civilisation moderne, et qui la régira sans doute à jamais, en se répandant chez tous les peuples de la terre. L'Église catholique pourrait ne plus porter un nom devenu inexact; mais elle n'en reste pas moins la principale des institutions religieuses de l'humanité, la plus savamment organisée et la plus bienfaisante. Elle a recueilli et gardé les traditions du passé; et à ce titre, elle peut être prise pour l'héritière du christianisme, à l'encontre de toutes les hérésies.

Comment l'union primitive s'était-elle formée? Afin d'apaiser les dissensions qui avaient troublé les premiers siècles, et pour conjurer le danger de l'arianisme, que Constantin lui-même semblait favoriser, il fallait fixer immuablement un corps de doctrine, auquel chacun dût se soumettre, et qui prévînt des désordres toujours sur le point de renaître. On avait tendu depuis plus de trois cents ans à l'unité; mais on n'y était pas parvenu. Ce fut l'objet du Symbole de Nicée, qu'on appelle aussi, mais sans motif, le Symbole des Apôtres. L'Église romaine ne pouvait prendre l'initiative de ce grand acte, puisqu'elle n'existait pas encore à l'état de dogme. Une fois le symbole arrêté, la marche des choses, d'abord douteuse, ne cessa de concentrer le pouvoir; et la Papauté, chargée de maintenir le faisceau chrétien, prit un ascendant qui lui permit, en maîtrisant les consciences, de lutter contre les Empereurs, de les vaincre et de les humilier. Elle devint en même temps une puissance séculière, qui se mêlait à toutes les guerres. Mais heureusement, pour elle et pour la civilisation, elle devint par-dessus tout une puissance morale. Après la fortune du peuple romain, il n'y a pas de phénomène plus étonnant dans l'histoire des hommes. Désormais, il fut interdit à qui que ce fût, dans les États chrétiens, de penser autrement que l'Église sur les questions essentielles. Des châtiments de toute sorte atteignaient les rebelles, qu'ils fussent des individus ou des populations entières. Abélard était puni, et les Albigeois exterminés. L'Inquisition fut établie pour pénétrer jusqu'au fond des âmes; et ses rigueurs furent encore plus implacables que sa vigilance; le fer et le feu lui suffisaient à peine. Cette impitoyable sévérité a duré chez quelques nations de l'Europe jusqu'au xviii° siècle; elle a disparu du nôtre, où la douceur des mœurs ne permet pas au fanatisme, s'il est resté aussi féroce, de recourir aux supplices, et ne lui laisse que l'arme émoussée de l'anathème.

Comment la Papauté a-t-elle pu supporter, sans périr, tant d'épreuves si contraires à sa mission? Comment tant de causes de ruine ne l'ont-elles pas détruite? Ambitions politiques déplacées, rivalités personnelles imposant à la catholicité l'anarchie de plusieurs chefs à la fois, défaillances et corruption des pontifes eux-mêmes, abus, scandales, souillures, exils, rien n'y a fait; et aujourd'hui, quoique l'édifice n'ait presque plus rien de temporel, il ne semble pas qu'il en soit moins solide; peut-être même, à certains égards, l'est-il encore plus. De pieux écrivains, des docteurs de l'Église, comme Bossuet, ont voulu ne voir ici que la main de Dieu et une protection toute spéciale. Que ce soit la main de Dieu, nous n'y contredisons pas, puisque Dieu est partout et qu'il est là comme ailleurs; mais, à ne consulter que la véridique histoire, la Papauté a eu le sort de tous les établissements humains. Elle a été soumise aux vicissitudes les plus ordinaires et les plus diverses. Elle les a subies avec une persévérance qui n'a jamais fléchi; et elle peut se croire indestructible, comme le principe qu'elle est chargée de servir. La cause de la morale, qu'elle représente, est tellement sainte qu'elle est impérissable; et l'Église, qui soutient cette cause éternelle, peut être éternelle aussi. Mais son triomphe doit paraître d'autant plus méritoire, s'il est une œuvre humaine comme toute autre.

Plusieurs circonstances décisives contribuèrent au succès et le rendirent possible, tout invraisemblable qu'il était d'abord. L'idée du Dieu unique, qu'apportait le christianisme, saisit rapidement tous les cœurs; elle se propagea, comme un incendie intellectuel, des rangs les plus bas et les plus ignorants jusqu'aux plus élevés et aux plus instruits. Dans le paganisme, quelques philosophes avaient bien entrevu cette grande idée, qui est la seule vraie, la seule qui explique l'ordre de l'univers. Mais le polythéisme était demeuré la croyance nationale. Dès le temps d'Homère, Jupiter passait pour le père des dieux et des hommes; mais son omnipotence n'avait pas prévalu, et les autres déités avaient conservé leur pouvoir, indépendant et presque égal au sien. D'ailleurs, la philosophie monothéiste n'avait tiré aucune conséquence pratique d'un principe trop peu approfondi; et l'unité de Dieu, quand elle fut annoncée au monde antique, lui fit l'effet d'une révélation soudaine, d'autant plus frappante qu'on l'avait pressentie, et que, sans l'attendre précisément, on était disposé à la recevoir. Cette conception, introduite par le christianisme, ne venait pas de lui; elle était empruntée au judaïsme, où elle avait subsisté de temps immémorial. Israël l'avait professée dès l'origine; et malgré quelques infidélités, il avait pu l'entretenir, sous la conduite des merveilleux personnages qu'il avait toujours eus à sa tête, David, Moïse, et bien d'autres. En ce sens, Israël est le peuple de Dieu; car jamais peuple n'a eu du Dieu unique une intuition aussi vive et aussi constante; jamais peuple n'a fait à Dieu autant de place dans ses institutions et dans sa vie. Le christianisme a été son interprète et son apôtre dans le monde des gentils, qui devait y trouver la source de tous ses progrès. D'autre part, l'incarnation de Dieu n'offrait rien d'incroyable au polythéisme; selon ses traditions les plus accréditées, les dieux avaient longtemps habité parmi les mortels; et ils se montraient encore quelquefois sur la terre. Cette apparition était chose toute simple pour les superstitions populaires et courantes.

Mais ce germe d'une religion nouvelle risquait de périr, quelque fécond et quelque précieux qu'il fût, si une puissante organisation ne venait lui assurer une existence régulière et durable. L'Empire romain, avec sa vaste administration, offrait un modèle accompli, et encore tout vivant. Si la Papauté ne pouvait pas le copier sans bien des changements, cette domination politique du peuple-roi suggérait la pensée d'une domination religieuse non moins étendue et encore plus méritée. L'une avait été due tout entière à la force; l'autre ne voulait rien obtenir que de la persuasion et de la foi. Historiquement, on ne peut pas dire à quel instant cette seconde ambition, mille fois plus belle, est née, et comment elle a successivement grandi. Mais, dès le xi⁰ siècle, l'Église possède tous les organes d'une complète hiérarchie, même avant le pontificat de Grégoire VII. Il était évident que le chef de la religion ne pouvait point, par la nature même de son autorité, être héréditaire. Ce chef fut électif, comme les consuls l'étaient jadis; seulement, il fut à vie comme les empereurs. Le collège des cardinaux est une image du sénat romain. Nommés par le pape, ce sont eux qui sont chargés de l'élire, à leur tour, et de l'assister dans le gouvernement de l'Église universelle. Au-dessous d'eux, les patriarches, les primats, les archevêques, les évêques et tous les ecclésiastiques d'ordre inférieur, séculiers ou réguliers, sont soumis à la papauté, et sont chargés, sous sa surveillance suprême, de maintenir la pureté de la foi et des mœurs. Dans les grandes circonstances, l'Église entière se réunit en concile, d'un bout de la terre à l'autre.

Dès que l'Église universelle fut constituée, la théologie triomphante régna seule. A sa suite, la philosophie, qui dut se taire devant elle et lui obéir, ne put que commenter docilement les dogmes et les décisions de sa maîtresse souveraine et incontestée. Durant de longs siècles, le silence n'a été que rarement et faiblement interrompu. La raison a été mise au second rang. Ce n'est qu'avec Descartes qu'elle a reparu. Grâce à lui, on peut dire en toute réalité que l'esprit humain a retrouvé enfin ses véritables titres; ils ne peuvent plus être méconnus; mais, jusqu'au Discours de la méthode, ils l'avaient été par toute la chrétienté.

Il serait injuste cependant de laisser croire que l'Église du Moyen Age, en demandant à la raison d'abdiquer et en lui interdisant des questions réservées, lui ait absolument défendu l'exercice de ses facultés, et même qu'elle ne lui ait pas laissé une part d'indépendance. L'admirable Somme de saint Thomas d'Aquin, qui fut la lumière de ces temps et qui peut encore éclairer le nôtre, comme un des plus grands monuments de l'intelligence humaine, établit magistralement que la raison naturelle, sans le secours de la foi, suffit à l'homme pour connaître l'existence de Dieu, auteur de toutes les créatures, tandis que la foi seule peut faire connaître l'essence de Dieu, dans le mystère de la Trinité, compris imparfaitement durant la vie présente, et plus pleinement durant la vie éternelle (1re partie de la Somme, question XII, article XII). La philosophie était tout entière dans cette concession faite à la raison naturelle. Mais rien ne fut alors plus dangereux que de faire usage de cette liberté restreinte; tous ceux qui l'essayèrent eurent cruellement à se repentir de leur audace. La théodicée philosophique côtoyait de trop près l'orthodoxie pour ne pas entrer quelquefois sur son domaine, et n'en être pas violemment repoussée. Beaucoup de libres esprits durent se le tenir pour dit, devant des répressions toujours menaçantes. Cet effacement de la raison humaine, qui a duré plus de mille ans, a été peut-être une expiation de toutes les erreurs qu'elle avait commises dans le polythéisme païen. C'est peut-être là aussi qu'on trouverait l'explication du despotisme religieux qui a remplacé si longtemps l'ancien despotisme politique.

Le concile de Trente (1545-1563) fut à peu près aussi libéral que saint Thomas d'Aquin; il reconnut authentiquement que la sagesse du siècle, comprenez la philosophie et la raison indépendante, peut arriver par le spectacle des créatures à découvrir les perfections invisibles de Dieu, et à comprendre la première cause et l'auteur de toutes choses. Mais comme le dogme de la Rédemption est inaccessible à l'intelligence de l'homme, et que ce mystère doit lui être révélé, le grand concile, convoqué pour raffermir les croyances, par l'extirpation des hérésies, et pour réformer les mœurs du clergé et du peuple chrétien, n'en insistait pas moins sur la nécessité expresse de croire, sans aucune démonstration. La fin proposée à l'homme, disait-il, est trop élevée pour qu'il puisse la concevoir par les seules lumières de son esprit. Il doit, par la grâce de la foi, recevoir, sans hésiter, tout ce que l'autorité de l'Église, notre très sainte mère, déclare avoir été révélé de Dieu. Le pouvoir de l'Église est un don divin; c'est Dieu lui-même qui l'a fondée; elle est déjà, sous les figures de l'Ancien Testament, dans l'arche de Noé et dans Jérusalem. Son origine, sa mission, son excellence infaillible sont matières de foi, comme les mystères mêmes. C'est elle seule qui doit diriger, avec l'aide de Dieu, qui l'inspire, la conscience et la raison des fidèles.

Cette doctrine du concile de Trente et de saint Thomas semble être, du moins en partie, la doctrine de Bossuet et de Fénelon. Ils ont fait l'un et l'autre d'admirables traités, sur la Connaissance de Dieu et de soi-même, et sur l'Existence de Dieu. Ce sont des ouvrages purement philosophiques; et si l'on ne savait pas qu'ils sortent de la main de prélats catholiques, aussi sincères qu'éloquents, on pourrait les prendre pour l'œuvre des esprits les plus indépendants. En cela, Bossuet et Fénelon se sont laissés aller au mouvement instinctif de la raison naturelle; c'est à elle seule, et peut-être à leur insu, qu'ils empruntent leurs arguments puissants et persuasifs. Ceci ne doit pas porter la moindre atteinte au caractère sacré dont ils sont revêtus et à leur orthodoxie. Ce serait leur faire injure que de les ranger parmi les philosophes; et ils se fussent défendus contre une assimilation peu honorable pour eux, quoique, pour d'autres, la philosophie soit, sans comparaison, le degré le plus haut de l'intelligence humaine. Habituellement, Bossuet et même Fénelon sont plus sévères contre la philosophie que ne l'avaient été l'Ange de l'École et le dix-neuvième Concile œcuménique.

Cependant Bossuet est trop équitable et trop sage pour refuser toute efficacité à la raison. Il en exalte les belles découvertes dans la science; et il déclare qu'il n'y a pas une partie de l'univers où l'homme n'ait signalé son industrie. Si c'était vrai de son temps, que ne dirait-il pas du nôtre? Mais, cette justice une fois rendue à la raison, Bossuet ne s'en défie pas moins de sa faiblesse, de son ignorance, de son imbécillité ; ce sont là ses propres expressions. Non seulement elle ignore ce qui nous touche, mais encore ce que nous sommes. La foi seule nous rend à nous-mêmes, en nous apprenant que deux principes sont unis en nous, l'âme et le corps, l'esprit et la matière, l'ange et la bête. Elle seule nous donne le mot de l'énigme, et le sens de cette union monstrueuse. La raison, incapable de connaître l'homme, est encore bien plus incapable de le conduire. La philosophie l'a vainement cherché ; et, bien que, de l'aveu de Bossuet, « elle ait conservé de belles règles et sauvé de beaux restes du débris des connaissances humaines, ce serait perdre un temps infini que de vouloir raconter toutes ses erreurs ». Socrate et Platon, qui ont connu Dieu, n'ont pas osé annoncer au peuple la plus importante des vérités. Quand la philosophie a découvert une vérité, elle n'a pas su la tourner au bien des hommes. « O pauvre philosophie, laissez là votre Aristote, avec sa subtilité de raisonnements ; laissez là votre Sénèque, avec ses pompeuses déclamations ; fiez-vous-en à la sagesse incompréhensible. »

Voilà de la part du sublime orateur bien des invectives. Mais on dirait que ce n'est pas même encore assez honnir la philosophie ; et, pour l'accabler, Bossuet recourt à une forme de style qui lui est peu ordinaire, le sarcasme. Dans son commentaire sur l'Apocalypse, « livre divin qui doit ravir le ciel et la terre, parce qu'il est la parole même du Christ », il fait de la philosophie la seconde bête signalée par saint Jean ; Rome païenne est la première. Cette bête odieuse, qui parle comme le dragon, a deux cornes pareilles à celles de l'agneau ; et ces deux cornes sont Plotin, et puis Porphyre, le disciple et le biographe de Plotin. Bossuet prend la peine, à cette occasion, de réfuter les protestants, qui, dans la seconde bête, prétendent voir le Pape, au lieu de la philosophie.

Mais on retrouve Bossuet tout entier, quand il se complaît à nous rappeler les facultés que l'homme a reçues, cette force de son esprit supérieure à toute la nature visible, ce souffle immortel de Dieu, cette divine clarté, ce sentiment du devoir, fondé sur les règles immuables des mœurs, posées par la raison. Bossuet est encore non moins entier quand il vante, avec le plus ardent enthousiasme, la beauté incorruptible de la morale chrétienne, quand il trouve cette morale plus frappante que les miracles, et qu'il la donne pour la preuve et la confirmation de la foi. Seulement, on aurait pu attendre de Bossuet qu'il rapportât à la philosophie de l'Antiquité une part de ce bel édifice moral qu'a construit l'Église romaine, tant célébrée par les Pères, cette chaire unique, cette mère de toutes les Églises, particulièrement de l'Église gallicane, cette mère de tous les fidèles.

La morale chrétienne mérite bien toutes les louanges que Bossuet lui décerne; mais pourquoi paraître oublier tout ce que l'école platonicienne et le stoïcisme avaient fait, avant elle, pour éclairer les âmes? Pourquoi tant d'ingratitude et d'hostilité contre les philosophes, précurseurs du christianisme, qu'ils n'auraient certes pas combattu, et dont ils ont facilité la victoire? Pourquoi les accuser d'avoir travaillé bien plus pour l'ostentation que pour la vertu? Cette aveugle animosité contre la philosophie ne dépasse-t-elle pas toutes les bornes quand elle pousse le Démosthène chrétien jusqu'à proscrire, avec elle, sous prétexte de bel esprit, Homère, Virgile, Horace, Cicéron, et tout ce que le paganisme a produit de plus beau et de plus innocent? Est-ce que Bossuet ne lui devait pas quelque chose de son génie?

Cette malveillance contre la raison a eu cette conséquence en politique que Bossuet a sacrifié la liberté des sujets au pouvoir des princes. Ce pouvoir arbitraire n'a de limites que celles que lui pose l'Église, « qui a appris d'en haut à se servir des Rois et des Empereurs ». C'est elle qui assure la soumission des peuples, en leur défendant la révolte pour quelque motif que ce soit, et en leur recommandant de révérer dans la personne des princes l'ordre du ciel et le caractère du Tout-Puissant.

Contradiction étrange et presque inévitable ! Cet adversaire déclaré de la raison, ce contempteur de la liberté, « dont le nom est le plus agréable et le plus doux, mais tout ensemble le plus décevant et le plus trompeur de tous », ce juge inexorable qui reproche à l'homme de vouloir être l'arbitre de sa conduite comme Dieu l'est de la sienne, et d'attenter à la souveraine indépendance par une audace insensée, Bossuet semble quelquefois s'apercevoir qu'il s'égare, et il prend énergiquement le parti de la raison contre ceux qui plaident la cause des bêtes, et qui osent attaquer en forme l'intelligence de l'homme, sans songer qu'ils déprisent l'image de Dieu. Il blâme nommément Montaigne, qui, dit-il, préfère les animaux à l'homme, leur instinct à notre raison, leur nature simple et innocente à nos raffinements et à nos malices. Mais, sans même relever cette sentence injuste à l'égard d'un grand écrivain et d'un moraliste, ne peut-on pas demander à Bossuet s'il est bien sûr, lui aussi, de ne pas ravaler l'homme, en lui refusant le libre usage de la raison, pour tout ce qui doit faire notre salut dans cette vie et dans l'autre? Et pourtant n'est-ce pas le même Bossuet qui nous enjoint « de nous mettre en face de nous-mêmes, de monter sur le tribunal de notre conscience, d'être nos seuls juges et de nous donner un spectacle qui fait la joie des anges »? N'est-ce pas lui encore qui veut « éveiller en nous ces yeux spirituels et intérieurs qui sont cachés si avant dans le fond de notre âme, et les accoutumer à porter la vue de la vérité toute pure »? N'est-ce pas lui qui nous apprend que « donner à l'homme une vie raisonnable, c'est une seconde création, plus noble en quelque façon que la première; que la divine providence a établi la raison dans la suprême partie de notre entendement, pour adresser nos pas à la bonne voie, et considérer, aux environs, les empêchements qui nous en détournent »?

La philosophie tient-elle un autre langage? Et, parce qu'elle ne parle pas au nom de l'Église, cesse-t-elle d'être dans le vrai, avec l'Église, quand elle répète à l'homme qu'il ne se connaît pas lui-même, et qu'il ne sait pas les richesses qu'il porte dans le trésor de sa nature? Lorsque la philosophie est si pleinement d'accord avec la religion et avec Bossuet, mérite-t-elle les anathèmes dont il la poursuit?

Fénelon est beaucoup plus doux que Bossuet; mais, en principe, il ne peut pas penser autrement. La communauté de foi impose nécessairement la conformité de langage. Dans son traité de l'Existence de Dieu, si profond et si suave, Fénelon n'a pas dit un seul mot blessant contre la raison. Il insiste, à bon droit, sur l'imperfection de l'être humain comparé à l'être des êtres, à l'être en soi et par soi, qui seul est vraiment être; mais il ne poursuit pas plus loin le tableau de nos défaillances. C'est dans ses Entretiens avec Ramsai, c'est dans ses Lettres sur la Religion qu'on retrouve les doctrines de l'Église; et, encore, ces doctrines y sont-elles bien souvent tempérées par une indulgence presque philosophique. Il admet qu'on peut se contenter de la loi naturelle, fondée sur l'idée de Dieu. « Elle suffirait si tous les hommes la suivaient exactement ». C'est aller bien loin; mais Fénelon constate aussi, et non sans regret peut-être, que bien peu d'hommes sont habitués à rentrer en eux-mêmes, pour y consulter la pure raison. La voix intérieure de la souveraine sagesse n'est point écoutée; il faut une religion surnaturelle et révélée; et pour interpréter à tout moment cette religion, il est besoin d'une autorité suprême et infaillible, qui décide sans appel, et qui n'engage pas les hommes à une discussion dont ils sont visiblement incapables. C'est à l'Église que nous devons remettre le soin de nous conduire, puisque nous sommes impuissants à nous conduire nous-mêmes. Tout en déclarant que Dieu fait tout en nous, et que le moi, qui usurpait sans pudeur la place suprême due à Dieu seul, ne doit venir qu'à son rang et en second lieu, Fénelon est partisan du libre arbitre; personne n'en a parlé et ne l'a soutenu plus résolument. Ce qui prouve, selon lui, le libre arbitre, c'est la conviction intime où nous sommes sans cesse de notre liberté. C'est une de ces idées claires dans lesquelles consiste toute notre raison. On ne juge pas les idées évidentes; c'est par celles-là qu'on juge les autres; c'est ce que la nature nous crie; c'est ce qui est plus clair que le jour. Aussi Fénelon n'hésite-t-il pas à dire que ceux qui contestent le libre arbitre sont une secte, non de philosophes, mais de menteurs. Néanmoins, tout en défendant le libre arbitre, il est un ennemi inflexible du libre examen; il ne le permet à personne; et manquant envers la philosophie à la justice, et peut-être même à la charité, il lui reproche amèrement ses vaines disputes et l'amas énorme de ses opinions extravagantes. Rien n'est plus indigne de Dieu que la diversité des croyances, ou philosophiques ou religieuses. Et Fénelon, sortant du caractère d'onction et de bienveillance qui lui est propre, s'écrie : « Que peut-on voir de plus faible et de plus insoutenable que les preuves de Socrate sur l'immortalité de l'âme? » L'archevêque de Cambrai est même encore plus dur; il accuse Socrate d'être mort « lâchement, en adorant des Dieux qu'il ne croyait pas ». Que Fénelon critique Lucrèce, on le conçoit, contre un disciple d'Épicure; mais confondre dans la même réprobation le sage Athénien démontrant, comme il le peut, l'âme immortelle, au moment même où il boit la ciguë, n'est-ce pas la plus criante injustice? Ou plutôt n'est-ce pas une inconcevable aberration de la part d'un si noble esprit? Il est vrai que Fénelon n'est pas plus modéré contre Descartes et contre sa métaphysique, à laquelle il préfère celle de saint Augustin. Cependant que de fois Fénelon lui-même est cartésien, sans doute contre sa volonté! N'est-ce pas un élève de Descartes qui proclame que rien n'est si étonnant que l'idée de Dieu que chacun de nous porte au fond de lui-même, là où l'infini est contenu dans le fini?

Après Fénelon, après Bossuet, que dire de Pascal? Qu'a-t-il décidément pensé de la raison? Est-il sceptique? Si c'est être sceptique que de douter des lumières de la raison naturelle, Pascal l'est certainement. Mais comme il est ardemment croyant et de la plus parfaite sincérité, c'est le méconnaître que de le ranger parmi les partisans du scepticisme. Il n'est pas un disciple de Montaigne, qu'il a violemment désavoué, tout en s'en faisant bien souvent l'écho. Il est très difficile de bien juger Pascal. D'abord, il n'a pas pu achever son œuvre, ni même la coordonner; ses Pensées sont des éclairs qui nous éblouissent et qui nous aveuglent. En second lieu, Pascal, quand il les écrit ou qu'il les dicte, ne pouvant les écrire de sa main défaillante, est frappé à mort. Après de longues souffrances, qui avaient commencé avec sa vie, il s'éteint, jeune encore, dans un état d'esprit qui n'est pas très sain. Si le génie ne méritait tous les respects et tous les égards, on pourrait plaindre Pascal, et un si grand cœur, se déchirant lui-même comme à plaisir. Peut-on ravilir l'homme au point de bassesse où Pascal le fait, quand on est soi-même un si brillant témoignage de ce que l'humanité peut être! Parce que l'homme, en quête de la vérité, a peine à la découvrir et à s'y fixer, peut-on s'écrier comme Pascal : « Quelle chimère est-ce donc que l'homme! Quelle nouveauté, quel monstre, quel chaos, quel sujet de contradictions, quel prodige! Juge de toutes choses, imbécile ver de terre, dépositaire du vrai, cloaque d'incertitude et d'erreur, gloire et rebut de l'univers... Connaissez donc, superbe, quel paradoxe vous êtes à vous-même. Humiliez-vous, raison impuissante; taisez-vous, nature imbécile. Apprenez que l'homme dépasse infiniment l'homme, et entendez de votre maître votre condition véritable, que vous ignorez. Écoutez Dieu. » Au fond, Pascal veut dire seulement : Écoutez l'Église; car la philosophie aussi écoute Dieu, quand elle conseille à l'homme de rentrer en lui-même et d'y entendre la voix de la raison, que Dieu a prise pour intermédiaire entre lui et nous. Mais Pascal refuse à la raison de pouvoir connaître Dieu; c'est la foi seule qui peut nous en apprendre l'existence. En cela Pascal est plus exigeant que le concile de Trente et que saint Thomas d'Aquin.

Mais les opinions excessives ne sont guère tenables, et Pascal revient souvent à l'opinion vulgaire sur la nature de l'homme. Il peut bien concevoir l'homme sans mains, sans pieds, sans tête; mais il ne peut pas le concevoir sans pensée. C'est dans la pensée que toute notre dignité consiste; travaillons donc à bien penser; car c'est le principe de la morale. Tous les corps, le firmament, les étoiles, la terre et ses royaumes ne valent pas le moindre des esprits; car l'esprit connaît tout cela, et se connaît soi-même, tandis que les corps ne connaissent rien. Ailleurs, Pascal répète encore que l'homme, étant visiblement fait pour penser, c'est là tout son mérite; que son devoir est de penser comme il faut, et que l'ordre de la pensée, c'est de commencer par soi, par son auteur et par sa fin. Ne croirait-on pas entendre un cartésien et un libre philosophe? Mais, qu'on ne s'y trompe pas, Pascal, qui trouve Descartes inutile et incertain, ne permet à la raison, telle quelle, qu'un seul acte : c'est de se soumettre à la foi, qu'elle précède, mais à qui elle doit obéissance.

Que conclure de ces contradictions flagrantes? Selon nous, uniquement ceci : Pascal ne veut pas se fier à la raison, à laquelle il préférerait bien plutôt l'instinct, le sentiment et le cœur; il la répudie; et tout admirateur qu'il est d'Epictète, il aurait eu horreur d'une philosophie indépendante, qui lui aurait conseillé de juger les questions sans recourir à l'Église et à la foi. Nous serions au regret de ne pas être juste envers Pascal; mais on doit le compter, quelque impartial qu'on soit, parmi les adversaires de la raison, peut-être devrait-on dire, parmi ses ennemis.

Après avoir entendu le xviie siècle, nous pouvons négliger le suivant et passer au nôtre, sans nous y arrêter autant. Entre les apologistes les plus distingués, M. de Frayssinous est de l'avis de saint Thomas d'Aquin et du concile de Trente sur les puissances de la raison naturelle. Ses conférences, devenues célèbres, commençaient à Saint-Sulpice, où il était professeur de théologie, à l'époque même du Concordat. Favorisées par M. Portalis, elles continuaient, avec un succès toujours croissant, jusqu'en 1807, où les démêlés du nouveau Charlemagne avec Pie VII imposaient silence à toutes les voix amies de la Papauté. Tout en se consacrant à la défense de la foi, M. de Frayssinous reconnaissait les droits légitimes, quoique limités, de la philosophie; et en blâmant le xviiie siècle, y compris Montesquieu avec Voltaire et Rousseau, il se gardait bien de traiter les sages de l'Antiquité avec le dédain que leur avaient montré quelquefois Bossuet et Fénelon. Il louait Socrate, Platon, Cicéron, Marc-Aurèle, dont les lumières semblaient l'étonner. D'ailleurs, l'évêque d'Hermopolis n'en appartenait pas moins tout entier à la foi; mais si ses arguments n'étaient pas péremptoires plus que tant d'autres, ils étaient présentés avec une modération et une sorte de libéralisme, que M. de Frayssinous sut porter aussi dans la politique. Défenseur des libertés de l'Église gallicane, adversaire des opinions extrêmes de M. de Lamennais, un des auteurs des ordonnances de 1828, il a laissé en théologie un souvenir de sagesse et de tolérance, qu'on ne doit pas oublier.

On pourrait donc affirmer que l'Église, par ses représentants les plus illustres et les plus autorisés, a laissé une part assez large à la raison, puisqu'elle admet que la raison peut, sans le dogme, s'élever jusqu'à Dieu, et le comprendre dans son existence et dans quelques-uns de ses attributs. La philosophie n'en demande pas plus; elle n'a pas à forcer les portes du sanctuaire théologique, parce qu'elle a, grâce à Dieu, dans la conscience de l'homme, un sanctuaire, qui lui suffit, et qui, plus ancien, n'est pas moins inviolable.

III

Maintenant, on peut comparer la raison et la foi, la philosophie et la religion; on peut mettre en parallèle leurs mérites et leurs défauts, leur origine, leur action et les services qu'elles rendent à l'esprit humain. Ces services ne sont différents que dans la forme; mais cette différence suffit pour susciter des conflits déplorables, parce que les passions des hommes, même dissimulées sous les prétextes les plus généreux, ne renoncent jamais à s'assouvir.

Un premier et incontestable avantage de la raison, c'est que, par sa nature même, elle est antérieure à la religion. Elle a été créée en même temps que l'homme; il n'a pas existé un seul instant sans elle, puisqu'il n'est homme qu'autant qu'il la possède. Si la religion a pu demander à la raison de lui obéir, c'est que la raison l'avait précédée, et qu'elle avait la force d'entendre ses enseignements. La raison ne se laisse pas aveugler par l'amour-propre quand elle se croit divine, puisqu'elle ne peut venir que de Dieu. En outre, elle peut se dire qu'elle est universelle, en ce sens qu'étant partie intégrante de la nature de l'homme, elle appartient, nécessairement et sans exception, à tous les individus humains, à quelque contrée, à quelque moment de la durée que leur naissance les rattache. Elle est le sceau primordial et indélébile de l'humanité. Si, par un accident funeste, on vient à en être privé, on cesse d'être homme, et on ne le redevient qu'à la condition de la recouvrer. La raison est encore universelle, en ce sens qu'elle s'applique à toutes choses. Dieu, en la faisant, n'a point limité pour elle le nombre des objets qu'elle peut comprendre. Divine et universelle, la raison, qui est libre, ne relève que d'elle-même. Elle donne la lumière, loin de la recevoir; et dans son indépendance, elle fait des lois et n'en subit pas, comme Aristote le dit au début de sa Métaphysique. Elle n'est pas seulement antérieure en date; elle est supérieure à tout; au-dessus d'elle, il n'y a que Dieu. Encore une fois, c'est par elle que Dieu communique avec l'homme, ainsi que Fénelon l'a si bien vu, et que nous le répétons avec lui.

Tels sont les titres de la raison, sacrés, souverains, inaliénables, imprescriptibles. Mais voici ses côtés faibles, indépendamment des défaillances qui sont communes à tout ce qui est humain. La raison est individuelle; celle d'autrui ne peut d'aucune manière se substituer à la nôtre; et même, quand la nôtre acquiesce à une pensée étrangère, elle n'en fait pas moins acte de liberté, puisqu'elle pourrait toujours refuser son consentement. De cet individualisme inévitable, sortent deux conséquences : le philosophe ne peut jamais parler qu'en son propre nom ; il ne peut imposer sa pensée à qui que ce soit, parce que ses semblables sont aussi indépendants que lui, et que leur personnalité vaut la sienne. En second lieu, et par suite de cet isolement nécessaire, la philosophie ne peut jamais se réduire à un symbole, qui deviendrait le joug de toutes les intelligences. Aussi n'a-t-elle jamais essayé, à travers les âges, de s'organiser comme l'ont fait toutes les religions. Les écoles philosophiques, quand il s'en forme, ne sont que des associations passagères, où les esprits les plus faibles se bornent à prendre les plus puissants pour leurs guides. Mais dans ces écoles, la pensée du maître, un instant dominante, cesse bientôt de se faire écouter de disciples de moins en moins nombreux et intelligents. A plus forte raison, la philosophie ne peut-elle pas constituer les sociétés des peuples. Sauf quelques utopistes, bien vite découragés, elle n'a pas tenté cette œuvre, qui ne la concerne point. Elle ne saurait réunir les êtres humains en corps de nations; son principe s'y oppose. Mais elle n'en éclaire pas moins les peuples; et les lumières qu'elle répand parmi eux, même par ses labeurs tout individuels, finissent par l'emporter, quoique lentement, sur toutes les autres lumières, parce que les siennes sont les vraies. Les sociétés humaines, sans cesse en mouvement, vivent plus de raison que de foi. La raison est en progrès avec elles, tandis que le dogme, tout utile qu'il est, doit rester immuable. Mais chaque philosophe, pris à part, n'a jamais qu'une influence très étroite, qui ne survit guère à sa courte existence, bien que sa gloire puisse être durable et même immortelle.

Ces infériorités de la philosophie sont rachetées par une vertu qui n'est qu'à elle, et qui est son légitime apanage. Cette vertu, c'est l'esprit de tolérance, qui contribue si efficacement à la paix sociale. Les dogmes ne peuvent pas être tolérants; ou du moins, il leur est beaucoup plus difficile de l'être. Quand on se croit l'interprète de la divinité, on ne peut pas admettre de résistance. Tout dissentiment est un sacrilège; et en réprimant les rebelles, c'est la majesté de Dieu qu'on croit venger. Bientôt le fanatisme s'imagine que Dieu lui-même joint son concours au concours de l'homme;

et de là, l'inextinguible fureur des guerres religieuses. L'ardeur du combat est l'ardeur même de la foi. Mais la philosophie ne ressent pas ces haines, que rien n'éteint. Quoique le philosophe aime la vérité de toute son âme, et qu'il soit prêt à mourir aussi pour elle, il ne se trouve pas le droit d'y contraindre et d'y sacrifier personne; il plaint ceux qui la méconnaissent et qui la fuient; mais il ne les persécute point. La tolérance, fruit tardif de la raison, est d'une application excessivement délicate. Souvent ceux qui la proclament le plus haut la pratiquent le moins bien. Notre dix-huitième siècle est un triste exemple de cette contradiction, dont le nôtre même n'est pas exempt. Il est vrai que la soi-disant philosophie du siècle dernier n'a été qu'une lutte acharnée de la nation contre des abus devenus intolérables. On était bien loin alors, comme la suite ne le prouva que trop, de ces temples de la science sereine dont parle le poète latin, paisible demeure des sages, qui méritent, et n'obtiennent pas toujours, le respect et la gratitude du genre humain.

En passant de la philosophie à la religion, de la raison à la foi, on entre dans un monde tout nouveau, quoiqu'au fond les problèmes et le but soient absolument identiques. Au lieu de quelques individus s'efforçant de s'éclairer et de se conduire par eux seuls, sans se préoccuper de la conduite ou des opinions d'autrui, ce sont des multitudes qu'il s'agit de moraliser, en leur apprenant ce qu'elles doivent croire. Au lieu de la liberté, c'est la soumission. Le moindre écart n'est pas permis dans le sein de l'Église. Quiconque dévie de la voie orthodoxe est traité d'hérétique, et court les plus grands périls, s'il persévère dans la désobéissance. A considérer les choses de sang-froid, on doit avouer qu'elles ne pouvaient se passer autrement. De quel titre la religion aurait-elle pu se réclamer, si elle ne s'était pas appuyée sur celui-là? Que valait-il? Nous n'avons pas ici à en rechercher l'authenticité; mais, l'érudition historique, dès qu'elle a joui de quelque autorité dans les temps modernes, a élevé des doutes, ou plutôt elle a renouvelé et fortifié les doutes qui avaient surgi dès le début, et qui avaient été étouffés presque sur-le-champ. Ses objections peuvent aisément être victorieuses auprès des esprits auxquels l'érudition s'adresse. Mais le nombre de ces libres esprits est si petit qu'il ne tire pas à conséquence. La foule, que la religion entraîne et qu'elle éclaire, doit nécessairement recevoir sa foi, parce qu'elle est hors d'état de se la faire. La lui donner toute faite, c'est lui rendre un service à tel point inappréciable que les nations ne pensent jamais le payer trop cher, non seulement par la docilité la plus entière, mais aussi par des munificences sans bornes.

Voilà l'office social des religions, dans toute sa simplicité et dans toute sa grandeur. Il n'en est pas une qui ne l'ait rempli, sous mille divergences de temps, de lieux, de races et de coutumes. Cette fonction sainte mérite le respect de tous les juges impartiaux. Elle explique la puissance des religions et leur durée. Elles ont en garde le dépôt des croyances morales des peuples. Pour conserver éternellement ce trésor, plus ou moins pur, elles ont adopté des moyens très dissemblables, qui ne doivent pas nous cacher l'objet commun.

Presque partout, il y a eu des livres sacrés, qui renfermaient la révélation. Ici les hymnes du Véda, avec le cortège d'une immense liturgie; là, la Triple Corbeille du Bouddhisme, avec les sermons, la discipline et la métaphysique; ailleurs, les naskas de Zoroastre; et, dans des époques plus rapprochées de nous, le Coran de Mahomet et le Granth des Sikhs. Chez les Grecs et les Romains, la religion avait été presque entièrement une affaire de politique et d'administration civile. Les légendes flottantes de la mythologie se prêtaient à toutes les fantaisies des poètes, des artistes et des citoyens. Il n'y avait point d'orthodoxie, bien qu'il y ait eu quelquefois des conflits sanglants, causés par des superstitions. Mais les idées religieuses étaient si obscures que les empereurs romains pouvaient être élevés au rang des dieux, et qu'ils avaient des temples et des autels comme les dieux de l'Olympe, auprès de qui ils venaient prendre place, sans révolter les consciences. Le christianisme purifia les mœurs et les esprits, en détruisant cet amas d'idolâtries absurdes et honteuses.

Mais les écritures sacrées ne suffiraient pas; elles seraient bientôt une lettre morte, si la religion n'avait des ministres pour les interpréter perpétuellement, et pour maintenir dans son intégrité le sens de la foi, avec le culte qui en est issu. Les Brahmanes védiques, les Bhikshous du Bouddhisme, même les augures, les aruspices, les vestales, les oracles du paganisme grec, les ulémas musulmans, sont tous destinés à remplir le même devoir, qui ailleurs a pu être dévolu à des corporations plus régulières et plus actives.

Le culte, contre lequel se sont produites tant de déclamations, est un complément indispensable de toute foi religieuse. Le philosophe n'a pas de culte, parce que son culte, ne pouvant être qu'individuel, comme la foi qu'il se forme, tomberait dans des minuties puériles et dans le ridicule, qui n'a pas manqué à la philosophie quand, sous une mauvaise inspiration, elle a osé l'affronter. Au contraire, le culte, confié à un clergé, devient partie essentielle de la religion, qu'il accompagne toujours et partout. La religion, qui, comme son nom l'indique, doit relier les hommes à Dieu et les relier entre eux, n'invente pas le culte; elle le subit bien plutôt. Les individus qui composent les sociétés, éprouvent, à certains moments, dans certaines circonstances, le désir spontané de se réunir en masse, pour fêter un événement heureux, ou pour déplorer un malheur national. C'est une communauté de joie ou de tristesse qui les rassemble. N'ont-ils pas cent fois plus de motifs de se réunir dans l'expression d'une foi commune, qui répond à des sentiments bien plus élevés et non moins vifs? Ces graves manifestations ont même ceci de particulier qu'elles ne sont pas intermittentes, comme les autres; l'action de l'Être suprême étant permanente, l'hommage qui lui est dû l'est également. Les cérémonies du culte et ses prescriptions, quotidiennes ou périodiques, précisent les détails de cet hommage; et elles en déterminent les formes publiques. C'est le moyen pratique de raviver et de soutenir la piété des fidèles, distraite par les laborieuses occupations de chaque jour. Ces avertissements répétés sont utiles; mais le philosophe n'en a pas besoin, parce que les études auxquelles il se livre le ramènent sans cesse à Dieu, dont tout, dans le monde, lui annonce l'indéfectible présence et l'éternité. S'il ne pratique aucun culte, il n'en proscrit aucun, bien qu'il en mette quelques-uns fort au-dessus de tous les autres.

Unité de croyance et de direction, hiérarchie systématique, vigilance étendue et infatigable, sollicitude n'omettant rien de ce qui se passe dans la conscience des croyants, consécration solennelle de tous les grands actes de la vie humaine, charité inépuisable créant des milliers d'œuvres et de fondations généreuses, propagande de missions lointaines, milices ecclésiastiques de tout ordre, toujours prêtes à se dévouer, jamais ces conditions d'influence religieuse ne se sont réunies plus visiblement, ni avec plus d'énergie, que dans le christianisme. Ce robuste organisme le rend digne des nations les plus éclairées de la terre, et lui garantit, dans un temps plus ou moins éloigné, la domination du globe entier, dont il a déjà conquis les populations les plus avancées. Ces éloges s'adressent plus spécialement au catholicisme, qui ne les a pas moins mérités depuis que le protestantisme est sorti de l'unité, pour des intérêts politiques autant que pour des scrupules religieux.

Mais en louant la Papauté et l'Église romaine, on peut ne rien oublier des témoignages de l'histoire, qui, à bien des époques et à bien des égards, montre leurs fautes égales à toutes celles des gouvernements laïques. Celui de l'Église, tout sacré qu'il est, n'en a pas été davantage à l'abri; c'est une vérité malheureusement incontestable. Mais en tirer argument contre la religion en général, et même contre le catholicisme, serait aussi inique que de détester la liberté, à cause des crimes qu'on a si souvent commis en son nom. De part et d'autre, la somme du bien l'emporte immensément sur le mal. S'il ne faut pas pousser l'indulgence jusqu'à nier les actes coupables et jusqu'à les disculper, on ne doit pas non plus se laisser aveugler par une passion contraire. Pour demeurer équitables, ne perdons pas de vue l'imperfection nécessaire de toutes les œuvres humaines; ne nous étonnons pas que celles mêmes dont le résultat est le plus beau, aient de déplorables lacunes, rançon de notre incurable infirmité. Quoi qu'il en puisse être, les sociétés modernes sont chrétiennes; et elles ne songent pas à cesser de l'être. Leur abjuration serait leur arrêt de mort, à moins qu'une religion meilleure ne vînt remplacer celle qu'elles abandonneraient. Mais jusqu'ici, il n'y a pas le plus léger symptôme d'un tel avenir.

Qu'on juge, à présent, ce que la philosophie est auprès de la religion; qu'on apprécie la place que l'une et l'autre occupent dans la société; et qu'on prononce entre elles. En fait et de toute évidence, l'empire de la religion est à peu près général; celui de la philosophie, réduit à quelques prosélytes, serait complètement effacé si la philosophie n'avait pour elle la raison, qui domine et mesure toutes choses, y compris les religions. C'est par la raison que la philosophie se relève, et qu'elle règne dans son absolue liberté, sujette aux dangers que la puissance et la liberté comportent toujours. Les écueils dans la philosophie, comme dans la religion ou dans la politique, ne sont évités que par les esprits les plus prudents et les plus modérés. Il y a moins de naufrages dans le sein de l'Église, à cause de la discipline imposée à tous; mais cette discipline n'empêche pas les chutes et les hérésies. Fénelon lui-même, après tant d'autres, n'a-t-il pas été condamné?

La philosophie fait bien de préférer de réels périls à la sécurité de la sujétion; c'est là sa noblesse, en même temps que son devoir. Parmi les périls qu'elle peut courir, un des plus grands, c'est de croire qu'elle pourrait remplacer la religion. Plus d'un philosophe se fait peut-être encore cette illusion, où il entre une bonne part d'orgueil. Mais c'est bien mal connaître le passé, et même le présent. Tous les deux ne font, en définitive, que se conformer à la nature de l'homme, qui ne change pas au gré de rêveurs, bien intentionnés, mais trop peu sages. Les relations de la philosophie et de la religion resteront à jamais ce qu'elles ont été et ce qu'elles sont. Si, par impossible, tous les hommes devenaient quelque jour philosophes, ils se hâteraient d'imiter la religion et de se faire, à son exemple, un code de croyances. C'est à ce prix seulement qu'ils pourraient vivre en société; en d'autres termes, ils cesseraient d'être des philosophes pour devenir des fidèles. On ne voit pas ce que l'humanité et la civilisation pourraient y gagner. Un autre conseil dont la philosophie pourrait profiter aussi, c'est de ne pas même critiquer la religion, loin de chercher à la supplanter, et de ne répondre, quand il y a lieu, qu'avec calme et bienveillance.

Assurée de son droit, qu'elle le défende avec constance, s'il lui est disputé, mais sans emportement; et qu'elle se hâte de clore des polémiques qui ne peuvent pas tourner à l'édification des âmes et à leur bien. Que si la religion sort de ses limites, ainsi qu'elle l'a fait trop souvent, c'est à l'autorité publique de l'y faire rentrer. La répression ne regarde pas la philosophie; en descendant à ce rôle, elle sortirait du sien. La paix sociale serait troublée par des scandales qui ne satisferaient que des passions individuelles, et des calculs d'ambition.

Peut-être est-ce demander beaucoup de sagesse aux deux partis que de leur conseiller la tolérance. Mais au point où en sont aujourd'hui les choses, on voit mieux à quelles conditions la concorde peut s'établir. Même l'état si troublé de la société dans notre pays n'est pas fait pour ôter un sérieux espoir. Où en sommes-nous en France sur cette épineuse question de la raison et de la foi, de la philosophie et de la religion?

QUATRIÈME PARTIE

LA PHILOSOPHIE
ET LA RELIGION EN FRANCE

Nous ne voulons ici considérer la religion qu'à un point de vue politique et social. Les controverses dogmatiques ne sont plus de notre temps; elles n'ont jamais été fort utiles; aujourd'hui, elles seraient dangereuses. Ce n'est pas à un travail de destruction que les esprits sérieux et amis du bien doivent se consacrer. Comme le temporel n'a plus rien à craindre du spirituel, et que la querelle des Investitures n'a pas chance de renaitre, les hommes d'État, dignes de leur rôle, doivent être portés à protéger la religion, bien loin de la persécuter. Que l'on renferme le clergé dans ses limites, et qu'on l'y ramène par l'application sévère de la loi, quand il s'en écarte, c'est un devoir pour ceux qui détiennent la puissance publique. Mais méconnaître contre l'Église le généreux principe de la tolérance, ce n'est pas seulement nuire à la religion; c'est nuire bien plus encore à la société. Quand un homme politique s'aperçoit qu'il a obéi à d'aveugles rancunes, et qu'il a outrepassé les bornes, son premier soin doit être de réparer sa faute, en revenant sur ses pas. Ce retour à la modération et à la prudence est rare autant qu'honorable; mais c'est à ce prix, assez coûteux pour l'amour-propre, qu'on accomplit ses obligations de gouvernement. L'homme d'État est libre d'avoir son opinion; mais il n'a pas à la faire prédominer; il est chargé de maintenir l'ordre et la paix; et c'est un singulier moyen pour les faire régner que de révolter toutes les consciences. Chez nous particulièrement, l'immense majorité de la nation, pour ne pas dire la totalité, est catholique; elle ne veut pas d'une autre religion. La troubler dans sa foi, c'est susciter des désordres et se créer des obstacles, en faisant du pouvoir et de l'autorité un instrument de despotisme.

Il n'est pas un publiciste, ancien ou moderne, qui n'ait senti quel parti la politique pouvait tirer de l'action de la religion. En moralisant les individus, elle les dispose à mieux obéir aux lois; elle rend l'administration plus douce et plus forte. C'est surtout dans les démocraties que cette utilité pratique du sentiment religieux se fait apercevoir. Plus la loi laisse de latitude à l'action personnelle des citoyens, plus ils doivent savoir se conduire eux-mêmes, sous le joug légal, et s'imposer une règle nécessaire. Sur l'importance politique de la religion, Polybe, Machiavel, Montesquieu, Tocqueville, sont d'accord, malgré la différence des temps et des peuples.

Polybe, au second siècle avant l'ère chrétienne, habite Rome pendant seize ans d'exil. Il y est lié avec tout ce que la République a de plus grand et plus illustre. Il est le précepteur militaire des enfants de Paul-Émile, petits-fils adoptifs de l'Africain. Il est l'hôte et l'ami de la famille des Scipions. Il observe de très près tous les ressorts de la constitution du peuple romain ; il admire sa fortune dans le passé, et il lui prédit un avenir prochain, qui va lui livrer l'empire du monde. En sagace historien, en homme du métier, il analyse, avec une scrupuleuse attention, les causes de cette grandeur ; et il n'hésite pas à en signaler comme la cause principale, l'esprit profondément religieux des Romains : « La piété envers les dieux, dit-il, a été prise tellement au sérieux, et elle a si bien pénétré dans les affaires publiques qu'on ne saurait aller au delà. Il en est résulté une honnêteté générale, qui permet de se confier à la parole et à la probité des citoyens romains, tandis qu'il convient de se défier toujours de celle des autres peuples. La religion du serment est absolument inviolable. » Polybe, d'ailleurs, ne méconnaît pas les excès de la superstition; mais ces excès ne sont rien auprès des conséquences heureuses que le sentiment religieux développe dans toutes les parties du gouvernement et du corps social.

Machiavel, dans ses Discours sur les Décades de Tite-Live, où il reproduit si souvent les pensées de Polybe, trouve comme lui que la religion a été une des causes principales de la fortune de Rome, « attendu que là où règne déjà la religion, on introduit facilement la discipline et les vertus militaires ». Machiavel ajoute que « la cause la plus certaine de la ruine des États, c'est le mépris de la religion. Il insiste sur le devoir des princes, qui est de maintenir la croyance que professent leurs sujets; ils sont tenus de la favoriser, quand même ils en reconnaîtraient la fausseté. Malheur à l'État où la crainte de l'Être suprême n'existe pas! Cet État doit périr, ou être soutenu par la crainte du prince. » Ainsi, pour Machiavel comme pour Polybe, la religion est la condition de la liberté; et la prospérité de Rome est venue surtout de ce que les citoyens craignaient encore plus de manquer à leurs serments qu'aux lois, en hommes qui estiment la puissance des dieux supérieure à celle des mortels. Le déplorable spectacle qu'offrait la politique du xvi° siècle, n'empêche pas le grand esprit de Machiavel de voir la vérité aussi bien que le général grec la voyait, en contemplant la constitution romaine dans toute sa gloire et sa vertu.

Montesquieu, qui, dans les Lettres persanes (1721), s'était permis contre la religion bien des licences, avant celles de Voltaire, revenait, dans ses deux grands ouvrages, à des pensées plus justes. Sur les traces de ses prédécesseurs, il montre toute l'utilité politique de la religion; et, avec une impartialité que nous ferions bien d'imiter, il remarque qu'il faut examiner les biens qu'a faits la religion, à côté des maux qu'elle a produits. Il fait un sincère éloge des sectes de philosophie, qui, chez les Anciens, étaient des espèces de religion; et il déclare que, « sauf le christianisme, la destruction de l'école de Zénon est un des malheurs du genre humain ». Portant ses regards plus

près de lui, sur la société qui l'entoure, il prévoit
bien des changements et des révolutions dans
l'organisation de l'Église, où règnent tant d'abus;
les richesses du clergé sont beaucoup trop considérables; et il est urgent de les borner. Outre
son livre sur la Grandeur et la décadence des
Romains, on se souvient que Montesquieu a fait
un petit traité spécial sur leur polititique dans
la religion.

La démonstration est encore bien plus frappante dans Tocqueville, parce que l'exemple
des États-Unis, qu'il a étudiés sur place, est
plus rapproché de nous, et que les idées religieuses ont, dans cette vaste république, au moins
autant d'influence sur les mœurs qu'elles ont pu
en avoir chez les Romains. La piété y est aussi
sincère qu'elle peut l'être chez les peuples ;
elle est égale dans les protestants et dans les
catholiques. Comme la Confédération n'a pas
l'ambition des conquêtes, qui animait l'ancienne
Rome, la religion ne se trouve jamais compromise dans les nécessités et les conflits de la
guerre. Tocqueville attribue surtout cette heureuse
influence de la religion à la séparation de l'Église
et de l'État. L'explication peut être exacte pour
l'Amérique du Nord; mais la séparation n'est pas

possible dans les sociétés européennes, dont les précédents sont tout autres.

Les hommes d'État devraient bien écouter ce conseil unanime, qui leur vient de l'Antiquité, du Moyen Age, du xviii° siècle et du nôtre. Les relations de la société et de la religion ne sont pas changées; et la politique doit toujours se souvenir que le plus essentiel des éléments sociaux, c'est la foi religieuse. A ne la prendre que comme un simple fait, indépendamment même de sa sainteté, il faut être aveugle pour s'imaginer qu'on peut ne pas compter avec elle. Mais pour traiter convenablement avec la religion, la première condition c'est de n'être pas son ennemi; car alors on ne gouverne pas le clergé, comme le reste des citoyens; on le combat, avec les hasards d'une lutte où celui des deux partis qui a tort finit toujours par être le vaincu. Il est clair d'ailleurs que jamais l'homme d'État ne doit se mêler du dogme, comme les princes l'ont fait trop souvent. Il n'est pas moins vrai que l'Église a été tout aussi imprudente de son côté, et qu'elle a, bien des fois, pris part à la politique. Richelieu, Mazarin, Dubois, Fleury, Loménie de Brienne, ont été premiers ministres. Il est bien douteux que la religion ait profité à ces transformations d'hommes d'Église, voués aux calculs, et aux fureurs de la politique, ou aux sombres intrigues d'un cardinal de Retz.

I

On ne peut comprendre l'état actuel de la religion en France qu'en se reportant, même très brièvement si l'on veut, à son passé du siècle précédent. A la mort de Louis XIV, l'Église, qui avait participé à toutes les gloires du règne, était excessivement puissante. Des prélats de génie, tels que Bossuet et Fénelon, l'avaient illustrée par leurs vertus et leur éloquence. Elle était très riche; mais l'usage qu'elle faisait de son opulence ne la justifiait pas assez. Telle abbaye, comme celle de Saint-Denis, rapportait à son titulaire deux cent mille livres de rente; tel couvent, comme celui des Bernardins de Clervaux, produisait encore davantage, et possédait en outre quinze à vingt mille arpents de bois. Malgré tant de richesses, le clergé jouissait du privilège d'être exempt d'impôts; il ne supportait rien des charges communes. En 1726, il obtenait une déclaration du roi, qui reconnaissait que les biens ecclésiastiques étaient de droit divin, et qui s'engageait à ne jamais les imposer. Même à la veille de la Révolution, en 1788, un arrêt du Conseil sanctionnait encore le même principe, qui allait être, à quelques mois de là, si cruellement démenti. Le clergé, qui formait le premier ordre de l'État, croyait assez faire pour les besoins de l'administration nationale en consentant au Roi, chaque année, un prêt gratuit, qui se montait à cinq millions de livres environ, tandis que les revenus généraux de l'Église étaient estimés à plus de 150 millions. La moitié était en dîmes, et le fond se montait à plusieurs milliards.

La situation matérielle était donc très brillante, mais bien instable, parce qu'elle était par trop abusive.

Les mœurs du clergé étaient respectables, surtout dans les rangs inférieurs. Dans les rangs plus élevés, il y avait parfois des scandales, comme celui du misérable Dubois; mais ils n'étaient pas assez fréquents pour nuire au prestige de la religion. Ce qu'il y avait moralement de plus fâcheux, c'était l'esprit d'intolérance, qui continuait à se montrer implacable envers les protestants, et qui allait s'exercer contre les catholiques eux-mêmes avec autant de constance, si ce n'est de cruauté. La fameuse bulle Unigenitus fut l'occasion de cette manie persécutrice d'un nouveau genre. Dirigée contre le Jansénisme, elle avait paru en 1713, à la demande expresse de Louis XIV, dont elle troubla les derniers jours. Le vieux monarque avait cru apaiser les querelles religieuses; il ne fit que les déchaîner; et pendant plus de soixante ans, cette bulle néfaste bouleversa les consciences, d'un bout à l'autre du royaume. L'autorité publique commettait la faute de s'immiscer dans des subtilités de théologie, que les docteurs les plus savants comprenaient à peine. En 1730, le roi en personne avait fait enregistrer la bulle devant lui, pour qu'elle devînt loi de l'Église et de l'État. En 1756, vingt-six ans plus tard, Louis XV tenait un lit de justice pour arracher au Parlement la même condescendance. C'est alors aussi que le Parlement de Paris, inquiet des progrès de la philosophie, décrétait peine de mort contre les attaques à la religion, et supprimait l'Encyclopédie. En même temps, la Faculté de théologie de la Sorbonne déclarait que l'intolérance est le principe essentiel du catholicisme. Ces menaces n'étaient pas vaines, et le supplice du jeune Labarre (1766), de Calas, de Sirven, épouvantait l'humanité.

Quand on se rappelle ces énormités, qu'on croirait du Moyen Age plutôt que du xviii° siècle, on comprend l'indignation et la haine qu'elles suscitaient dans les cœurs, et les emportements auxquels ils se laissaient entraîner. Il eût été certainement préférable, et possible, de distinguer entre la religion, qui ne prescrivait pas ces horribles répressions, et les fautes du clergé et de l'Église, livrés aux passions les plus vulgaires. Cette distinction aurait dû être faite par la philosophie, si la philosophie n'avait écouté que la raison. Mais il ne s'agissait plus de théories impartiales de métaphysique et de théodicée; il s'agissait de se défendre contre d'intolérables persécutions, qui joignaient le ridicule à la rigueur la plus révoltante.

Voltaire se signala, entre tous, dans cette guerre, qui prépara la Révolution, devenue malheureusement inévitable pour d'autres motifs encore plus puissants. Il en fut le chef le plus brillant, le plus actif et le plus redoutable. Son souple génie multiplia les attaques les plus violentes sous toutes les formes; et c'est lui rendre simplement justice que de dire que c'est lui qui fit triompher chez nous le principe de la tolérance. Il ne l'avait pas inventé; mais est-il moins louable, si, en l'empruntant aux penseurs de l'Angleterre, dont il avait été l'hôte durant son exil, il nous a assuré le bienfait d'une telle importation? C'est là un service qui efface bien des taches, et qui doit protéger sa mémoire contre des critiques non moins acerbes que les siennes.

Voltaire a un autre mérite. Durant sa carrière si longue et si remplie, il n'a pas un seul instant cessé de croire à l'existence de Dieu. Il l'a défendue de toutes ses forces. Tragédies, épîtres didactiques ou familières, histoire, traités spéciaux, romans, discours en vers, métaphysique, odes, poèmes épiques, il n'est pas une des applications de son prodigieux talent qu'il n'emploie à prouver combien cette idée est vraie et salutaire.

On ferait un recueil considérable en extrayant de ses œuvres toutes les démonstrations qu'il s'est plu à en accumuler. Ses arguments ne sont pas très neufs, parce qu'il ne peut y avoir du neuf en pareille matière; mais plus une vérité est ancienne et rebattue, plus elle est certaine. Par suite d'une foule de causes, l'incrédulité, devenue une mode dans le meilleur monde, s'était répandue; et l'athéisme faisait les ravages les plus alarmants. Voltaire pressentait, aussi bien que l'Église, les dangers et les désordres que l'athéisme pouvait amener, et il le combattit avec une énergie infatigable. La lutte n'était pas aisée pour lui; car c'était contre ses amis et ses disciples qu'il la soutenait. Ses premières audaces avaient trouvé des imitateurs, qui l'avaient dépassé, et qui en étaient arrivés à ne pas plus respecter la raison qu'ils ne respectaient le clergé. Persévérer dans sa foi de déiste, réfuter des doctrines extravagantes qu'il avait lui-même suscitées, c'était une tâche ardue. Il était peut-être seul capable de la remplir; il y resta fidèlement attaché jusqu'aux derniers moments de son existence; et cette persévérance fait autant d'honneur à son courage qu'à son bon sens.

Par une contradiction qui s'excuse dans une intelligence si occupée et si mobile, Voltaire ne tira point de cette féconde idée la conséquence la plus évidente qu'elle implique, c'est-à-dire, la nécessité d'une religion, qui règle socialement le culte rendu à Dieu par les multitudes. A l'aide d'une érudition superficielle, dont il fut souvent la dupe, il s'acharna à ruiner toutes les traditions et les dogmes du christianisme. Il lui aurait fait des blessures mortelles, si ses railleries avaient pu substituer à une religion, surannée selon lui, une religion meilleure. Mais c'était une chose impossible. L'esprit pratique de Voltaire ne s'y trompa point; et l'on peut supposer, à sa louange, qu'il eût été un indomptable adversaire des profanations qui furent tentées vers la fin du siècle, dans le culte de la Raison. D'accord avec le christianisme sur la morale, il ne pouvait se défendre d'affinités secrètes, qu'il a exprimées quelquefois avec une étonnante vivacité. A l'article Religion du Dictionnaire philosophique, on peut lire une page pleine d'une émotion poignante sur le supplice du Christ. Dans une vision où Voltaire imagine qu'il converse avec Jésus et d'autres sages, martyrs ainsi que lui, il termine le plus sympathique entretien par ces mots saisissants : « Eh bien, s'il en est ainsi, je vous prends pour mon seul maître. Alors, ajoute Voltaire, il me fit un signe de tête, qui me remplit de consolation. La vision disparut, et la bonne conscience me resta. » Et qu'est-ce que Voltaire admire dans ce jeune homme, mort sur la croix, au milieu des plus atroces souffrances? C'est la douceur, c'est la résignation, le pardon envers ses bourreaux; c'est le dévouement et la tolérance.

Voltaire a eu le tort de railler toutes choses sans aucune exception, y compris les plus respectables et les plus saintes. C'était le ton de l'époque, puisque Montesquieu l'avait adopté longtemps auparavant. Mais la plaisanterie est fort difficile à manier, et l'ironie ne va tout au plus qu'à un Socrate et à un Platon. Voltaire, malgré tout son goût et son jugement si sûr, n'a pas fait des distinctions nécessaires. Il a tout confondu, dans sa moquerie uniforme. L'exemple a été contagieux, et il a contribué à propager parmi nous cette légèreté si nuisible à notre esprit national. Il faut très peu d'attention pour trouver une plaisanterie; on s'habitue aisément à ce facile badinage; mais on ne peut plus le quitter, et l'on cesse de comprendre le fond des choses, pour s'en tenir à des surfaces plus brillantes que solides. C'est ce qui est arrivé à Voltaire en ce qui regarde la religion. Sans doute, il n'y avait pas grand mal à s'égayer aux dépens de superstitions légendaires; et bien des incidents grotesques pouvaient être relevés dans les mœurs du clergé et des couvents. Mais la religion devait d'autant moins en être rendue responsable qu'elle en souffrait la première, et qu'elle était compromise par d'indignes représentants. C'était Voltaire lui-même qui disait : « Si vous avez une bourgade à gouverner, il faut qu'elle ait une religion ». Mais ce qui est vrai d'une bourgade, ne l'est-il pas bien davantage d'un grand peuple? Et comment Voltaire, qui voyait si clairement la vérité pour un humble village, ne la voyait-il pas pour une nation? N'est-ce pas la même contradiction qui le poussait à salir la Pucelle dans un poème licencieux, tandis que, dans ses ouvrages historiques, il glorifiait le dévouement et les malheurs de l'héroïne, avec l'enthousiasme le moins douteux?

Cependant Voltaire sentait bien qu'il fallait mettre quelque chose à la place de la religion, qu'il tendait à détruire. Que proposait-il? Il proposait ce qu'il appelait, d'après ses amis anglais, la religion naturelle, qu'il faisait remonter jusqu'à Locke et même à Newton et à Leibniz. Il entendait par religion naturelle les principes de morale communs au genre humain. A l'en croire, cette religion est la seule vraie. C'est à elle qu'il faut ramener les hommes; elle a été gravée dans nos cœurs de la main du Très-Haut; et elle n'a été défigurée que par les opinions qui nous divisent.

N'en déplaise à Voltaire, ce n'est pas là une religion; c'est le principe de la morale; c'est dans chaque homme, la raison, qui nous permet de discerner le bien et le mal, rapportés à une règle supérieure, à laquelle nous nous sentons obligés. C'est la loi naturelle, si l'on veut; mais la religion exige tout au moins deux autres choses : d'abord, un code de croyances bien définies et adoptées par tout un peuple, dont il dirige la conduite; et en second lieu, un culte, qui rassemble les fidèles en certaines circonstances et pour un but déterminé. La loi naturelle n'a rien de cela; elle est purement et strictement individuelle. Quelquefois, Voltaire semble séparer la loi naturelle de la religion naturelle; mais le plus souvent il les identifie. Il a fait sur la loi naturelle une sorte de poème qui, avec ses Discours en vers sur l'homme, est un vrai chef-d'œuvre de bon sens et de raison pratique.

Si d'ailleurs il n'y avait qu'une équivoque entre ces deux termes, de loi naturelle et de religion naturelle, il n'y aurait point à s'en préoccuper, non plus que de tant d'autres méprises. Mais, quand on se figure qu'on a une religion parce qu'on suit la loi naturelle, cette erreur regrettable fait qu'on se dispense d'avoir une foi positive; et comme ordinairement on ne va pas jusqu'à la philosophie et à ses labeurs trop pénibles, on reste dans une sorte d'indifférence, qui n'est bonne, ni pour les individus, ni pour la société. Qu'il soit donc bien entendu, contrairement à l'opinion de Voltaire et de bien d'autres, avant lui ou après lui, qu'il n'y a pas de religion naturelle. Cet intermédiaire à double face n'est pas assez sérieux, quoique beaucoup d'honnêtes gens s'en contentent. Il faut opter entre la raison et la foi, entre la philosophie et la religion. Le choix est grave; mais il faut se décider, si l'on ne veut pas flotter dans des incertitudes perpétuelles, au gré de l'intérêt et de la passion, qui l'un et l'autre nous conseillent à peu près également mal.

En somme, Voltaire a rendu d'incomparables services à la raison, non pas précisément à la raison philosophique; mais il a appliqué la raison indépendante et son génie à une foule de réformes sociales, dont nous jouissons aujourd'hui, sans nous demander de qui elles nous viennent, et sans reporter notre reconnaissance à qui nous les devons. On ne peut nier que Voltaire n'ait fait du mal, à côté du bien qu'il a fait certainement. Mais il semble que le bien l'emporte, malgré l'opinion de M. Royer-Collard, qui pensait que « le passage de Voltaire sur la terre chrétienne avait été une grande calamité ». Nous convenons que, sur ce sujet, il est fort embarrassant de tenir une balance tout à fait équitable; mais on peut croire que Voltaire a moins corrompu son siècle qu'il n'a été corrompu par lui. Naturellement il était doué des plus nobles qualités; et il en eût fait un usage beaucoup plus fécond et plus glorieux encore, si le milieu où il a vécu eût été moins perverti. Il ne faut pas oublier non plus que Voltaire, à jouer le rôle de réformateur, risquait son repos, sa liberté et même sa vie. Au xvii° siècle, Descartes, quelque modéré qu'il fût, devait se retirer en Hollande. Voltaire, un siècle plus tard, devait se réfugier en Suisse, afin d'être en sûreté.

Pour J.-J. Rousseau, l'antagonisme de la raison et de la foi se présente sous la forme la plus aiguë. Il a cette supériorité sur Voltaire d'éprouver les plus sincères perplexités. La Profession de foi du Vicaire savoyard est un morceau de la plus haute éloquence et profondément spiritualiste. Le déisme y est en quête d'une formule définitive. Rousseau ne la trouve pas; et il n'était pas bien placé pour la découvrir. Naguère, il avait été tour à tour, et sans conviction, catholique et protestant, protestant et catholique. Ces hésitations de sa jeunesse ne se sont jamais dissipées entièrement dans son âme maladive. Elles semblent subsister encore quand il écrit sa profession de foi. Les protestants n'en sont pas plus satisfaits que les catholiques. A bien des égards, les uns et les autres sont blessés par une indépendance qu'ils n'attendent pas d'un néophyte. La philosophie pourrait réclamer contre lui, aussi bien que les deux cultes. Rousseau la malmène avec sa rudesse ordinaire. Il est injuste envers elle, parce qu'il ne songe qu'aux philosophes de son temps, accusés par lui d'orgueil et d'ignorance, et parce qu'il croit, dans sa misanthropie, avoir beaucoup à s'en plaindre. Il se défie même de l'esprit humain ; et cependant il ne veut consulter que la lumière intérieure. Il adresse à la conscience un hymne superbe, et jamais personne, pas même Kant, ne lui a rendu un plus éclatant hommage. Rousseau recommence d'ailleurs, sans le savoir, l'entreprise de Descartes ; il fait à l'esprit autant de part que le Discours de la méthode, qu'il ne cite pas, et qu'il n'avait peut-être pas lu. On est sensualiste et athée autour de lui, quand on n'est pas sceptique. Rousseau seul ne se laisse séduire à aucune de ces faiblesses. Mais beaucoup trop préoccupé de sa personnalité, il ne résout pas la question générale. L'école qu'il fait naître, sans y songer, ne forme ni des philosophes ni des croyants. Il peut en sortir de vigoureux caractères ; mais il en sort surtout des rhéteurs, dont quelques-uns sont tristement fameux dans l'histoire. Quant à J.-J. Rousseau, il a puisé dans son ardent amour de la vérité des accents impérissables, qui ont encore de l'écho parmi nous, et qui, sans doute, en auront toujours dans les siècles à venir.

Le xvıııᵉ siècle, Montesquieu, Voltaire, Rousseau, les encyclopédistes, et tous les écrivains enrégimentés comme philosophes, avaient fait assez peu de tort à la religion et à l'Église, même en signalant les plus criants abus. Les persécutions qu'avait produites la bulle Unigenitus étaient encore plus ridicules qu'odieuses. Mais, en fait, si ce n'est en droit, le principe de la tolérance l'ayant emporté, Voltaire, après soixante ans de lutte, pouvait revenir à Paris savourer son triomphe, sans avoir rien à craindre sous le nouveau règne.

Malgré ce calme apparent, il allait éclater, vers la fin du siècle, la plus effroyable tempête. La religion et l'Église semblèrent sur le point d'y périr, avec tout le passé, que la nation voulait détruire. L'Église fut atteinte la première. Sur la motion d'un évêque, Talleyrand, les biens du clergé furent mis à la disposition de la nation. C'était la formule que Mirabeau avait proposée, pour préciser le sens de cette mesure extraordinaire. Il n'est peut-être pas d'acte de la Constituante de 1789 qui ait soulevé plus de récriminations; aujourd'hui même elles ont du retentissement, bien que cent ans se soient écoulés. La nation avait-elle pu justement, dans la détresse du trésor public, mettre la main sur cette richesse, et s'en servir pour les besoins de l'État? La réponse ne peut faire aucun doute, quelque douloureuse qu'elle soit au clergé. M. Mignet l'a très bien dit : « Le clergé n'était pas propriétaire, mais simple administrateur de ces biens, qui avaient été donnés au culte et non aux prêtres. La nation, en se chargeant des frais de l'autel et de l'entretien de ses ministres, pouvait donc s'approprier ces biens, se procurer une ressource considérable, et obtenir un grand résultat politique. »

Le nouvel état de choses était sans comparaison plus régulier et plus raisonnable; mais l'état ancien avait pour lui une longue possession, qui avait fini par être légitime, et même sacrée, de l'aveu des pouvoirs publics. L'irritation que ressentaient les intéressés était bien naturelle; le clergé se trouvait tout à coup et tout ensemble privé de ses richesses, de ses privilèges, de son influence et de son rang. Il aurait fallu une patience et une abnégation plus qu'humaines pour se résigner sans résistance. Le clergé essaya de se défendre en excitant des troubles parmi les populations sur lesquelles il conservait son empire. C'était une témérité bien impuissante et bien dangereuse, contre la force invincible qui poussait toutes les institutions du passé vers l'abîme.

Un autre acte de la Constituante encore plus critiquable, ce fut la constitution civile du clergé. Le législateur avait appliqué déjà le système de l'élection à d'autres fonctions publiques; il crut pouvoir aussi l'appliquer utilement aux fonctions de l'Église. Les curés, les évêques devaient être élus par le suffrage populaire. Cette réforme impraticable avait été imaginée par les Jansénistes les plus éclairés de l'Assemblée, qui pensaient revenir par là aux coutumes et aux vertus de la primitive Église. Mais les temps avaient marché; et prétendre à la fin du xviiie siècle organiser une corporation excessivement nombreuse avec les règles qui avaient suffi pour de rares catéchumènes, sous le règne de Néron et de Domitien, c'était se tromper absolument. Pour combattre et enchaîner la malveillance des ecclésiastiques de tout ordre, on leur demanda en outre un serment, qu'ils durent prêter sous peine d'être déchus, et privés du modique traitement qui les faisait vivre. Une partie du clergé subit le serment; une autre partie le refusa, par scrupule de conscience. Il y eut des prêtres assermentés et des prêtres insermentés, des prêtres constitutionnels et des prêtres réfractaires. Cette scission eut pour résultat d'affaiblir l'Église en la divisant, et de provoquer des persécutions, qui bientôt devinrent atroces. Les exécuteurs des vengeancs populaires furent, contre des victimes désarmées, aussi ombrageux et aussi cruels que l'Inquisition tant maudite. Espionnage, proscriptions, emprisonnements, bannissements, déportations, échafauds, massacres, tortures, supplices raffinés, s'abattirent sur les ecclésiastiques plus durement encore que sur les autres classes de la société, durant les trois années de la Terreur. Les bourreaux ne s'arrêtèrent que quand leur frénésie fut saturée de sang.

Et comme si ce n'était pas assez de l'immolation des personnes, des sectaires en démence tentèrent d'anéantir non seulement le clergé et l'Église, mais la religion elle-même. Toutes les églises de Paris furent fermées; et on ne les ouvrait, pour les profaner, qu'au culte nouveau, celui de la Raison, destiné à remplacer le christianisme. Il s'était trouvé un infâme prélat qui abjura officiellement sa foi et renia le sacerdoce. La Convention elle-même avait enfin rougi de ces scandales inouïs; et, dans une intention que l'histoire aura quelque peine à éclaircir, à côté d'hécatombes humaines, elle avait, par décret, reconnu l'Être suprême et l'immortalité de l'âme. Ainsi, les fanatiques destructeurs de l'antique religion voyaient bien, malgré leurs incroyables aveuglements, que la religion est indispensable à l'esprit humain. A des rites dont ils ne comprenaient plus la grandeur et l'utilité, ils substituaient des rites absurdes, qui devaient, après quelques jours d'une existence impie, mourir ignominieusement sous la répulsion universelle.

L'épreuve avait été épouvantable. Si la nation tout entière ne l'eût pas soufferte aussi douloureusement que le clergé, on aurait pu y voir une expiation du passé. Mais l'Église n'était pas plus particulièrement coupable; elle était frappée comme la monarchie, comme la noblesse, comme le tiers état et les plus obscurs citoyens. Il serait donc inique d'interpréter contre elle des désastres généraux. Pénétrer les secrets de la Providence est interdit à l'homme; il peut profiter des leçons terribles qu'il reçoit; mais il ne peut guère se les expliquer, à moins de se flatter d'être initié aux conseils de Dieu, comme l'orthodoxie de Bossuet pouvait le croire. Quoi qu'il en puisse être, le clergé français sortit de la fournaise plus pur et plus grand qu'il n'avait jamais été. Dépouillé, décimé, poursuivi par un fanatisme que lui-même, dans ses plus mauvais moments, n'avait point égalé, il conservait sur les âmes, au plus fort de la tourmente, une domination qui, pour être forcément cachée, n'en était pas moins réelle. Le culte chrétien devait être encore pendant plusieurs années interdit par les lois. Mais ces lois, qui n'avaient jamais répondu au sentiment national, perdaient tous les jours de leur force; et la réparation éclatante se préparait dans l'ombre, avant que le pouvoir temporel la décrétât solennellement.

Le Concordat de 1801 accomplit cette œuvre; il peut passer pour un monument incomparable de sagesse politique. C'était un soldat qui restaurait la religion. Mais couvert de gloire militaire, quoique tout jeune encore, et doué d'une énergie qu'aucun grand homme n'a dépassée, il appliquait, aux négociations les plus délicates de la diplomatie, le génie qu'il venait d'appliquer à la guerre. Il n'était pas moins habile, ni moins heureux, dans ce champ si nouveau pour lui, qu'il ne l'avait été sur les champs de bataille. S'il eût échoué dans cette discussion inattendue, sa défaite n'aurait eu rien d'étonnant. Mais il en sortit vainqueur; et il a vu si sûrement les conditions du pacte contracté sous son inspiration, que le Concordat subsiste depuis un siècle; et que, malgré les violences ultérieures de Napoléon lui-même contre la Papauté et l'Église, et malgré les tentatives de la contre-révolution en 1817, il reste aussi bienfaisant et aussi nécessaire que jamais. Il survivra de même aux attaques inopportunes dirigées, de notre temps, contre lui, par des gens qui peuvent ne pas avoir des intentions mauvaises, mais qui n'ont pas assez réfléchi au bouleversement moral qu'ils méditent.

Tout l'honneur du Concordat revient au Premier Consul. Non seulement, il en avait senti l'utilité; mais il fit prévaloir son opinion inébranlable et modérée, contre les prétentions excessives de la cour de Rome, et contre l'opposition qu'il rencontrait autour de lui, parmi ses compagnons d'armes et même parmi ses ministres. Peu d'hommes d'État les plus expérimentés auraient pu se promettre un pareil succès. Le Premier Consul ne le dut qu'à lui seul. Il a pu être aidé dans les détails secondaires par des collaborateurs aussi capables que les cardinaux Consalvi et Caprara, et entre les Français, par l'abbé Bernier, et Portalis, l'ancien, chargé de l'administration des cultes et le principal auteur des articles organiques. Mais la pensée première appartient au général Bonaparte; sans lui, le Concordat ne se serait pas fait. Deux causes ont contribué à son triomphe : sa sagacité infaillible à juger de l'état vrai des esprits; et son inflexible résolution. Si l'on veut savoir où en était à ce moment la question religieuse, on n'a qu'à lire le discours de M. Royer-Collard, au Conseil des Cinq-Cents, avant le Concordat (14 juillet 1797). On réclamait dès lors, dans le sein d'une assemblée législative, sous le Directoire, le rétablissement du catholicisme, qui était devenu un besoin impérieux pour la nation; et l'on déclarait publiquement que l'anéantissement du principe religieux serait l'anéantissement de l'ordre social, parce que la religion est le fondement de la morale populaire. Qu'un sage parlât ainsi, on le conçoit; mais que le vainqueur de Marengo nourrît de telles pensées et qu'il sût les réaliser, en dépit de tous les obstacles, c'est un phénomène unique dans les annales de l'histoire. Constantin, Charlemagne, tant exaltés par l'Église, n'ont pas rendu à la civilisation de services plus grands. Le monde païen sous Constantin était dans un affreux désordre; le Moyen Age n'était guère plus tranquille sous Charlemagne ; mais au début du XIXᵉ siècle, était-il plus facile de réparer les ruines de la Révolution, et de relever ce qu'elle venait d'abattre?

Ce qu'on ne peut nier, c'est que le Concordat a rétabli la religion, et qu'en outre il a régénéré le clergé. Matériellement, l'Église perdait immensément ; mais moralement, elle avait gagné encore davantage. A des richesses qui la corrompaient et qui étaient précaires, succédait une pauvreté honorable, qui la laissait entièrement aux devoirs de son saint ministère, en la détournant des voies du siècle. Si elle cessait d'être le premier ordre de l'État, sa mission sociale restait toujours la plus haute de toutes, puisque l'Église avait plus que jamais la direction des âmes. Elle ne conservait pas son ancienne indépendance ; mais en devenant l'obligée de l'État, par le salaire qu'elle en recevait, elle acquérait, dans la société, une position beaucoup plus stable. Elle était désormais un des organes essentiels de l'administration publique et de la vie nationale. L'État se chargeait des frais du culte ; et son engagement religieux était aussi sacré que tous ses autres engagements envers ses serviteurs. Beaucoup d'ecclésiastiques, et même d'hommes politiques, se plaignent de cette situation faite au clergé ; ils la regardent presque comme une humiliation. Selon nous, ce n'est pas bien comprendre les choses. Au lieu d'une indemnité qui compenserait une prétendue spoliation, au lieu de propriétés dont l'origine et l'emploi n'étaient pas justifiés, l'Église possède à jamais un titre indiscutable, qui la rattache étroitement à la société, qu'elle édifie au nom même de Dieu et de la morale. La dotation du clergé est votée et sanctionnée tous les ans par les pouvoirs publics, comme celles de la magistrature ou de l'armée, qui ne sont pas plus nécessaires que la religion. La Révolution, inaugurée par la Constituante, a privé l'Église des biens qu'elle détenait; la monarchie elle-même aurait été contrainte, si elle avait duré, de recourir à cette ressource extrême. Dès le milieu du siècle, vers 1750, Machaud d'Arnouville, contrôleur général des Finances et garde des Sceaux, avait songé, comme Montesquieu, à soumettre le clergé à l'impôt, et à lui reprendre une partie des vastes domaines dont il faisait un emploi insuffisant.

Aujourd'hui, les réclamations devraient cesser; on ne les écoute plus, et il y aurait dignité à ne plus les faire entendre. Mais un passé si prospère laisse longtemps des regrets, même quand on y a sincèrement renoncé.

II

Réorganisé par le Concordat, et placé entre le pouvoir spirituel et le pouvoir temporel, dans des rapports analogues à ceux qu'avait fixés Bossuet, par la déclaration de 1682, le clergé français est un des clergés les plus vénérables dont puissent s'honorer les nations civilisées. Ce n'est pas à dire que, dans notre siècle, qui touche à sa fin, le clergé n'ait point commis de fautes. Mais dans cet intervalle, rempli de troubles et de bouleversements, qui n'en a pas commis autant et plus que lui? A travers ces sept ou huit gouvernements écroulés, en cent ans, les uns sur les autres, qui a été toujours irréprochable? Qui a discerné ses devoirs sans déviation? Les erreurs de l'Église, répétées de son passé, ont toujours eu la même source; l'Église s'est mêlée à la politique; et la politique lui a infligé des blessures et des mécomptes. Son alliance avec les pouvoirs qui se sont si rapidement succédé, lui a toujours été fatale. Ce n'est pas ici le lieu de retracer avec détails l'histoire de ces erreurs; mais il est bon d'en signaler quelques-unes, avec modération et respect, afin que l'avenir les évite, s'il se peut. La nation y est intéressée non moins que le clergé. Une prudente réserve lui serait d'autant plus facile que l'Église, étant immuable par ses dogmes et sa foi, n'est pas tenue de partager l'ordinaire mobilité des choses humaines. Si elle se confine dans ses limites, elle peut toujours opposer à des incitations périlleuses une fin de non-recevoir, qui doublerait ses forces, loin de les lui enlever. Le plus souvent, c'est sa partialité pour un gouvernement renversé qui lui attire le mauvais vouloir du gouvernement régnant. Elle devrait être neutre et patiente, puisqu'elle se croit éternelle.

Sous le premier Empire, l'attitude du clergé a été très variable. Il ne pouvait pas en être autrement. Le restaurateur de la religion et du culte commettait lui-même de tels écarts de conduite que le clergé, malgré toute sa gratitude, ne pouvait s'empêcher d'éprouver à son égard des sentiments non moins divers. Quand le César français était si parfaitement d'accord avec le Pape qu'il obtenait de lui de venir le sacrer empereur à Paris, le clergé pouvait-il ne pas joindre l'admiration à sa reconnaissance? Pouvait-il se soustraire à l'élan universel qui transportait la nation et l'Europe presque unanimes? Mais ne dépassait-il pas les bornes permises à l'adoration, quand il consentait à rédiger, sous la dictée despotique de Napoléon, le trop fameux catéchisme de 1808, où l'Empereur, s'égalant à Dieu, faisait condamner ses ennemis aux feux éternels de l'enfer? Ce zèle exagéré ne dut-il pas se refroidir lorsque le nouveau Charlemagne s'emparait des États de l'Église, pour les combinaisons de sa politique, et que, se vengeant peu noblement de l'excommunication qu'il avait provoquée, il exerçait, sur la personne du pape, son prisonnier, des sévices qui rappelaient ceux de Philippe le Bel contre Boniface VIII? Le concile que Napoléon convoquait, de son autorité privée, et sans le consentement du pape, fit bien voir où les cœurs en étaient arrivés envers le bienfaiteur devenu un geôlier, et presque un bourreau. Malgré la crainte qu'inspirait le potentat, le concile national de 1811 n'eut pas la docilité qu'on exigeait de lui. Le maître tout-puissant en était réduit à le dissoudre; et il recourait aux rigueurs de l'emprisonnement contre les prélats qui s'étaient montrés trop indépendants. Deux ans s'étaient à peine écoulés qu'au moment de l'invasion du sol de la France, Napoléon rendait la liberté au pape, sans lui rendre ses États. Il le laissait retourner à

Savone, au prix d'un concordat improvisé, qui modifiait celui de 1801, mais qui ne fut jamais exécuté.

L'édifice impérial ne pouvait subsister; il devait périr à bref délai, malgré le génie de son auteur, comme toutes les constructions trop hâtives et mal faites. Une immense réaction succéda à sa chute. Le clergé français s'y précipita comme le reste du monde européen. Mais la victoire allait être pour lui un écueil plus redoutable peut-être que l'oppression. Son excuse, c'est que le chef de l'Église lui donnait l'exemple. Pie VII, rentré dans sa souveraineté, abolissait toutes les améliorations que l'occupation française avait apportées dans l'administration pontificale, de même qu'il réclamait Avignon à la France. Le seul point sur lequel le pape ne cédait pas aux obsessions dont il fut assiégé, pendant trois ans (1817), ce fut le Concordat de 1801. Il ne voulut jamais se déjuger, ni condamner ce qu'il avait cru devoir faire dans l'intérêt de la religion. Sans cette heureuse obstination, l'Église aurait été encore plus agitée et plus compromise qu'elle ne le fut sous la monarchie restaurée. Par bonheur pour elle, le pape lui refusa ce qu'elle lui demandait. Mais le clergé ne s'en abandonna pas moins à l'ivresse générale. Lui aussi, il rêvait de ressusciter tout le passé. A l'imitation du souverain Pontife, dont le premier acte, en 1814, avait été de rétablir la Compagnie de Jésus, sur la prière du Czar, il aurait voulu abroger toutes les lois de la Constituante qui avaient ruiné sa fortune. On ne parlait de rien moins que de la restitution des biens non vendus, comme les émigrés et les ultra-royalistes l'espéraient aussi, au grand effroi des acquéreurs de biens nationaux.

La charte de 1814 avait déclaré que la religion catholique, apostolique et romaine était la religion de l'État. C'était une mesure qui devait avoir pour le clergé de très fâcheuses conséquences, en excitant ses passions. Une religion officielle est bien vite une religion persécutrice; elle autorise chez ceux qui la représentent d'incessantes prétentions. Le Premier Consul avait été plus sage en reconnaissant, comme un simple fait, que la religion catholique, apostolique et romaine est la religion de la grande majorité des citoyens français. Le Saint-Siège, aussi prudent que le jeune général, s'était contenté de cette déclaration; mais elle ne suffisait pas à l'abbé de Montesquiou, devenu ministre. La prérogative de la religion d'État eut un effet immédiat, dont l'influence se fit sentir durant toute la Restauration, et n'a pas cessé même de nos jours. L'Église, qui avait eu jadis le monopole de l'enseignement public, ne songea plus qu'à le ressaisir, en détruisant l'université impériale, une des conceptions les plus grandioses et les plus bienfaisantes de Napoléon. On avait eu d'abord la pensée d'effacer le souvenir de cette université, en en créant dix-sept au lieu d'une seule; puis, on avait reculé devant ce projet peu pratique, sauf à le reprendre plus tard; et l'on s'était borné à retirer à l'université son indépendance et son grand maître, pour le remplacer par une commission de cinq personnes. M. Royer-Collard en était le président, et M. de Frayssinous, un des principaux membres. Afin de ne pas trop grandir cette commission, on la rattachait au ministère de l'Intérieur, assez peu propre aux attributions scolaires qu'on lui conférait.

Du moment qu'il y a une religion de l'État, il est tout naturel que les ministres de cette religion soient chargés de l'éducation nationale. Mais comme le démontrait, dès 1791, M. Stanislas de Clermont-Tonnerre, l'État ne peut pas avoir de religion, parce que la conscience de l'homme est libre, et que c'est en lui la seule faculté qu'il ne puisse jamais sacrifier à une convention sociale. La société ne doit donc commander aucun culte; elle ne doit en repousser aucun. Cette grande vérité, une des garanties nécessaires de la paix publique, était méconnue par la charte de 1814; et l'on peut croire, sans malveillance pour le clergé, qu'il ne reconnaissait pas alors cette vérité essentielle, et qu'il ne la reconnaît même pas encore aujourd'hui. A cette époque, il obéissait à l'ardeur factieuse que lui inspiraient les Jésuites, rentrés dans le royaume, en violation de toutes les lois. Il faisait bannir de l'université les personnages les plus considérables, et taire les professeurs les plus écoutés; il fermait l'école normale, et il obtenait des pouvoirs publics l'odieuse loi du sacrilège (20 avril 1825), qui punissait de mort la profanation des vases sacrés et le vol dans les églises. Cette loi, digne de la barbarie du Moyen Age, était comme le don de joyeux avènement du règne de Charles X, qui passait lui-même pour être l'occulte instrument de la Congrégation.

Si l'Église, sous Louis XVIII, avait relativement gardé quelque mesure, sous le successeur elle se crut tout permis. Elle allait arriver peut-être à son but, et absorber toute l'éducation de la jeunesse, quand l'autorité séculière, menacée comme le reste, et avertie par M. de Montlosier, dut intervenir, après la presse, après la magistrature et après les Chambres. Elle coupa court à tant d'audace par les ordonnances réparatrices de 1828 (16 juin et 26 novembre), qui arrêtèrent, du moins pour quelque temps, les empiétements des Jésuites. Les mêmes manœuvres illégales allaient recommencer sous le ministère Polignac, si la révolution de 1830 n'était venue brusquement y mettre un terme.

La leçon sembla porter fruit; et, sous Louis-Philippe, le clergé se tint presque toujours en dehors de la politique. Il ne s'y mêla qu'en s'efforçant de reconquérir la direction de l'enseignement public, qui lui avait échappé. Il ne pouvait plus la revendiquer au nom d'une religion d'État, que la charte nouvelle avait abolie. Mais cette charte avait promis la liberté de l'enseignement; et le clergé se servit de cette arme, avec une énergie et une habileté dont il n'avait jamais donné plus de preuves. Aux hommes d'Église, qui étaient dans leur rôle, se joignaient, pour cette croisade, des laïques, pleins de talent et d'activité, dans les assemblées, dans la presse et dans le monde. Jamais l'université ne fut accablée de plus d'outrages, ni de plus abominables calomnies.

Singulier revirement des choses politiques! La liberté de l'enseignement avait été réclamée sous la Restauration par les libéraux, contre l'Église et contre les Jésuites. Sous la monarchie de la branche cadette, cette même question fut retournée par l'Église contre le parti libéral; et elle ne cessa d'agiter les dix-huit ans du règne. Il venait à peine de finir que le clergé obtenait d'une autre révolution le triomphe que la Restauration n'avait pas pu lui assurer, et que la monarchie libérale ne lui aurait accordé que très imparfaitement, tout en voulant exécuter la promesse imprudente de la Charte. Les législateurs de 1830, qui avaient inscrit cette promesse à la suite du pacte constitutionnel, n'en prévoyaient pas les conséquences; ils avaient voulu stipuler en faveur de leurs opinions; mais en réalité, ils n'avaient travaillé que pour leurs adversaires. Il y a peu d'exemples dans l'histoire d'une plus complète méprise; on l'aurait évitée, si l'on s'en était tenu aux principes de M. Royer-Collard, qui, dans plus d'une occasion solennelle, avait toujours déclaré que l'instruction publique appartient à l'État.

Cependant, le clergé, en apparence plus soumis à la loi, restait toujours sous la domination des

Jésuites, qui la bravaient. La Compagnie, réfrénée dans ses entreprises par les ordonnances courageuses du ministère Martignac, était loin d'y avoir renoncé. Par esprit de tolérance, le régime nouveau avait souffert la présence des Révérends Pères, qui se dissimulaient de leur mieux, afin d'échapper à des poursuites légales. Mais un procès scandaleux, où figurait un caissier infidèle de la Compagnie, ayant judiciairement révélé son existence, le pouvoir avait dû agir pour apaiser l'indignation publique, et pour que la loi reçût son application. M. Thiers avait interpellé le cabinet (2 mai 1845); et une négociation, adroitement conduite par M. Rossi, auprès du Saint-Siège, avait déterminé la retraite des Jésuites, qui s'étaient exécutés sans bruit. Ils se réservaient de reparaître dès qu'ils le pourraient, et ils n'y manquèrent pas quand l'occasion s'en présenta.

La seconde République témoigna au clergé une grande bienveillance; et le clergé y répondit par une sympathie qui tenait surtout à ses rancunes contre le pouvoir déchu. La constitution de 1848 répéta la promesse de la charte de 1830. L'article 9 de cette Constitution déclarait que l'enseignement était libre, sous les conditions déterminées par les lois et sous la surveillance de l'État. M. de

Falloux, ministre de l'Instruction publique, un mois après, se hâtait de tirer de ce principe tout ce qui pouvait en résulter dans l'intérêt de l'Église, et pour les congrégations religieuses. Il fut l'auteur de la loi organique du 16 mars 1850, bien qu'empêché par la maladie il n'eût pu en suivre la discussion. On a émis sur cette loi si regrettable les jugements les plus contradictoires; les passions se sont donné carrière dans un sens et dans l'autre.

Mais en recueillant le témoignage de ceux qui l'ont faite à leur profit, on ne risque pas de se tromper sur le caractère qu'ils ont prétendu lui donner. Mgr Dupanloup, dans l'exultation de la victoire, n'hésitait pas à le proclamer, sans détour : « C'est contre le monopole universitaire, disait-il, et malgré l'université que cette loi a été faite. Toutes les grandes réformes opérées par le projet de loi, et qui doivent, avant peu d'années, changer profondément la face de la France, ont été des conquêtes laborieuses : l'affranchissement des petits séminaires, l'admission des congrégations religieuses non reconnues par l'État et des Jésuites expressément nommés, l'abolition des grades, la destruction de l'école normale, la réforme radicale de l'instruction primaire, la dislocation profonde et irrémédiable de la hiérarchie universitaire, la liberté des pensionnats primaires et de l'enseignement charitable; enfin la grande place réservée à NN. SS. les évêques dans les conseils de l'Instruction publique, etc., etc. »

A cette joie triomphante, on pourrait opposer les critiques, non moins vives et plus fondées, des ennemis de la loi. Mais il vaut mieux invoquer le jugement impartial et très autorisé de M. Guizot, qui, en disgrâce depuis sa chute, n'avait eu aucune part personnelle à ces virulentes discussions. L'ancien ministre de l'Instruction publique, le promoteur de l'excellente loi de 1833, disait prophétiquement : « La lutte n'a pas pris fin; la transaction n'est considérée comme bonne en soi et définitive, ni par les représentants de l'élément laïque, ni par ceux de l'élément religieux. L'université se tient pour sacrifiée; le clergé ne se tient pas pour satisfait; l'une se résigne, quant à présent, à ce qu'elle n'a pu empêcher; l'autre accepte, quant à présent, ce qu'il a obtenu, sans renoncer à d'autres espérances. C'est un temps d'arrêt dans la lutte; ce n'est point la paix. » Ce coup d'œil de M. Guizot était très juste; et quoique les espérances de Mgr Dupanloup n'aient pas été toutes comblées, la loi, telle qu'elle était sortie des délibérations législatives, a été la cause de nouvelles discordes, qui, au moment où nous écrivons, sont plus envenimées que jamais. En attendant, l'Église put enfin se croire maîtresse des générations, qu'elle allait élever à sa guise. Il était difficile de se tromper davantage. C'était encore la politique, indûment pratiquée, qui amenait cette déception, après tant d'autres. Ce ne devait pas être la dernière. Mais l'Église venait de remporter un succès inespéré. L'université, prise d'assaut, était à peu près détruite, après un long siège.

Le clergé se jeta dans les bras du second Empire avec une fougue intéressée, qui étonna et affligea bien des cœurs catholiques, révoltés du crime de décembre. Le nouveau protecteur, qui ne fut qu'un maître pour le clergé comme pour tous ses sujets, fit d'abord deux actes qui furent agréables à l'Église. Il rétablit le banc des cardinaux au sénat, à côté du banc des maréchaux et des amiraux; et il retrancha la philosophie des études de la jeunesse. Dans les lycées, la philosophie devenait une classe de logique; et à l'école normale, d'où l'on n'osait pas la bannir complètement, on la réduisait à être « une méthode d'examen pour connaître les procédés de l'esprit humain dans les lettres et les sciences ». C'était l'amoindrir autant qu'on le pouvait, en l'exilant des établissements où les élèves sont fort nombreux, et en la restreignant, toute mutilée, aux élèves de l'école normale, qui sont en très petit nombre. Cet effacement officiel de la philosophie était une sorte de flatterie à l'adresse de la foi religieuse, et le signe de la défiance instinctive que tout despotisme ressent contre les libres esprits. Peut-être était-ce seulement une réminiscence des préventions mesquines de Napoléon contre les idéologues. La suite ne répondit qu'assez mal à ces débuts du règne. Le clergé, obéissant presque aussi docilement que la nation, ne reçut pas de faveurs particulières; les espérances qu'avait fait naître, au sein de l'Église, le Prince-Président, ne furent pas réalisées par l'Empereur tout-puissant.

Durant dix-neuf ans, on se surveilla de part et d'autre, plutôt qu'on ne s'entendit. L'université, que le clergé se flattait, en 1850, d'avoir détruite à jamais, était restaurée en partie. Dès 1854, les académies, qu'on avait annulées en les multipliant, étaient ramenées de 86 à 16; l'instruction primaire était presque toute remise aux préfets. Quelques années plus tard, un ministre aussi libéral qu'on pouvait l'être sous l'Empire, faisait rentrer la philosophie dans les études scolaires,

en même temps qu'il supprimait la bifurcation.
L'Instruction publique échappait encore une fois à
la main des évêques et restait entre celles de l'État.
Les appels comme d'abus étaient fréquemment
lancés contre les prélats qui se permettaient d'exprimer leurs opinions en termes un peu trop
vifs; la presse religieuse était traitée presque aussi
durement que la presse laïque; ses journaux
étaient avertis, suspendus, supprimés comme
les autres, par l'arbitraire administratif. En un
mot, l'Église n'obtenait que très peu des privilèges sur lesquels elle avait compté. Jusque dans
la famille impériale, elle avait des ennemis qui ne
cachaient pas leur haine, et qui l'exhalaient violemment dans les discussions des assemblées
délibérantes.

Cependant la religion n'avait pas eu trop à
souffrir, du moins à l'intérieur, sous Napoléon III.
Mais au dehors, les coups qu'il lui porta, bien
qu'indirects, furent excessivement dangereux,
puisque sa politique imprévoyante amena la destruction définitive du pouvoir temporel, comme
elle amena l'unité italienne.

La guerre de 1859 semblait n'être dirigée que
contre l'Autriche et le royaume lombardo-vénitien; mais elle avait excité dans toute la pénin-

sule une agitation et une pensée d'union qui devenaient irrésistibles. Le vainqueur ne put la modérer; et comme l'Italie, réunie sous le sceptre de la maison de Savoie, ne pouvait avoir que Rome pour capitale, la papauté se trouvait menacée, comme toutes les autres dynasties. Il fallut beaucoup d'énergie de la part de la France et de condescendance de la part des Italiens, pour que la catastrophe fût retardée de quelques années. Florence, au lieu de Rome, fut acceptée provisoirement pour capitale du nouvel État, qui n'était plus simplement une expression géographique. Mais dès que nos désastres de 1870 nous forcèrent de retirer de Civita-Vecchia la garnison qui y séjournait, depuis dix ans, les Piémontais se hâtèrent de s'emparer, à force ouverte, de la ville éternelle (10 septembre 1870); et le dernier jour de l'année vit le roi d'Italie au Quirinal, pendant que le Pape était relégué dans le Vatican, d'où il ne devait plus sortir. Le pouvoir temporel était détruit après douze cents ans d'existence; et la Papauté se trouvait placée dans des conditions toutes nouvelles, si ce n'est définitives. C'était une révolution pour toute la catholicité.

La foi éprouvait des changements presque aussi considérables. Pie IX, poussé par un mysticisme très inopportun, crut devoir ajouter aux dogmes anciens deux dogmes nouveaux : l'Immaculée Conception de la sainte Vierge et l'Infaillibité papale. Il y avait longtemps, il est vrai, que l'un et l'autre dogmes avaient été réclamés comme une nécessité et un des vœux les plus chers du sacerdoce.

Le Saint-Siège s'était toujours abstenu. Pie IX fut moins réservé. Mais était-ce bien le moment de décréter des dogmes, à la fin du xixᵉ siècle? N'était-ce pas infirmer la foi ancienne, en la laissant supposer incomplète? La bulle de l'Immaculée Conception était promulguée en 1854, en présence de deux cents évêques, qui n'étaient pas constitués en concile. Le dogme de l'Infaillibilité, au contraire, fut consacré sous la forme d'un concile œcuménique, qui, ouvert au Vatican, à la fin de 1869, achevait ses travaux au moment même où les troupes piémontaises entraient dans la cité, à coups de canon. Les prélats, arrivés de toutes les régions du globe, s'étaient trouvés au nombre de 450, sur 700, pour exprimer un vote favorable. Quelques oppositions assez actives s'étaient manifestées, surtout de la part des prélats français, qui se souvenaient des libertés de l'Église gallicane.

Quel avantage la religion a-t-elle retiré de ces innovations, que les siècles précédents avaient repoussées? L'Immaculée Conception n'a touché que quelques zélateurs, dont la ferveur n'y a rien gagné. Quant à la proclamation de l'Infaillibilité, elle était tout au moins inutile; car, ainsi que l'avait démontré Joseph de Maistre, l'infaillibilité est le droit commun de toutes les souverainetés ; ce n'est pas le privilège particulier de l'Église. On n'obéit ni plus ni moins aux ordres du souverain Pontife, depuis qu'il a été reconnu infaillible. Au fond, ce n'était qu'une question de suprématie entre le pape et les conciles. Le pape a fait déclarer qu'il est supérieur et indépendant. Mais cette controverse, en quelque sens qu'elle soit tranchée, ne peut modifier le cours des choses; selon les conjonctures, ce sera tantôt le pape, ou tantôt le concile, qui l'emportera. Quoi que puisse recéler l'avenir, les deux dogmes inaugurés sous le pontificat de Pie IX ont passé à peu près inaperçus.

Il n'en fut pas de même de l'encyclique Quantâ curâ et du syllabus, son annexe, qui excitèrent les plus ardentes polémiques, toujours prêtes à se réveiller. Ce n'est pas que le syllabus contînt rien de très nouveau. Le Concile de Trente, dans une de ses dernières sessions, avait posé des règles pareilles contre les livres prohibés; et la congrégation de l'index n'avait cessé, depuis trois cents ans, de fulminer ses censures contre les opinions de tout genre qui tendaient à égarer les consciences chrétiennes. Mais en 1864, ce catalogue systématique des prétendues erreurs du siècle, et l'anathème prononcé contre les principes de la civilisation moderne, parut un défi aussi audacieux qu'intempestif. Vouloir que le catholicisme soit partout une religion d'État, affirmer que l'Église a le droit d'imposer par la force la vérité qu'elle croit tenir de Dieu, condamner la liberté de conscience, la liberté des cultes et la liberté de la presse, c'était un langage qui pouvait convenir à Grégoire VII ou à Innocent III, quand la papauté disposait des âmes et des trônes. Mais de nos jours, ce langage était inconcevable; et les fidèles les plus dévoués avaient grand'peine à le défendre. La seule excuse à cet anachronisme, c'était le caractère bien connu du Pontife, les épreuves cruelles par lesquelles il avait passé depuis le meurtre de Rossi, et les dangers imminents dont il était entouré.

Comme on pouvait s'y attendre, c'était la philosophie surtout qui était frappée par le syllabus. L'anathème atteignait à peu près également toutes les doctrines, celle du spiritualisme aussi bien que les autres. La raison était immolée à la foi; le rationalisme, quelque modéré qu'il fût, ne trouvait pas plus d'indulgence que les théories les plus subversives. Six ans après le syllabus, le Concile œcuménique crut devoir y donner son adhésion rétrospective, bien qu'on commençât à l'oublier. Les préoccupations du moment étaient ailleurs ; déjà très pressantes, elles allaient le devenir bien davantage encore, même avant la fin du Concile. Son approbation au syllabus, qui, en tout autre temps, aurait produit grand effet, fut à peine remarquée. Le pape lui-même, dans une encyclique d'avril 1870, sembla revenir à des idées un peu moins hostiles à la raison. La « Constitutio dogmatica de fide catholicâ » admettait, avec saint Thomas d'Aquin et le Concile de Trente, que l'intelligence humaine, livrée à ses forces naturelles, peut parvenir à savoir l'existence de Dieu; mais elle ajoutait que la raison a besoin de la révélation et de la foi pour comprendre toutes les perfections divines et les mystères. L'Encyclique reconnaissait aussi que la raison et la foi peuvent s'aider mutuellement; mais elle attribuait à la foi une supériorité, qui rendait nulle la concession apparente faite à la philosophie. Le Saint-Siège, quand il parle, peut-il s'exprimer autrement? Et la religion peut-elle abdiquer ses droits traditionnels, plus que la raison n'abandonne les siens, qui sont nés avec l'homme?

Les événements d'Italie auraient ému bien plus profondément le clergé français, si les malheurs de la patrie ne fussent venus lui imposer de nouveaux devoirs et des douleurs plus présentes. Notre clergé eut, sur les champs de bataille, l'héroïsme qu'on lui connaissait, et qu'il déploie chaque jour, plus obscurément et sans se lasser, dans toutes ses œuvres de charité et de propagande. Les religieuses furent aussi énergiques que les prêtres et que les soldats; la foi inspira autant de sacrifices que le patriotisme. Le souvenir de ces services et de ces vertus aurait dû adoucir, dans le camp opposé, bien des sentiments d'hostilité, qui ne se reproduisirent que trop tôt, et qui étaient la suite des vieilles querelles. Mais à ce moment, sous le coup d'un désastre commun, l'entente sembla s'être faite. Des pétitions nombreuses, adressées à l'Assemblée nationale, ayant demandé que la France intervînt pour le rétablissement du pouvoir temporel, la sagesse de M. Thiers sut rallier toutes les opinions, en montrant l'imprudence d'une intervention qui amènerait inévitablement la guerre (22 juillet 1871). Le clergé, par l'organe de

Mgr Dupanloup, fut assez docile pour ajourner ses espérances. Depuis dix-sept ans que la question reste en suspens, la solution n'en paraît pas plus prochaine; et il n'est pas probable qu'on la trouve jamais en dehors de la Loi des garanties. La Papauté continue à réclamer ses anciennes possessions, que l'Italie ne lui rendra pas, et à refuser la compensation que l'Italie lui a offerte.

Sur d'autres points, le clergé français ne s'est pas conduit aussi prudemment; et la troisième République lui a fait chèrement payer ses fautes.

La première fut l'érection de l'église du Sacré-Cœur sur la colline de Montmartre. Profitant des bonnes dispositions d'une assemblée politique, des prélats, mal inspirés, firent voter, par une majorité qu'ils dirigeaient, une loi (24 juin 1873) accordant à l'archevêché de Paris des droits et des facilités extraordinaires, pour la construction de ce monument. Quel était le vrai sens d'un tel projet? Quel besoin d'élever un si splendide édifice, avec des conditions exceptionnelles, dans un lieu qui domine la ville, au point même où Ignace de Loyola, en 1534, avait fait ses premiers vœux à la Vierge, et fondé son ordre? Que signifiaient ces souvenirs, remontant à plus de trois siècles? Quel était ce culte spécial du Sacré-Cœur de

Jésus, imaginé par deux nonnes illuminées du xviie siècle, Marie Alacocque et Marie de Vallées?

Introduit, non sans peine, dans la catholicité, ce culte n'était-il pas pour les Jésuites un objet de prédilection et d'utile patronage? Le vocable du Sacré-Cœur n'était pas expressément énoncé dans la loi; mais on savait que l'archevêque de Paris l'avait définitivement adopté, et que ce serait le nom du bâtiment, déclaré d'utilité publique. Une nation plus pieuse et plus unie que la nôtre eût approuvé la consécration d'un temple magnifique au Tout-Puissant, après les fléaux dont nous venions d'être affligés, et dont nous n'étions pas guéris. C'eût été une invocation nationale à la miséricorde divine. Mais chez nous, dans l'état actuel des esprits, cette manifestation ne pouvait être ainsi comprise, ni acceptée. Elle cachait autre chose qu'une pensée de pure dévotion; et comme les mots de Gallia pœnitens avaient été prononcés, avec ceux de vœu national, on crut à une protestation déguisée contre la Révolution française, soi-disant repentante de ses forfaits. De là des ombrages, qui n'étaient pas sans motif. L'opinion publique, et surtout le parti républicain, qui de jour en jour devenait prépondérant, virent des allusions blessantes, dans cette loi votée hâtivement par une majorité cléricale et monarchique. L'Église s'était donné satisfaction; mais en même temps, elle avait montré que le vieil esprit n'était pas mort en elle. Une réaction, qui ne pouvait pas tarder beaucoup à triompher, allait lui faire sentir qu'on ne heurte pas l'amour-propre des peuples plus impunément que celui des individus.

Une satisfaction plus importante et plus dangereuse, que l'Église obtint aussi par des voies légales, ce fut la liberté de l'enseignement supérieur (12 juillet 1875). Aux yeux du clergé, cette loi était le complément de celle de 1850, qui lui avait assuré la liberté de l'enseignement primaire et secondaire. Mais conférer des grades avait toujours été un droit régalien. Sous l'ancien régime, non plus que sous le nouveau, jamais l'État n'avait consenti à s'en dessaisir, même aux époques où la monarchie était la plus favorable à la religion. La conquête que faisait l'Église était inouïe, surtout quelques mois après que la constitution républicaine venait d'être proclamée. Cependant la majorité, conduite par le clergé, n'avait pas osé dépouiller complètement l'État; mais elle supprimait effectivement son droit en l'étendant aux universités libres, qui pouvaient en appeler à un jury mixte, au lieu des examinateurs de l'université. Une telle usurpation ne pouvait être que momentanée. Dès l'année suivante, un ministère conservateur, celui de M. Dufaure, présentait une loi pour restituer à l'État l'indispensable monopole qu'on lui avait ravi. Le projet de loi était rejeté par le Sénat, à une faible majorité. Mais, en 1880, la collation des grades était rendue, sans discussion, à qui elle appartenait. C'était presque d'un consentement unanime que se trouvait rétabli un principe inviolable, qu'aucun parti ne doit répudier, parce qu'il est indispensable à la société, quelles que soient les mains qui la dirigent.

Le clergé se trompa également en ce qui concernait les congrégations religieuses. Il est de principe que la société ne peut pas, sans danger, admettre qu'il se forme dans son sein des associations particulières, dont elle ignorerait l'existence, la constitution et le but. Nulle association, quelque limitée qu'elle soit, ne doit se soustraire à la connaissance du gouvernement, chargé de maintenir l'ordre public. Les congrégations religieuses motivent, au premier chef, sa surveillance; et elles ne peuvent se former sans son autorisation, parce qu'elles sont les plus importantes de toutes, par leur organisation, leur influence et leur objet. La loi était formelle; on ne pouvait pas le contester. Mais depuis de longues années, l'administration avait toléré la création de congrégations enseignantes très nombreuses, plus de trente, disait-on, qui s'étaient fondées sans se conformer à la règle. Accorder à ces congrégations illégales le droit d'enseigner, comme on l'accordait aux autres, n'était pas possible; et c'était mal appliquer la liberté d'enseignement que de l'étendre jusqu'à des corporations qui ne s'étaient pas soumises aux formalités légales. L'article 7 du projet de loi, qui visait les congrégations non autorisées, ayant été rejeté par le Sénat (18 mars 1880), le gouvernement rendit deux décrets (29 mars), dont l'un était dirigé contre les Jésuites, et l'autre contre les congrégations. C'était la stricte exécution des lois existantes. En 1845, ces lois avaient été appliquées presque sans difficulté. Mais depuis lors, elles avaient dormi; et cette fois, à trente-cinq ans de distance, les décrets rencontrèrent une opposition qu'il fallut surmonter à force ouverte. Presque partout où étaient établies des congrégations, il s'engagea des rixes, où, de part et d'autre, on eut des torts, qui troublèrent vivement l'opinion et qui la divisèrent. Les congrégations durent se disperser, ou du moins feindre de se disperser; car l'administration ferma les yeux sur bien des infractions. Mais les congrégations non autorisées ont cessé légalement d'enseigner et d'exister.

A cette heure, à neuf ans d'intervalle, les passions sont toujours tellement excitées qu'on ne peut guère se flatter d'être impartial. Néanmoins, un point paraît absolument incontestable : le clergé est astreint le premier à obéir à la loi. C'est un exemple qu'il doit à la société, et qu'il se doit à lui-même. Or, les congrégations non autorisées ont violé la loi doublement : d'abord, en ne s'y soumettant pas, au moment où elles se formaient; et, en second lieu, en résistant aux réquisitions de la justice. De là sont venues ces scènes déplorables, où la dignité de l'Église n'a pas plus gagné que celle de l'État; mais l'État remplissait son devoir; les congrégations manquaient au leur.

Ainsi, provocation du temple de Montmartre, usurpation de la collation des grades, résistance factieuse des congrégations, c'étaient des fautes graves. Mais à celles-là, il s'en joignait d'autres de moindre portée, qui ne laissaient pas de nuire à la considération de l'Église. Les miracles de la Salette et de Lourdes pouvaient charmer des multitudes ignorantes; mais la raison publique réprouvait de telles menées, où se mêlait le charlatanisme de la spéculation. Des miracles dans notre temps! Pourquoi réveiller des controverses heureusement éteintes? Quelques prélats, très haut placés, donnèrent les mains à ces superstitions ridicules, qui dégradaient la foi, loin de la rehausser, et qui fournissaient un prétexte aux critiques les plus sévères et les plus justes.

Mais toutes ces fautes, quelque réelles qu'elles soient, sont fort loin d'excuser, ni même d'expliquer le déchaînement outré dont tout ce qui touche à la religion est aujourd'hui l'objet, dans une partie notable de la nation. Le mal est déjà fort étendu; et il n'est pas dit qu'il soit arrivé à son terme. On a beaucoup parlé du fanatisme de l'Église, et les plaintes étaient justifiées pour les siècles antérieurs; même le nôtre a vu quelquefois des excès blâmables. Actuellement, c'est un fanatisme en sens contraire qui poursuit, sans motif, un clergé, dont la résignation ne désarme pas les sectaires. Des économies hypocrites réduisent des traitements déjà trop modestes, dans les rangs les plus humbles de la hiérarchie et jusqu'aux rangs les plus élevés. On vote le service militaire pour les séminaristes, afin d'empêcher le recrutement du sacerdoce. On se propose de dénoncer le Concordat. Des laïcisations, qui semblent n'être que des vengeances, enlèvent aux hôpitaux et aux écoles, un concours précieux, qu'on ne peut pas remplacer. L'habit religieux est en horreur, comme le sont aussi des emblèmes inoffensifs. Pour flatter de prétendus scrupules de conscience, chez quelques personnes soi-disant timorées, on ne craint pas de blesser la conscience de l'immense majorité des citoyens. Des corps constitués, des conseils municipaux se mettent à la tête de ces manifestations, qui sont tout ensemble impies et anticiviques. On les pousse à l'extrême, et l'on réussit à dépasser même la Convention. On se fait un point d'honneur de nier l'existence de Dieu, croyant faire acte d'indépendance en se proclamant athée. Des jurés par trop susceptibles refusent le serment exigé par le code.

Autre symptôme plus menaçant encore. La science vient prêter son appui à ces aberrations, qu'elle partage trop souvent, bien que, pour elle, ce soit plutôt une mode qu'une conviction. Les sciences jouissent, parmi nous, d'un grand crédit; et quoique ce crédit soit exagéré et peu réfléchi, elles le méritent en partie, à cause des services de tout genre qu'elles rendent à la société, puisque, grâce à elles, la vie matérielle devient de plus en plus facile et douce. L'admiration dont elles sont entourées est donc assez légitime; mais ce n'est pas un motif pour qu'elles sortent de leur domaine spécial, et pour qu'elles prononcent sur des questions qui ne leur appartiennent pas. Ne devraient-elles point laisser à la philosophie et à la religion la solution des grands problèmes? Est-ce bien à la physique, à la chimie, à la physiologie, aux mathématiques, de les résoudre? Les sciences n'oublient-elles pas leur nature et leur devoir propre, en empiétant sur un terrain où elles ne peuvent faire que des faux pas? Nier Dieu ne les regarde pas plus que l'affirmer; elles n'ont qu'à observer ses œuvres et à les décrire. Mais la foule ne fait pas ces distinctions; elle croit sans examen aux oracles de la science; elle lui donne la foi, qu'elle refuse au dogme religieux. Pourtant, il est clair que la théologie et la philosophie, uniquement occupées de ces matières ardues, en savent plus que les sciences, qui ne s'en occupent qu'incidemment. Le matérialisme scientifique n'a rien qui le recommande.

Ces déplorables tendances, que seconde une littérature corruptrice, scandalisent et alarment notre siècle. Mais ce n'est pas lui qui en a pris l'initiative ; encore une fois, c'est dans le xviii° siècle que sont nées ces théories, combattues, mais non vaincues, par Voltaire lui-même, qu'elles inquiétaient. On les a vues, un instant, réduites en une grotesque pratique, au milieu des convulsions les plus hideuses de la Révolution. Ces fureurs, dont aucun autre peuple n'a offert le sacrilège exemple, avaient été impuissantes à établir un nouveau culte, sur les ruines de l'ancien. La religion n'avait pas perdu de son influence sur les âmes; elles lui étaient restées fidèles, en attendant le Concordat. Cependant les idées révolutionnaires avaient laissé des germes; ils ont été recueillis et fomentés, à l'usage de notre temps, par quelques esprits grossiers, qui s'enthousiasment des saturnales passées, et qui voudraient y revenir.

C'est d'une recrudescence atténuée de ces folies que nous sommes les témoins attristés. Elles échoueront, comme leurs devancières. Mais elles troublent momentanément la société, qui finira par les repousser; et elles nous déshonorent aux yeux de l'étranger. A les juger froidement, on n'a pas à en craindre la victoire, qui serait la mort de la nation; et l'on peut prédire, à coup sûr, leur chute inévitable. Jamais société n'a existé sans religion; l'histoire l'atteste irrécusablement. Parmi les peuples qui couvrent maintenant la terre, pas un, fût-il le plus farouche, n'est sans culte; on peut descendre aux degrés les plus infimes de l'échelle, on y trouvera toujours l'idée religieuse, reconnaissable sous les traits les plus frustes. Les peuples les plus libres et les plus civilisés sont ceux aussi où les préceptes religieux ont le plus d'empire. Le peuple français ferait-il exception, seul dans les annales du passé, seul dans celles du présent? Si encore l'irréligion avait pour elle la vérité! Mais la raison proteste encore plus haut que l'histoire; la nature de l'homme se soulève contre cette monstruosité, mélange incroyable d'aveuglement, d'orgueil et de despotisme. Veut-on célébrer 89 par le renouvellement de ces orgies? Cette date immortelle doit-elle voir, pour son centenaire, un effondrement moral dont l'humanité aurait à gémir? C'est cependant à cet abîme que nous poussent des forcenés, sous couleur de libre pensée et d'indépendance philosophique.

La philosophie n'a rien à voir à ces extravagances. Seulement, il se trouve quelques philosophes qui, à leur insu peut-être, contribuent à les propager, en inclinant au matérialisme, par imitation de la science. Ils se font physiologistes, en vue de refaire la psychologie, qu'ils ne comprennent point; ils compromettent tout à la fois la psychologie et la physiologie, dans une alliance à laquelle tout répugne, les objets et les méthodes. La vraie philosophie ne peut être que spiritualiste avec Descartes; car du moment que l'esprit abdique devant la matière, il cesse d'être philosophique; il ne se connaît plus, puisqu'il s'est anéanti. De cette mortelle erreur, en découle une autre, non moins fatale, qui nous dérobe entièrement le sens des réalités extérieures, cent fois moins claires que les réalités de la conscience.

Qu'on ne se récrie pas, et qu'on n'accuse pas la philosophie d'imposer le dogme du spiritualisme, aussi despotiquement que la foi impose ses dogmes traditionnels. Entre la philosophie et la religion, il y a cette différence capitale que l'une fait appel à un fait d'expérience, que chacun de nous peut observer sur lui-même, tandis que l'autre fait appel à des témoignages plus ou moins obscurs, que l'on doit accepter, sans élever ni doute ni objection. La philosophie a, de notre temps, doublement tort de se faire matérialiste, pour plaire à la foule; elle trahit la société, et se trahit elle-même ; elle égare les autres, en s'égarant la première, au risque de se suicider.

Les rapports de la philosophie et de la religion, dans notre pays et à l'heure présente, sont donc de la dernière évidence. La raison a reconquis enfin sa liberté et sa pleine indépendance; désormais elle est à l'abri des anciennes persécutions. La lutte a été longue et même, depuis Descartes, il a fallu plus de deux siècles pour que la conquête fût définitive. La libre pensée, qui n'a plus de danger pour qui que ce soit, peut rapporter à la Révolution et au XVIII° siècle son émancipation et sa sécurité. Pourtant, que notre civilisation ne soit pas trop fière de ce triomphe. Répétons-nous donc qu'après la servitude du Moyen Age, nous n'avons fait que remettre la philosophie dans l'heureuse condition dont elle avait joui durant toute l'Antiquité. De Thalès à Justinien, des premiers temps jusqu'à la fermeture des écoles d'Athènes, elle a eu toute franchise; et quand on étudie les admirables monuments qu'elle a élevés à la morale et à la science, on doit trouver que la raison humaine, livrée à ses seules forces, a bien employé les dons que Dieu lui a faits. Après le monde païen, les successeurs n'ont eu qu'à accroître un fécond et glorieux héritage.

Aujourd'hui, délivrée de ses entraves, rétablie dans ses droits, la philosophie doit se garder, avant tout, d'abuser de sa puissance et de sa supériorité rationnelle. Qu'elle n'attaque jamais la religion, par gratitude pour les services qu'elle rend, comme pour les vérités pratiques qu'elle contient, et aussi par respect des convenances sociales. Si la philosophie, quoique demeurant inoffensive, est attaquée, elle peut dédaigner les coups qu'on essayerait de lui porter. La raison, telle que Dieu l'a constituée, est invulnérable. La philosophie doit, en outre, se dire que ses agressions seraient d'autant plus vaines que, la raison ne pouvant jamais remplacer la foi, les ruines qu'elle ferait ne serviraient qu'à un nouvel édifice religieux. Elle sait qu'elle est essentiellement individuelle, et qu'elle ne peut donner aux hommes le lien qui les maintient en société. Elle ne peut même pas se flatter de ramener à elle la foule des indifférents. Quand on ne veut pas se soumettre au joug assez léger de la foi, on se soumet bien moins encore au joug plus austère de la raison. La foi n'exige que l'obéissance; la philosophie demande des labeurs et des méditations que bien peu d'esprits peuvent affronter. Il faut laisser les indifférents, dans leur scepticisme, suivre les règles de la morale courante, sans chercher quelle en est la source. A ce prix facile, leur vie peut encore être assez correcte, sous l'abri d'une société civilisée. Mais ce laisser aller est peu digne d'êtres raisonnables, bien qu'il soit fort répandu. Voltaire, dans ses dernières années, faisait un pamphlet tout exprès contre cette inertie des intelligences : « Il faut prendre un parti », disait-il; et quant à lui, il prenait résolument parti, comme toujours, pour l'existence de Dieu, contre l'athéisme. Son conseil n'a pas été entendu. La philosophie peut-elle espérer être mieux écoutée dans un temps meilleur?

Quant à la religion, sa situation actuelle vis-à-vis de la raison n'est pas moins claire. Instruite par ses anciens malheurs, appliquée plus que jamais à ses devoirs, occupée par-dessus tout du soin sacré de maintenir la moralité publique, elle doit renoncer à l'idée d'une domination absolue, désormais impossible; cette domination n'a pu être que transitoire. Vouée exclusivement à son œuvre, que l'Église se défende de toute immixtion dans la politique, qui lui a toujours été dommageable. Elle peut voir passer devant elle tous les gouvernements, de quelque nature qu'ils soient, sans s'émouvoir, ni de leur chute, ni de leur avènement. A tous tant qu'ils sont, elle rend l'éminent service de leur fournir bien des âmes pures, respectueuses des lois et amies du bien. Qu'elle s'en tienne à l'enseignement religieux, et ne dispute pas aux laïques l'enseignement des lettres et des sciences. Elle en a eu jadis le dépôt et le monopole, au grand profit de ces temps reculés. Mais prétendre aujourd'hui recouvrer ce monopole suranné, c'est un autre anachronisme, qui ne peut que préparer à l'Église des embarras, et peut-être l'humiliation d'efforts stériles. Elle a bien assez de la direction des âmes, sans songer à celle des intelligences. D'ailleurs, les études théologiques ne lui offrent-elles pas, dans les séminaires, un assez vaste champ de progrès? Sans en sortir, et par de sérieuses réformes, ne peut-elle pas rivaliser de lumières avec les laïques, comme elle le faisait au xviie siècle? Les livres saints ne sont destinés qu'à édifier les cœurs; ils ne sont pas faits pour régenter la science, qui n'a de lois à recevoir que de l'exacte observation des phénomènes naturels.

Ces ménagements mutuels, que la philosophie et la religion devraient avoir l'une pour l'autre, sont dans l'intérêt commun de la société, que toutes deux doivent servir. Une tolérance réciproque leur serait également utile et honorable. C'est là leur vraie relation, qui a subsisté dans les temps du paganisme, et qui doit à plus juste titre subsister dans le nôtre. La philosophie, obéissant à la seule raison, sous l'œil de Dieu, n'a point à s'enorgueillir d'un privilège. La voie qu'elle suit est plus haute et plus directe; mais elle vise à un même but. Ce sont des efforts isolés qui l'y conduisent; mais ils n'en sont pas moins heureux, quand c'est le génie qui les inspire et qui les guide. La tolérance coûte peut-être davantage à la religion, parce que le passé, emporté par l'ardeur de la foi, ne la lui a pas apprise.

Mais la tolérance, qui fait implicitement partie de la charité, est aujourd'hui nécessaire; notre société, après toutes les épreuves qu'elle a subies, l'exige pour la paix publique. Si le clergé faisait appel au bras séculier dans un autre intérêt, il ne trouverait aucun appui. L'Église gallicane doit pratiquer la tolérance avec d'autant moins de peine qu'elle a toujours été l'Église la plus libérale de toute la catholicité. Ses libertés sont assez connues; et Bossuet, en inaugurant la grande assemblée de 1682, ne les oublie pas plus qu'on ne les oubliait au concile de Constance. Cette tendance indépendante n'a rien enlevé à l'unité de l'Église universelle. Par une comparaison qui n'est pas déplacée, il semble que la raison et la foi peuvent s'unir dans une idée, plus haute même que celles de la philosophie et de la religion, l'idée du bien, que chacune d'elles poursuit à sa manière, et qui les conduit simultanément à Dieu. Qu'importe qu'on se sépare un instant sur la route, si l'on doit se rencontrer là où elle finit?

Il y a des peuples protestants qui ont su réaliser l'accord pratique de la raison et de la foi, sous la loi de la tolérance. Cet accord ne serait pas moins désirable dans la société française, qui traverse une crise très dangereuse. Les perpetuelles mobilités de la politique y ont ébranlé tous les principes. Ceux même de la morale seraient exposés à être détruits, s'ils pouvaient jamais l'être. C'est à la philosophie, c'est à la religion de les rappeler et de les raffermir. La politique, qui fait tant d'autres révolutions, échoue pour celle-là, en dépit de toutes les mesures plus ou moins pratiques qu'elle peut prendre. On l'a dit souvent, et nous ne saurions trop nous le répéter : « Que peuvent les lois sans les mœurs? » C'est d'une réforme morale que nous avons besoin; il n'y a que la religion et la philosophie qui puissent nous la procurer. Le salut est là Peut-être, serait-il à jamais impossible, si la nation se laissait aller aux suggestions délétères de l'athéisme. La philosophie et la religion, concourant à la même œuvre, ne doivent pas se décourager, puisque notre siècle est, en somme, bien plus moral que celui qui l'a précédé. Il a ses défauts et ses lacunes, même ses vices; mais il n'a pas la perversité de les justifier. Entraîné par ses passions, il ne tente pas du moins de les absoudre, par des théories qui achèvent de corrompre les cœurs, en aveuglant les esprits.

Qu'il prépare, s'il le peut, au siècle qui va le suivre un avenir meilleur que la tradition léguée par son devancier. L'Église de France peut d'autant mieux s'associer à cette généreuse entreprise que la hiérarchie catholique a maintenant à sa tête un sage pontife, qui a su compenser les pertes matérielles par une grandeur morale que l'antique Papauté n'a jamais égalée. Avec un tel chef, honoré de toutes les nations, ami de la raison et de la philosophie, dans les limites où le Saint-Siège peut l'être, les erreurs de conduite ne sont pas probables. La raison n'a rien à perdre au succès croissant de la foi. Loin de là, la philosophie spiritualiste ne peut que gagner au progrès moral de la société.

Aux pessimistes qui ne verraient dans ces perspectives que rêves et utopies, nous répondrons qu'il ne faut pas se défier tant du bon sens français et de la nature humaine, surtout quand on pense que les destinées nationales y sont attachées.

III

La relation de la philosophie à la religion est plus frappante dans le christianisme que dans tout autre culte. Le christianisme seul a subordonné la raison, qu'il a contrainte à se démettre. Rien de pareil ne s'est vu chez d'autres peuples. Aujourd'hui que l'on connaît mieux que jamais l'histoire des religions, on peut les interroger sur ce point; leur réponse sera unanime. Pas une n'a connu cet antagonisme de la raison et de la foi, qui semble si nécessaire pour la religion chrétienne qu'il a duré, dans son sein, pendant près de vingt siècles, et qu'il y tient encore une place considérable. Le brahmanisme, bien que dans les Védas il eût des écritures sacrées, peut-être plus respectées que ne l'a jamais été aucune liturgie, n'a pas songé à établir un credo. Les sectes ont pullulé dans l'Inde sans qu'on songeât un instant à les inquiéter. Le bouddhisme, qui renversait toutes les bases de la société aryenne, a joui, pendant de longs siècles, d'une indépendance absolue pour ses prédications révolutionnaires et pour ses théories métaphysiques. Lorsque plus tard il dut se retirer de la presqu'île, ce fut par des causes sociales et non par des causes religieuses. Dans le monde brahmanique, la liberté était si entière que les systèmes philosophiques, les darçanas, ont pu être impunément athées, aussi bien qu'orthodoxes. Le bouddhisme lui-même, qui a été animé d'une ferveur de propagande aussi vive que l'a été le christianisme, s'est montré d'une tolérance égale à celle du brahmanisme, son rival. Il a eu ses conciles, ses écritures canoniques, son symbole; mais il n'a jamais empêché aucun de ses sectateurs de se faire hérétique, dans la mesure où chacun l'a voulu. Le mahométisme, dans son expansion belliqueuse, qui a eu la violence d'un incendie, n'a prétendu qu'à la conquête matérielle. Il n'était pas assez raffiné pour scruter les consciences; il demandait le tribut, bien plus que la soumission des intelligences; et les écoles de philosophie se sont librement multipliées au Caire, à Bagdad, à Damas, en Espagne. Autant que l'état actuel de la philologie permet de juger les doctrines du mazdéisme, et celles du Japon et de la Chine, il n'y a pas trace dans ces doctrines d'une opposition entre la foi et la raison. Partout, chez ces peuples bien moins cultivés que nous, l'esprit humain s'est décidé, comme il l'a pu, sur la solution des grands problèmes qui le sollicitent; il n'a jamais été surveillé par une autorité extérieure, qui lui dictât ses croyances. C'est aussi ce qui était arrivé dans le monde grec et romain, prédécesseur et père du nôtre.

La religion chrétienne a-t-elle bien fait d'en agir autrement? A cette question, la réponse ne saurait être douteuse, ni théoriquement ni pratiquement. Au point de vue théorique, les droits de la raison, si longtemps incontestés avant le christianisme, sont tellement supérieurs qu'il les a reconnus lui-même, en lui demandant de les abdiquer, « obsequium rationabile ». Pratiquement, c'est l'histoire qui résout cette question délicate.

Voilà dix-neuf siècles que le christianisme est apparu dans le monde, alors en dissolution. En voilà quinze ou seize qu'il a arrêté son symbole, et qu'il l'a conservé absolument intact, grâce à une hiérarchie puissante. Sous l'égide de ce symbole, et en s'inspirant de ces croyances, les nations les plus civilisées et les meilleures se sont développées, et se développent de jour en jour. Elles ne songent pas à abjurer la foi qui a présidé à leur berceau, qui les a soutenues dans leur croissance, et qui peut encore abriter un avenir brillant et sans terme. Le protestantisme, qui s'est cru autorisé à rompre l'unité, n'en a pas moins conservé la foi antique.

Pour lui, l'Écriture sainte reste toujours la parole de Dieu; mais il laisse à chaque fidèle le soin de la commenter à son gré. C'est là une liberté très périlleuse, et tout ensemble très insuffisante. Ce moyen terme ne peut satisfaire ni la philosophie, ni la foi : l'une, trouvant que cette liberté est incomplète; l'autre, trouvant qu'elle est excessive. Dans le protestantisme et dans le catholicisme, c'est la tolérance qui a tranché la difficulté, en permettant à la minorité d'adopter sa voie particulière, et à l'innombrable majorité de suivre et de continuer la grande route du genre humain. La paix publique est affermie par cette transaction. La religion n'y perd que quelques adeptes, dont le petit nombre n'ôte rien à son influence bienfaisante. Elle y gagne même de renoncer à la pensée de répressions qui nuisent peut-être plus à ceux qui les exercent qu'à ceux qui en souffrent.

Que si des libres penseurs objectent encore à

l'établissement religieux ses imperfections, attestées si souvent par l'histoire authentique, on peut faire remarquer aux philosophes qu'ils n'ont pas à insister sur ces justes critiques. Comme ils ne voient dans l'Église qu'une institution humaine, ils ne peuvent guère s'étonner de trouver que cette institution soit défectueuse à certains égards, ainsi que le sont toutes les œuvres des hommes.

La philosophie ne résiste pas davantage à l'examen; et la preuve, c'est la multiplicité indéfinie des systèmes les plus contradictoires. La Papauté n'a pas toujours été irréprochable dans les personnages qui l'ont représentée; il y a eu des pontifes qui ont déshonoré le siège qu'ils occupaient; l'Église a été bien des fois persécutrice, au lieu d'être une mère charitable. Toutes ces récriminations sont vraies. Mais qu'on nous montre une seule institution humaine qui n'ait eu ses défaillances. Encore une fois, que d'accusations non moins fortes ne pourrait-on pas porter contre la liberté, et contre tous les pouvoirs, monarchiques ou républicains! Si les principes les plus sacrés sont mal appliqués, c'est uniquement parce que ceux qui les appliquent ne sont pas infaillibles, et que, sujets à toutes les passions qui aveuglent et subjuguent l'homme, ils y succombent comme les autres mortels. La religion a contre elle bien des témoignages, et l'antique objurgation de Lucrèce a eu de retentissants échos. Mais depuis quand est-ce juger équitablement les choses que d'en considérer un seul côté? Quand le bien l'emporte en elles sur le mal, comme nous le soutenons, il n'en faut pas plus pour leur concilier la reconnaissance et l'estime des nations. C'est là précisément le cas de la religion chrétienne. Comparée à toutes les autres, dans ses dogmes, dans sa morale, dans son action, dans son gouvernement, elle leur est incommensurablement supérieure; et tout ce qui y porterait une profonde atteinte serait un dommage pour la civilisation et pour l'humanité. Le jubilé du pontife actuel a fait voir l'opinion du monde entier; et cet hommage universel doit, avec tant d'autres motifs, apprendre, aux hommes d'État les plus éclairés, une bienveillance sincère pour la religion; et aux philosophes les plus indépendants, une vénération sympathique.

DERNIÈRE PARTIE

CONCLUSIONS

Après tout ce qui précède, il faut préciser les résultats de cette longue étude. En ces matières, on doit être d'autant plus clair et plus positif qu'elles sont plus importantes. Résumons-nous et concluons, sans crainte de nous répéter.

La philosophie est, de tous les emplois de l'esprit et de la raison, le plus élevé et le plus libre. Son indépendance n'a de bornes que les bornes mêmes de l'esprit humain. La raison ne reçoit de lois de personne; elle n'obéit qu'aux lois qu'elle porte en elle-même, émanation directe de l'intelligence infinie et toute-puissante, qui a créé l'univers et qui le gouverne.

La philosophie a trois objets : l'homme, le monde et Dieu. Ces trois objets, considérés dans leur généralité, représentent la totalité des choses. De là vient la suprême grandeur de la science philosophique, essayant d'embrasser et de comprendre le tout, dans la mesure qui est permise à notre faiblesse. Les questions qu'elle traite ont été, chez tous les peuples, à toutes les époques, agitées et résolues, selon les circonstances et selon les lumières du temps. Dans les annales de la philosophie, le premier rang et le plus beau appartient à la Grèce. Les Modernes, depuis deux siècles, n'ont fait que reprendre la trace de leurs devanciers; et, s'ils les ont dépassés, c'est en se mettant à leur école. La chaîne des âges, un instant interrompue, ayant été renouée, on peut espérer qu'elle ne risque plus d'être brisée.

La philosophie n'a point à s'enorgueillir de la place supérieure qu'elle occupe dans l'intelligence. La fonction qu'elle remplit est nécessaire. Toutes les autres applications des facultés intellectuelles ne sont que des analyses d'objets particuliers; et comme l'analyse est toujours faite en vue d'une synthèse, qui cherche à expliquer les choses en les réunissant, la synthèse universelle, dont est chargée la philosophie, est tellement indispensable que l'humanité n'a jamais pu s'y soustraire. Le mérite des solutions proposées, soit par les systèmes religieux, soit par les systèmes philosophiques, est en proportion de la somme de vérité qu'ils contiennent, et dont la raison reste dans chaque individu le souverain juge.

La philosophie se conforme d'autant mieux aux exigences de son devoir que ses labeurs sont plus réguliers. Afin d'y parvenir, l'esprit, qui ne peut tirer que de lui seul les règles capables de le préserver de l'erreur, a reçu la faculté de se replier sur lui-même; il peut se prendre pour le sujet de ses propres observations, comme il y soumet les objets extérieurs. C'est ce travail intime qui constitue la méthode. La réflexion appartenant exclusivement à la philosophie, elle seule a le droit d'imposer les lois de la raison à toutes les sciences, parce que toutes les sciences relèvent de l'esprit. Lorsque les sciences spéciales s'occupent de la méthode, elles cessent d'être ce qu'elles sont. Cette excursion leur est toujours permise, à la condition de savoir qu'elles sortent de leur domaine, pour entrer dans un domaine plus large que le leur. La philosophie est ainsi la mère des sciences, en leur donnant la direction qu'elles doivent suivre, sous peine de s'égarer. Les Anciens avaient senti ce besoin aussi vivement que nous le sentons; ils avaient même pratiqué la méthode avec grands succès, comme l'attestent les monuments qu'ils nous ont légués. Mais c'est notre dix-septième siècle et Descartes qui ont éclairé, d'une lumière à jamais immuable, les vrais fondements de la méthode. La philosophie, qui, d'après les objets qu'elle étudie, peut être appelée la science des principes et des causes, comme l'a dit Aristote, est aussi, par la méthode qu'elle recommande, la régulatrice de l'esprit, dans toutes les œuvres auxquelles il se livre.

Quand par hasard les sciences se font les adversaires de la philosophie, elles méconnaissent les services qu'elles en reçoivent. Mais cette ingratitude, qui ne peut que tourner à leur détriment, ne saurait être durable. Pour peu que les sciences veuillent approfondir ce qu'elles sont et comment elles agissent, elles sont amenées à voir les liens secrets par lesquels elles tiennent à la philosophie, puisque, sans la philosophie, elles manqueraient de base. Les sciences peuvent réussir tout en ignorant ces rapports nécessaires. Elles obéissent alors à une sorte d'instinct qui ne les trompe pas; mais plus elles s'éloignent de la philosophie, plus elles montrent par leurs faux pas le besoin qu'elles en ont. Aussi les dissentiments entre la philosophie et les sciences sont-ils passagers et facilement conciliables; témoin les philosophes qui ont été des savants de génie, Aristote et Descartes, pour ne citer qu'eux. Mais il est plus rare que des savants soient des philosophes.

Entre la philosophie et la religion, l'accord, sans être impossible, ne peut jamais aller aussi loin, parce que l'une et l'autre prétendent à la suprématie. Pour notre part, nous n'hésitons pas à donner l'empire à la raison, que Dieu a faite indépendante et libre. Sur ce point décisif, nous avons avec nous l'Antiquité tout entière, à qui nous devons en grande partie ce que nous sommes. Au témoignage de l'histoire, nous joignons le témoignage de la raison, encore bien plus éclatant. Ce droit supérieur de la philosophie a été supprimé pendant bien des siècles, et elle a dû se taire durant le Moyen Age. Nous n'avons pas à nous étonner de ce silence. Après l'écroulement du monde ancien, la religion seule a eu la parole, parce qu'elle seule pouvait se faire écouter par des multitudes barbares, de qui la philosophie ne pouvait se faire entendre. Mais ces temps sont passés, et ils ne reviendront pas.

La philosophie, rentrée dans ses droits imprescriptibles, doit se garder d'en abuser. Au nom de la paix sociale, elle doit pratiquer une tolérance qu'on n'a pas eue envers elle. La vengeance, inspirée par la haine, serait un déshonneur pour la philosophie, qui peut être persécutée, mais qui ne persécute jamais, persuadée qu'il vaut mieux être victime que bourreau. Des philosophes, qui justifiaient mal ce beau nom, ont pu se laisser aller à de blâmables rancunes; ils n'ont fait tort qu'à eux-mêmes, et à la noble cause qu'ils croyaient défendre. La philosophie vraie, qui est nécessairement spiritualiste, n'a aucune peine à rendre à la religion la justice qui lui est due. Elle sait qu'entre la raison et la foi traditionnelle, bien des principes sont communs; et ces principes, étant les plus essentiels de tous, doivent, si on les comprend bien de part et d'autre, apaiser un antagonisme dangereux.

Un motif péremptoire qui doit empêcher la philosophie de tenter jamais de se substituer à la religion, c'est que la philosophie est purement individuelle, ainsi que la raison, tandis que la religion est sociale avant tout. Le sacerdoce, quelque dominateur qu'on le suppose, ne peut pas violenter les consciences, quand elles veulent garder leur indépendance naturelle, puisque Dieu leur a donné une force invincible. Il y a donc des deux parts une égale impossibilité. La foi ne peut pas plus étouffer la raison, que la philosophie ne peut remplacer la foi, l'une malgré les lois qui viennent immédiatement de Dieu, l'autre en dépit des conditions de toutes les sociétés humaines. En présence d'obstacles pareillement insurmontables, il semble que la paix serait facile sur le terrain de la tolérance réciproque, si la sagesse pouvait dompter les passions dont l'homme est trop souvent l'aveugle jouet. Quand on travaille pour le bien de l'humanité, avec un égal désintéressement, doit-on jamais trouver que les concessions mutuelles soient trop chères? La religion peut se dire qu'elle a pour clients des nations innombrables, tandis que les rares adeptes de la philosophie ne forment jamais qu'une minorité imperceptible, qui ne pèse qu'autant qu'elle a pour elle la raison et la vérité.

De toutes les religions qui règnent actuellement, ou qui ont régné jadis sur la terre, le christianisme est, sans comparaison, la plus vraie, la plus bienfaisante et la plus sainte. Il n'est pas la plus ancienne; mais, depuis dix-neuf cents ans, c'est lui qui régit les croyances des nations civilisées et des races les meilleures. Le catholicisme, légitime héritier du passé, est l'institution religieuse et morale la plus féconde que les hommes aient jamais fondée, parce qu'il sait s'améliorer tout en restant fidèle à la tradition. Si comme toutes les autres institutions humaines, l'Église est sujette à commettre des fautes, il faut, en vue de l'intérêt public, ne les lui signaler qu'avec un respect sincère, et par la seule considération du bien, idée à laquelle la religion doit se soumettre aussi docilement que la raison la plus indépendante.

Que si l'on prend pour une utopie la rapide esquisse que nous venons de tracer du rôle de la philosophie, nous pourrions regretter d'avoir été mal compris; mais notre conviction n'en serait pas ébranlée. A nos yeux, la philosophie resterait toujours tellement belle que, selon le dire d'un ancien, les Dieux mêmes l'envieraient aux mortels, si jamais la jalousie pouvait approcher de l'âme des Dieux. (Aristote, Métaphysique, I, 19.)

FIN

TABLE ANALYTIQUE DES MATIÈRES

PREMIÈRE PARTIE

La philosophie au XIXᵉ siècle.

(Pages 1 à 30.)

La philosophie n'a pas besoin d'une apologie, quoiqu'elle ait des détracteurs et des ennemis, p. 1; elle est spiritualiste, p. 2; axiome de Descartes, *ibid.* rôle de la philosophie dans la société française, p. 3; les sciences inclinent au matérialisme, p. 4; état actuel de la philosophie dans le monde, *ibid.*; dans l'islamisme, en Afrique; dans la Chine et dans l'Inde, p. 5; en Europe, en Allemagne, p. 6; en Angleterre, p. 7; direction fâcheuse de Bacon, *ibid.*; vaine tentative des Écossais pour faire de la philosophie une science naturelle, p. 8; les libres penseurs anglais, p. 9; philosophie française, grand rôle de M. Victor Cousin, ses mérites, pp. 9, 10, 11; insuffisance de l'éclectisme, p. 12; philosophie en Italie et aux États-Unis, p. 13; la philosophie n'est point un privilège; elle n'est qu'un état d'esprit, permis à tous les hommes, p. 14; citation de Sénèque, p. 15; l'histoire de la philosophie n'a que deux époques, l'une de liberté dans l'Antiquité grecque et romaine, l'autre de sujétion depuis le symbole de Nicée jusqu'à Descartes, pp. 15, 16; le despotisme sacerdotal, p. 17; pérennité de la philosophie; portrait du philosophe par Platon, p. 18; stoïcisme, p. 19; idéal de l'historien de la philosophie et du philosophe, p. 20; ce que sont les systèmes de philosophie, p. 21; individualisme, *ibid.*; dispositions du siècle à l'égard de la philosophie, p. 22; ombrages de l'Église, *ibid.*; inimitié des sciences, entraînées à l'athéisme, p. 23; services que les sciences peuvent rendre à la philosophie, p. 24; situation particulière de la philosophie française, pp. 25 et 26; obstacle qui peut s'opposer à son succès, p. 27; espérance qu'on doit concevoir, p. 28; nécessité de la foi philosophique et religieuse, p. 29; supériorité de la raison...... 30

DEUXIÈME PARTIE

La philosophie et les sciences.

(Pages 31 à 112.)

Opinion de Claude Bernard sur les rapports de la philosophie et des sciences, p. 31; exagération des mérites de la méthode expérimentale, p. 32; singulière définition de la vie par Claude Bernard, p. 33; il proscrit la recherche des causes premières, *ibid.*; sa théorie sur les trois périodes de l'intelligence humaine, p. 34; ses défiances contre la philosophie, pp. 35 et 36; positivisme de M. Auguste Comte, p. 37; négation de la philosophie, p. 38; négation de la psychologie et du fait de conscience, p. 39; erreur sur l'histoire des sciences et sur ses trois périodes, *ibid.*; religion fondée par M. Auguste Comte, p. 41; sa classification des sciences, p. 42; méconnaissance de la philosophie, réduite à un résumé des sciences, pp. 43 et 44; M. Auguste Comte se trompe sur ses prétendus devanciers, p. 45; il se trompe également en proscrivant l'étude des causes finales, p. 47; orgueil déplacé du positivisme, p. 48; Ampère et sa classification des sciences, p. 49; attaques de quelques philosophes contre la philosophie, p. 50; critiques de Jouffroy, qui veut, comme les Écossais, faire de la philosophie une science naturelle, p. 51; tentative infructueuse de Kant, pp. 52, 53 et 54; l'étude de la philosophie supprimée par le second Empire dans les écoles de l'État, p. 55; M. Victor Cousin, p. 56; idée générale de la philosophie, p. 57; marche nécessaire de l'esprit humain, p. 58; insatiable désir de savoir dans l'homme, *ibid.*; il n'y a pas d'antagonisme entre la philosophie et les sciences, p. 59; la philosophie essaye d'embrasser le tout, dont les sciences n'étudient qu'une partie spéciale, p. 60; utilité de la méthode, qui ne regarde que la philosophie, p. 61; erreur de quelques savants sur la méthode, p. 62; généralité de la méthode, p. 63; la raison est la source de la méthode, p. 64; grandeur de Descartes, p. 65; son génie n'est pas assez apprécié de quelques philosophes, p. 66; petit nombre des philosophes, p. 67; rapports étroits de la philosophie aux sciences, p. 68; insuffisance du témoignage des sens, p. 69; fondements de la certitude, p. 70; emprunts que les sciences font nécessairement à la métaphysique, substance, durée, espace, p. 71; vaines tentatives des sciences pour se passer de la philosophie et s'unir entre elles. p. 72; définition de la philosophie par Aristote, p. 73; caractère moral de l'axiome cartésien, *ibid.*; spiritualité de l'âme, existence de Dieu, p. 74; erreur et danger de l'athéisme, p. 75; humilité nécessaire du philosophe devant Dieu, p. 76; le spiritualisme est le fondement de la moralité, p. 77; la philosophie est la science par excellence, p. 78; part essentielle de l'esprit dans la formation de la science, p. 79; réfutation de Jouffroy, p. 80; individualisme de la philosophie, rapproché de celui de la poésie, p. 81; difficultés particulières qui s'opposent aux progrès de la philosophie, p. 82; accumulation des faits scientifiques, pp. 82 et 83; influence indirecte de la philosophie, p. 83; multiplication des sciences, p. 84; immuabilité de l'objet de la philosophie, p. 86; universalité de la philosophie, p. 87; conformité de la philosophie et de la religion à certains regards, p. 88; respect que l'une et l'autre inspirent, *ibid.*; opinions anciennes et modernes sur la nature de la philosophie, p. 89; Pythagore, *ibid.*; Platon, p. 90; Aristote, pp. 91 et 92; Sénèque, Descartes, p. 94; pas de dissentiments essentiels entre la philosophie et les sciences, p. 95; spiritualisme défendu par M. V. Cousin, p. 96; dangers qu'il court actuellement, p. 97; dangers encore plus grands que court la science, *ibid.*; vogue exagérée dont jouissent les sciences, p. 98; excès de l'analyse, p. 99; danger de la science appliquée à l'industrie, p. 101; vocation essentiel du savant, p. 102; erreur de Descartes lui-même sur le but de la philosophie, p. 103; erreur de Bacon surtout, p. 104; et de lord Macaulay, p. 105; témoignage de l'histoire contraire à cette conception de la philosophie, p. 106; devoir réel de la philosophie, p. 108; preuves de son action, p. 109; conciliation facile des sciences et de la philosophie.................................... 111

TROISIÈME PARTIE

La philosophie et la religion.

(Pages 113 à 196.)

Différence des rapports de la philosophie et de la religion, p. 113; la raison ne peut pas abdiquer, p. 114; opposition de la raison et de la foi, p. 115; nécessité de la tolérance réciproque, *ibid.*; titres de la religion, p. 116; les deux sœurs immortelles, p. 117; méthode pour reconnaître les vrais rapports de la raison et de la foi, p. 118; l'homme civilisé du XIXe siècle, *ibid.*; intelligence humaine, dans toutes ses applications, p. 119; grandeur de l'homme et son privilège, p. 120; l'homme, être moral, p. 121; la loi naturelle, p. 122; l'homme social, p. 123; brièveté et beauté de la vie, p. 125; place de l'homme dans l'univers, p. 126; bonheur de l'homme, p. 127; erreur du pessimisme, *ibid.*; paradoxe insoutenable qui fait de l'homme un animal uniquement, p. 129; la raison dans l'homme, problèmes qu'elle se pose, p. 130; définition de la raison d'après Fénelon, pp. 131 et 132; raison impersonnelle d'après M. Victor Cousin, p. 133; c'est par la raison que Dieu se communique à l'homme, *ibid.*; faiblesse et dignité de l'homme, p. 134; la vie future, p. 135; exemple de Socrate, p. 136; emploi de la raison, devoirs de la philosophie, p. 137; la philosophie permise à tous les hommes, p. 138; nouveau témoignage de Descartes et de Sénèque, p. 139; universalité de la raison et son absolue liberté, p. 140; autre exemple de Socrate, *ibid.*; individualisme philosophique, p. 141; action spéciale de la philosophie, p. 142; les quatre systèmes, p. 143; définition de la philosophie d'après le Phédon, p. 144; position du philosophe dans la société, p. 145; erreur de Labruyère, *ibid.*; opinion de Platon, p. 146; nombre minime des philosophes, p. 147; entreprise contre la raison, à laquelle on substitue la foi, p. 149; théorie de la foi, Bossuet, pp. 150 et 151; l'Église romaine, p. 152; ses débuts, *ibid.*; le catholicisme, p. 153; symbole de Nicée, p. 154; hiérarchie sacerdotale comparée à l'organisation de l'Empire romain, p. 155; despotisme ecclésiastique, *ibid.*; fortune de la Papauté, p. 156; causes de son succès, p. 157; organisation puissante, pp. 158 et 159; soumission de la raison jusqu'au temps de Descartes, p. 160; part de la raison durant le Moyen Age, saint Thomas d'Aquin, *ibid.*; concile de Trente, p. 161; doctrines sur la raison, Bossuet, pp. 162 à 169; Fénelon, pp. 169 à 172; Pascal, pp. 172 à 175; M. de Frayssinous, pp. 175 et 176; comparaison de la philosophie et de la religion, p. 177; supériorité de la raison, antérieure, universelle en deux sens, divine, p. 178; côtés faibles de la philosophie, p. 179; elle ne peut constituer des sociétés, *ibid.*; la tolérance n'appartient qu'à la philosophie, p. 180; difficulté de la tolérance véritable, p. 181; avantage social de la religion, *ibid.*; unité, soumission, bienfaits, pp. 182 et 183; utilité pratique de toutes les religions, védisme, bouddhisme, mazdéisme, islam, paganisme, pp. 183 et 184; les écritures sacrées, p. 184; le culte, p. 185; autorité du catholicisme, p. 186; destinée historique et purement humaine de la Papauté, p. 187; écueils communs de la philosophie et de la religion, p. 188; tolérance recommandée aux deux partis 190

QUATRIÈME PARTIE

La philosophie et la religion en France.

(Pages 191 à 266.)

Importance politique de la religion, p. 191; devoirs des hommes d'État, p. 192; témoignages de Polybe, p. 193; de Machiavel, p. 194; de Montesquieu, p. 195; de Tocqueville, p. 196; danger que court l'Église en se mêlant de politique, p. 197; état de la religion au XVIII° siècle, richesses du clergé, p. 198; ses biens de droit divin, p. 199; ses mœurs respectables, *ibid.*; son intolérance, p. 200; indignation des esprits indépendants, p. 201; rôle de Voltaire, p. 201; son déisme constant, p. 202; il en néglige une conséquence évidente, p. 203; ses velléités chrétiennes, p. 204; son ironie générale, p. 205; ses contradictions, p. 206; religion naturelle, loi naturelle, pp. 206 et 207; anathème de Royer-Collard contre Voltaire, p. 208; rôle de J.-J. Rousseau, pp. 209 et 210; souffrances de la religion pendant la Révolution, p. 211; biens du clergé pris par la nation, p. 211; légitimité de cette mesure, p. 212; constitution civile du clergé, erreur de la Constituante, p. 213; persécutions, profanations, durant la Terreur, p. 214; épouvantables épreuves de l'Église, p. 215; et de la nation, *ibid.*; rénovation du clergé, p. 216; le Concordat, *ibid.*; sagesse du premier Consul, p. 217; conséquences admirables du Concordat, p. 219; attitude nouvelle du clergé sous le premier Empire, p. 222; fautes énormes de Napoléon, p. 223; ses sévices contre Pie VII, *ibid.*; réaction européenne, à laquelle prend part le clergé français, p. 224; rétablissement d'une religion d'État par la Restauration, p. 225; monopole de l'enseignement public remis à l'Église, p. 226; excès du clergé, p. 227; les congrégations sous Charles X, ordonnances de 1828, p. 228; le clergé sous Louis-Philippe, p. 229; retraite des Jésuites en 1845; le clergé sous la seconde République, p. 230; loi de 1850, jugée par Mgr Dupanloup et par M. Guizot, pp. 231 et 232; le clergé sous le second Empire, p. 233; attitude équivoque de part et d'autre, p. 234; destruction du pouvoir temporel par suite de la guerre d'Italie, p. 235; dogmes nouveaux de Pie IX, pp. 237 et 238; l'Encyclique et le syllabus, pp. 238 et 239; attaques à la philosophie, p. 240; Encyclique plus modérée de 1870, *ibid.*; dévouement du clergé pendant la guerre de 1870, p. 241; sa prudence en 1871, p. 242; ses fautes, le temple de Montmartre, p. 243; usurpation de la collation des grades, p. 244; résistance factieuse des congrégations en 1881, p. 245; réaction libérale, p. 246; autres fautes, les miracles modernes, p. 247; excès du radicalisme en sens contraire, p. 248; renaissance de l'athéisme, même dans les sciences, p. 249; traditions révolutionnaires, p. 251; la philosophie est étrangère à ces aberrations, p. 252; devoirs de la philosophie spiritualiste dans la crise actuelle, pp. 254 et 255; devoirs de la religion, p. 256; ménagements mutuels dans l'intérêt de la société, p. 257; la tolérance chez les peuples protestants, p. 259; nécessité d'une réforme morale en France, *ibid.*; association patriotique de la philosophie et de la religion, p. 260; rapports généraux de la raison et de la foi chez presque tous les peuples, p. 261; brahmanisme, bouddhisme, islamisme, paganisme, pp. 262 et 263; exception dans le christianisme, p. 263; réponse aux objections contre l'autorité de l'Église, p. 265; le bien l'emporte infiniment sur le mal, p. 266; supériorité incomparable du christianisme.................................. 266

CINQUIÈME ET DERNIÈRE PARTIE

Conclusions.

(Pages 267 à 274.)

Liberté et indépendance de la raison: les trois objets généraux de la philosophie, p. 267; importance de la Grèce, p. 268; nécessité de la synthèse, *ibid.*; origine et autorité de la méthode, p. 269; son ancienneté, *ibid.*; la philosophie recommande et impose la méthode aux sciences, p. 271; rôle bienfaisant de la religion éclairant les barbares, *ibid.*; émancipation de la philosophie et de la raison, *ibid.*; respect et sympathie de la philosophie pour la religion, p. 272; rôle tout individuel de la philosophie, rôle social de la religion, p. 273; l'idée du bien doit également inspirer la philosophie et la religion, *ibid.*; beauté du christianisme et du catholicisme, *ibid.*; suprématie de la philosophie, souveraineté de la raison, p. 274.

FÉLIX ALCAN, ÉDITEUR

CATALOGUE
DES
LIVRES DE FONDS
(PHILOSOPHIE — HISTOIRE)

TABLE DES MATIÈRES

	Pages.		Pages.
BIBLIOTHÈQUE DE PHILOSOPHIE CONTEMPORAINE.		BIBLIOTHÈQUE HISTORIQUE ET POLITIQUE.	14
Format in-12	2	PUBLICATIONS HISTORIQUES ILLUSTRÉES.	14
Format in-8	4	RECUEIL DES INSTRUCTIONS DIPLOMATIQUES.	14
COLLECTION HISTORIQUE DES GRANDS PHILOSOPHES.	7	INVENTAIRE ANALYTIQUE DES ARCHIVES DU MINISTÈRE DES AFFAIRES ÉTRANGÈRES	15
Philosophie ancienne	7	ANTHROPOLOGIE ET ETHNOLOGIE	15
Philosophie moderne	7	REVUE PHILOSOPHIQUE	16
Philosophie écossaise	8	REVUE HISTORIQUE	16
Philosophie allemande	8	ANNALES DE L'ÉCOLE LIBRE DES SCIENCES POLITIQUES	17
Philosophie allemande contemporaine	9	BIBLIOTHÈQUE SCIENTIFIQUE INTERNATIONALE	18
Philosophie anglaise contemporaine	9	Par ordre d'apparition	18
Philosophie italienne contemporaine	10	Par ordre de matières	21
OUVRAGES DE PHILOSOPHIE POUR L'ENSEIGNEMENT SECONDAIRE	11	OUVRAGES DIVERS NE SE TROUVANT PAS DANS LES COLLECTIONS PRÉCÉDENTES	24
BIBLIOTHÈQUE D'HISTOIRE CONTEMPORAINE	12	BIBLIOTHÈQUE UTILE	31
BIBLIOTHÈQUE INTERNATIONALE D'HISTOIRE MILITAIRE	13		

On peut se procurer tous les ouvrages qui se trouvent dans ce Catalogue par l'intermédiaire des libraires de France et de l'Étranger.

On peut également les recevoir *franco* par la poste, sans augmentation des prix désignés, en joignant à la demande des TIMBRES-POSTE FRANÇAIS ou un MANDAT sur Paris.

PARIS
108, BOULEVARD SAINT-GERMAIN, 108
Au coin de la rue Hautefeuille.

OCTOBRE 1888

Les titres précédés d'un *astérisque* sont recommandés par le Ministère de l'Instruction publique pour les Bibliothèques et pour les distributions de prix des lycées et des collèges. — Les lettres V. P. indiquent les volumes adoptés pour les distributions de prix et les Bibliothèques de la Ville de Paris.

BIBLIOTHÈQUE DE PHILOSOPHIE CONTEMPORAINE
Volumes in-12 brochés à 2 fr. 50.

Cartonnés toile. 3 francs. — En demi-reliure, plats papier. 4 francs.

Quelques-uns de ces volumes sont épuisés, et il n'en reste que peu d'exemplaires imprimés sur papier vélin; ces volumes sont annoncés au prix de 5 francs.

ALAUX, professeur à la Faculté des lettres d'Alger. Philosophie de M. Cousin.
AUBER (Éd.). Philosophie de la médecine.
BALLET (G.), professeur agrégé à la Faculté de médecine. Le Langage intérieur et les diverses formes de l'aphasie, avec figures dans le texte. 2ᵉ édit. 1888.
* BARTHÉLEMY SAINT-HILAIRE, de l'Institut. De la Métaphysique.
* BEAUSSIRE, de l'Institut. Antécédents de l'hégélianisme dans la philosophie française.
* BERSOT (Ernest), de l'Institut. Libre Philosophie. (V. P.)
* BERTAULD, de l'Institut. L'Ordre social et l'Ordre moral.
— De la Philosophie sociale.
BINET (A.). La Psychologie du raisonnement, expériences par l'hypnotisme.
BOST. Le Protestantisme libéral.
BOUILLIER. Plaisir et Douleur. Papier vélin. 5 fr.
* BOUTMY (E.), de l'Institut. Philosophie de l'architecture en Grèce. (V. P.)
* CHALLEMEL-LACOUR. La Philosophie individualiste, étude sur G. de Humboldt. (V. P.)
COIGNET (Mᵐᵉ C.). La Morale indépendante.
COQUEREL Fils (Ath.). Transformations historiques du christianisme.
— La Conscience et la Foi.
— Histoire du Credo.
COSTE (Ad.). Les Conditions sociales du bonheur et de la force. (V. P.)
DELBŒUF (J.). La Matière brute et la Matière vivante. Étude sur l'origine de la vie et de la mort.
ESPINAS (A.), doyen de la Faculté des lettres de Bordeaux. La Philosophie expérimentale en Italie.
FAIVRE (E.), professeur à la Faculté des sciences de Lyon. De la Variabilité des espèces.
FÉRÉ (Ch.). Sensation et Mouvement. Étude de psycho-mécanique, avec figures.
— Dégénérescence et Criminalité, avec figures. 1888.
FONTANÈS. Le Christianisme moderne.
FONVIELLE (W. de). L'Astronomie moderne.
* FRANCK (Ad.), de l'Institut. Philosophie du droit pénal. 3ᵉ édit.
— Des Rapports de la religion et de l'État. 2ᵉ édit.
— La Philosophie mystique en France au XVIIIᵉ siècle.
* GARNIER. De la Morale dans l'antiquité. Papier vélin. 5 fr.
GAUCKLER. Le Beau et son histoire.
HAECKEL, prof. à l'Université d'Iéna. Les Preuves du transformisme. 2ᵉ édit.
HARTMANN (E. de). La Religion de l'avenir. 2ᵉ édit.
— Le Darwinisme, ce qu'il y a de vrai et de faux dans cette doctrine. 3ᵉ édit.
* HERBERT SPENCER. Classification des sciences, trad. de M. Cazelles. 4ᵉ édit.
— L'Individu contre l'État, traduit par M. Gerschel. 2ᵉ édit.

Suite de la *Bibliothèque de philosophie contemporaine*, format in-12
à 2 fr. 50 le volume.

* JANET (Paul), de l'Institut. Le Matérialisme contemporain. 4° édit.
— * La Crise philosophique. Taine, Renan, Vacherot, Littré.
— * Philosophie de la Révolution française. 4° édit. (V. P.)
— * Saint-Simon et le Saint-Simonisme.
— Les Origines du socialisme contemporain.
* LAUGEL (Auguste). L'Optique et les Arts. (V. P.)
— * Les Problèmes de la nature.
— * Les Problèmes de la vie.
— * Les Problèmes de l'âme.
— * La Voix, l'Oreille et la Musique. Papier vélin.   5 fr.
LEBLAIS. Matérialisme et Spiritualisme.
* LEMOINE (Albert), maître de conférences à l'Ecole normale. Le Vitalisme et l'Animisme.
— * De la Physionomie et de la Parole.
LEOPARDI. Opuscules et Pensées, traduit par M. Aug. Dapples.
LEVALLOIS (Jules). Déisme et Christianisme.
* LÉVÊQUE (Charles), de l'Institut. Le Spiritualisme dans l'art.
— * La Science de l'invisible.
LÉVY (Antoine). Morceaux choisis des philosophes allemands.
* LIARD, directeur de l'Enseignement supérieur. Les Logiciens anglais contemporains. 2° édit.
— * Des définitions géométriques et des définitions empiriques. 2° édit.
MARIANO. La Philosophie contemporaine en Italie.
* MARION, professeur à la Faculté des lettres de Paris. J. Locke, sa vie, son œuvre.
* MILSAND. L'Esthétique anglaise, étude sur John Ruskin.
MOSSO. La Peur. Étude psycho-physiologique, trad. de l'italien par F. Hément (avec figures).
ODYSSE BAROT. Philosophie de l'histoire.
PAULHAN. Les Phénomènes affectifs et les lois de leur apparition. Essai de psychologie générale.
PI Y MARGALL. Les Nationalités, traduit par M. L. X. de Ricard.
* RÉMUSAT (Charles de), de l'Académie française. Philosophie religieuse.
RÉVILLE (A.), professeur au Collège de France. Histoire du dogme de la divinité de Jésus-Christ. Papier vélin.   5 fr.
RIBOT (Th.), directeur de la *Revue philos*. La Philosophie de Schopenhauer. 3° édition.
— * Les Maladies de la mémoire. 5° édit.
— Les Maladies de la volonté. 5° édit.
— Les Maladies de la personnalité. 2° édit.
— La Psychologie de l'attention. 1888.
RICHET (Ch.), professeur à la Faculté de médecine. Essai de psychologie générale (avec figures).
ROISEL. De la Substance.
SAIGEY. La Physique moderne. 2° tirage. (V. P.)
* SAISSET (Emile), de l'Institut. L'Ame et la Vie.
— * Critique et Histoire de la philosophie (fragm.   disc.).
SCHMIDT (O.). Les Sciences naturelles et la Philosophie de l'inconscient.
SCHŒBEL. Philosophie de la raison pure.

Suite de la *Bibliothèque de philosophie contemporaine*, format in-12,
à 2 fr. 50 le volume.

* SCHOPENHAUER. Le Libre arbitre, traduit par M. Salomon Reinach. 3ᵉ édit.
— * Le Fondement de la morale, traduit par M. A. Burdeau. 3ᵉ édit.
— Pensées et Fragments, avec intr. par M. J. Bourdeau. 5ᵉ édit.
SELDEN (Camille). La Musique en Allemagne, étude sur Mendelssohn. (V. P.)
SICILIANI (P.). La Psychogénie moderne.
STRICKER. Le Langage et la Musique, traduit par M. Schwiedland.
* STUART MILL. Auguste Comte et la Philosophie positive, traduit par M. Clémenceau. 2ᵉ édit. (V. P.)
— L'Utilitarisme, traduit par M. Le Monnier.
TAINE (H.), de l'Académie française. L'Idéalisme anglais, étude sur Carlyle.
— * Philosophie de l'art dans les Pays-Bas. 2ᵉ édit. (V. P.)
— * Philosophie de l'art en Grèce. 2ᵉ édit. (V. P.)
— * Philosophie de l'art en Italie. Papier vélin.   5 fr.
TARDE. La Criminalité comparée.
TISSANDIER. Des Sciences occultes et du Spiritisme. Pap. vélin.   5 fr.
* VACHEROT (Et.), de l'Institut. La Science et la Conscience.
VÉRA (A.), professeur à l'Université de Naples. Philosophie hégélienne.
VIANNA DE LIMA. L'Homme selon le transformisme. 1888.
ZELLER. Christian Baur et l'École de Tubingue, traduit par M. Ritter.

BIBLIOTHÈQUE DE PHILOSOPHIE CONTEMPORAINE

Volumes in-8.

Brochés à 5 fr., 7 fr. 50 et 10 fr. — Cart. anglais, 1 fr. en plus par volume.
Demi-reliure............................ 2 francs.

* AGASSIZ. De l'Espèce et des Classifications. 1 vol.   5 fr.
* BAIN (Alex.). La Logique inductive et déductive. Traduit de l'anglais par
   M. G. Compayré, 2 vol. 2ᵉ édit.   20 fr.
— * Les Sens et l'Intelligence. 1 vol. Traduit par M. Cazelles. 2ᵉ édit.   10 fr.
— * L'Esprit et le Corps. 1 vol. 4ᵉ édit.   6 fr.
— La Science de l'Éducation. 1 vol. 6ᵉ édit.   6 fr.
— Les Émotions et la Volonté. Trad. par M. Le Monnier. 1 vol.   10 fr.
* BARDOUX, sénateur. Les Légistes, leur influence sur la société française.
   1 vol.   5 fr.
* BARNI (Jules). La Morale dans la démocratie. 1 vol. 2ᵉ édit. précédée d'une
   préface de M. D. Nolen, recteur de l'académie de Douai. (V. P.)   5 fr.
BEAUSSIRE (Émile), de l'Institut. Les Principes de la morale. 1 vol.   5 fr.
— Les Principes du droit. 1 vol. in-8. 1888.   7 fr. 50
BERTRAND (A.), professeur à la Faculté des lettres de Lyon. L'Aperception du
   corps humain par la conscience. 1 vol. Cart.   6 fr.
BÜCHNER. Nature et Science. 1 vol. 2ᵉ édit. Traduit par M. Lauth.   7 fr. 50
CARRAU (Ludovic), professeur à la Faculté des lettres de Paris. La Philosophie
   religieuse en Angleterre, depuis Locke jusqu'à nos jours. 1 vol. 1888.   5 fr.
CLAY (R.). L'Alternative, contribution à la psychologie. 1 vol. Traduit de
   l'anglais par M. A. Burdeau, député, ancien prof. au lycée Louis-le-Grand. 10 fr.
EGGER (V.), professeur à la Faculté des lettres de Nancy. La Parole intérieure.
   1 vol.   5 fr.
ESPINAS (Alf.), doyen de la Faculté des lettres de Bordeaux. Des Sociétés animales. 1 vol. 2ᵉ édit.   7 fr. 50
FERRI (Louis), correspondant de l'Institut. La Psychologie de l'association,
   depuis Hobbes jusqu'à nos jours. 1 vol.   7 fr. 50

Suite de la *Bibliothèque de philosophie contemporaine*, format in-8.

* FLINT, professeur à l'Université d'Edimbourg. **La Philosophie de l'histoire en France**. Traduit de l'anglais par M. Ludovic Carrau, professeur à la Faculté des lettres de Paris. 1 vol.   7 fr. 50
— * **La Philosophie de l'histoire en Allemagne**. Trad. de l'angl. par M. Ludovic Carrau. 1 vol.   7 fr. 50
FONSEGRIVES. **Essai sur le libre arbitre**. Sa théorie, son histoire. 1 vol. 1887. 10 fr.
* FOUILLÉE (Alf.), ancien maître de conférences à l'École normale supérieure. **La Liberté et le Déterminisme**. 1 vol. 2ᵉ édit.   7 fr. 50
— **Critique des systèmes de morale contemporains**. 1 vol. 2ᵉ édit.   7 fr. 50
L'Avenir de la Morale, de l'Art et de la Religion, d'après M. Guyau. 1 vol. (*Sous presse.*)
FRANCK (A.), de l'Institut. **Philosophie du droit civil**. 1 vol.   5 fr.
GAROFALO, agrégé de l'Université de Naples. **La Criminologie**. 1 vol.   7 fr. 50
* GUYAU. **La Morale anglaise contemporaine**. 1 vol. 2ᵉ édit.   7 fr. 50
— **Les Problèmes de l'esthétique contemporaine**. 1 vol.   5 fr.
— **Esquisse d'une morale sans obligation ni sanction**. 1 vol.   5 fr.
— **L'Irréligion de l'avenir**, étude de sociologie. 1 vol. 2ᵉ édit.   7 fr. 50
— **L'Art au point de vue sociologique**. (*Sous presse.*)
— **Hérédité et éducation**, étude sociologique. (*Sous presse.*)
HERBERT SPENCER *. **Les Premiers Principes**. Traduit par M. Cazelles. 1 fort volume.   10 fr.
— **Principes de biologie**. Traduit par M. Cazelles. 2 vol.   20 fr.
— * **Principes de psychologie**. Trad. par MM. Ribot et Espinas. 2 vol.   20 fr.
— * **Principes de sociologie** :
Tome I. Traduit par M. Cazelles. 1 vol.   10 fr.
Tome II. Traduit par MM. Cazelles et Gerschel. 1 vol.   7 fr. 50
Tome III. Traduit par M. Cazelles. 1 vol.   15 fr.
Tome IV. Traduit par M. Cazelles. 1 vol.   3 fr. 75
— * **Essais sur le progrès**. Traduit par M. A. Burdeau. 1 vol. 2ᵉ édit.   7 fr. 50
— **Essais de politique**. Traduit par M. A. Burdeau. 1 vol. 2ᵉ édit.   7 fr. 50
— **Essais scientifiques**. Traduit par M. A. Burdeau. 1 vol. 2ᵉ édit.   7 fr. 50
* **De l'Éducation physique, intellectuelle et morale**. 1 vol. 5ᵉ édit.   5 fr.
— * **Introduction à la science sociale**. 1 vol. 9ᵉ édit.   6 fr.
— **Les Bases de la morale évolutionniste**. 1 vol. 4ᵉ édit.   6 fr.
— * **Classification des sciences**. 1 vol. in-18. 4ᵉ édit.   2 fr. 50
— **L'Individu contre l'État**. Traduit par M. Gerschel. 1 vol. in-18. 2ᵉ édit. 2 fr. 50
— **Descriptive Sociology**, or Groups of sociological facts. French compiled by James Collier. 1 vol. in-folio.   50 fr.
* HUXLEY, de la Société royale de Londres. **Hume, sa vie, sa philosophie**. Traduit de l'anglais et précédé d'une Introduction par G. Compayré. 1 vol.   5 fr.
* JANET (Paul), de l'Institut. **Les Causes finales**. 1 vol. 2ᵉ édit.   10 fr.
— * **Histoire de la science politique dans ses rapports avec la morale**. 2 forts vol. in-8. 3ᵉ édit., revue, remaniée et considérablement augmentée. 20 fr.
* LAUGEL (Auguste). **Les Problèmes** (Problèmes de la nature, problèmes de la vie, problèmes de l'âme). 1 vol.   7 fr. 50
* LAVELEYE (de), correspondant de l'Institut. **De la Propriété et de ses formes primitives**. 1 vol. 4ᵉ édit. (*Sous presse.*)
— **Le Gouvernement de la démocratie**. 1 vol. (*Sous presse.*)
* LIARD, directeur de l'enseignement supérieur. **La Science positive et la Métaphysique**. 1 vol. 2ᵉ édit.   7 fr. 50
— **Descartes**. 1 vol.   5 fr.
LYON (Georges), professeur au lycée Henri IV. **L'Idéalisme en Angleterre au XVIIIᵉ siècle**. 1 vol. in-8. 1888.   7 fr. 50
LOMBROSO. **L'Homme criminel** (criminel-né, fou-moral, épileptique). Étude anthropologique et médico-légale, précédée d'une préface de M. le docteur Letourneau. 1 vol. in-8.   10 fr.
— **Atlas** de 40 planches, contenant de nombreux portraits, fac-similé d'écritures et de dessins, tableaux et courbes statistiques pour accompagner ledit ouvrage. 2ᵉ édition.   12 fr.

Suite de la *Bibliothèque de philosophie contemporaine*, format in-8.

MARION (H.), professeur à la Faculté des lettres de Paris. **De la Solidarité morale.** Essai de psychologie appliquée. 1 vol. 2ᵉ édit. (V. P.) 5 fr.
MATTHEW ARNOLD. **La Crise religieuse.** 1 vol. 7 fr. 50
MAUDSLEY. **La Pathologie de l'esprit.** 1 vol. Trad. par M. Germont. 10 fr.
* NAVILLE (E.), correspond. de l'Institut. **La Logique de l'hypothèse.** 1 vol. 5 fr.
PÉREZ (Bernard). **Les trois premières années de l'enfant.** 1 vol. 3ᵉ édit. 5 fr.
— **L'Enfant de trois à sept ans.** 1 vol. 5 fr.
— **L'Éducation morale dès le berceau.** 1 vol. 2ᵉ édit. 1888. 5 fr.
— **L'Art et la Poésie chez l'enfant.** 1 vol. 1888. 5 fr.
PIDERIT. **La Mimique et la Physiognomonie.** Trad. de l'allemand par M. Girot. 1 vol. avec 95 figures dans le texte. 1888. 5 fr.
PREYER, professeur à la Faculté d'Iéna. **Éléments de physiologie.** Traduit de l'allemand par M. J. Soury. 1 vol. 5 fr.
— **L'Ame de l'enfant.** Observations sur le développement psychique des premières années. 1 vol., traduit de l'allemand par M. H. C. de Varigny. 1887. 10 fr.
* QUATREFAGES (De), de l'Institut. **Ch. Darwin et ses précurseurs français.** 1 vol. 5 fr.
RIBOT (Th.), directeur de la *Revue philosophique*. **L'Hérédité psychologique.** 1 vol. 3ᵉ édit. 7 fr. 50
— * **La Psychologie anglaise contemporaine.** 1 vol. 3ᵉ édit. 7 fr. 50
— * **La Psychologie allemande contemporaine.** 1 vol. 2ᵉ édit. 7 fr. 50
RICHET (Ch.), professeur à la Faculté de médecine de Paris. **L'Homme et l'Intelligence.** Fragments de psychologie et de physiologie. 1 vol. 2ᵉ édit. 10 fr.
ROBERTY (E. de). **L'Ancienne et la Nouvelle philosophie.** 1 vol. 7 fr. 50
SAIGEY (Emile). **Les Sciences au XVIIIᵉ siècle.** La physique de Voltaire. 1 vol. 5 fr.
SCHOPENHAUER. **Aphorismes sur la sagesse dans la vie.** 3ᵉ édit. Traduit par M. Cantacuzène. 1 vol. 5 fr.
— **De la quadruple racine du principe de la raison suffisante,** suivi d'une *Histoire de la doctrine de l'idéal et du réel.* Trad. par M. Cantacuzène. 1 vol. 5 fr.
— **Le monde comme volonté et représentation.** Traduit de l'allemand par M. A. Burdeau. 3 vol. Tome I, 1 vol. 7 fr. 50
Tome II, 1 vol. 7 fr. 50
Le tome III paraîtra au commencement de l'année 1889.
SÉAILLES, maître de conférences à la Faculté des lettres de Paris. **Essai sur le génie dans l'art.** 1 vol. 5 fr.
SERGI, professeur à l'Université de Rome. **La Psychologie physiologique,** traduite de l'italien par M. Mouton. 1 vol. avec figures. 1888. 7 fr. 50
* STUART MILL. **La Philosophie de Hamilton.** 1 vol. 10 fr.
— * **Mes Mémoires.** Histoire de ma vie et de mes idées. Traduit de l'anglais par M. E. Cazelles. 1 vol. 5 fr.
— * **Système de logique déductive et inductive.** Trad. de l'anglais par M. Louis Peisse. 3ᵉ édit. 2 vol. 20 fr.
— * **Essais sur la religion.** 2ᵉ édit. 1 vol. 5 fr.
SULLY (James). **Le Pessimisme.** Trad. par MM. Bertrand et Gérard. 1 vol. 7 fr. 50
VACHEROT (Et.), de l'Institut. **Essais de philosophie critique.** 1 vol. 7 fr. 50
— **La Religion.** 1 vol. 7 fr. 50
WUNDT. **Éléments de psychologie physiologique.** 2 vol. avec figures, trad. de l'allem. par le Dʳ Élie Rouvier, et précédés d'une préface de M. D. Nolen. 20 fr.

ÉDITIONS ÉTRANGÈRES

Éditions anglaises.

AUGUSTE LAUGEL. The United States during the war. In-8. 7 sh. 6 p.
ALBERT RÉVILLE. History of the doctrine of the deity of Jesus-Christ. 3 sh. 6 p.
H. TAINE. Italy (Naples et Rome). 7 sh. 6 p.
H. TAINE. The philosophy of Art. 3 sh.
PAUL JANET. The Materialism of present day 1 vol. in-18, rel. 3 sh.

Éditions allemandes.

JULES BARNI. Napoléon Iᵉʳ. In-18. 3 m.
PAUL JANET. Der Materialismus unsere Zeit. 1 vol. in-18. 3 m.
H. TAINE. Philosophie der Kun 1 volume in-18. 3 m.

COLLECTION HISTORIQUE DES GRANDS PHILOSOPHES

PHILOSOPHIE ANCIENNE

ARISTOTE (Œuvres d'), traduction de M. Barthélemy Saint-Hilaire.
— **Psychologie** (Opuscules), avec notes. 1 vol. in-8 .... 10 fr.
— **Rhétorique**, avec notes. 1870. 2 vol. in-8 .... 16 fr.
— **Politique**, 1868, 1 v. in-8. 10 fr.
— **Traité du ciel**, 1866. 1 fort vol. grand in-8......... 10 fr.
— **La Métaphysique d'Aristote**. 3 vol. in-8, 1879........ 30 fr.
— **Traité de la production et de la destruction des choses**, avec notes. 1866. 1 v. gr. in-8.... 10 fr.
— **De la Logique d'Aristote**, par M. Barthélemy Saint-Hilaire. 2 vol. in-8............. 10 fr.
* SOCRATE. **La Philosophie de Socrate**, par M. Alf. Fouillée. 2 vol. in-8................ 16 fr.
* PLATON. **La Philosophie de Platon**, par M. Alfred Fouillée. 2 vol. in-8................ 16 fr.
— **Études sur la Dialectique dans Platon et dans Hegel**, par M. Paul Janet. 1 vol. in-8. 6 fr.
— **Platon et Aristote**, par Van der Rest. 1 vol. in-8...... 10 fr.
* ÉPICURE. **La Morale d'Épicure et ses rapports avec les doctrines contemporaines**, par M. Guyau. 1 vol. in-8. 3e édit.... 7 fr. 50
* ÉCOLE D'ALEXANDRIE. **Histoire de l'École d'Alexandrie**, par M. Barthélemy Saint-Hilaire. 1 v. in-8.................. 6 fr.
MARC-AURÈLE. **Pensées de Marc-Aurèle**, traduites et annotées par M. Barthélemy Saint-Hilaire. 1 vol. in-18.................. 4 fr. 50
BÉNARD. **La Philosophie ancienne**, histoire de ses systèmes. Première partie : *La Philosophie et la Sagesse orientales. — La Philosophie grecque avant Socrate. — Socrate et les socratiques. — Études sur les sophistes grecs.* 1 vol. in-8. 1885........ 9 fr.
BROCHARD (V.). **Les Sceptiques grecs** (couronné par l'Académie des sciences morales et politiques). 1 vol. in-8. 1887........ 8 fr.
* FABRE (Joseph). **Histoire de la philosophie, antiquité et moyen âge.** 1 vol. in-18..... 3 fr. 50
OGEREAU. **Essai sur le système philosophique des stoïciens.** 1 vol. in-8. 1885.......... 5 fr.
FAVRE (Mme Jules), née Velten. **La Morale des stoïciens.** 1 volume in-18. 1887.......... 3 fr. 50
— **La Morale de Socrate.** 1 vol. in-18. 1888.......... 3 fr. 50
TANNERY (Paul). **Pour l'histoire de la science hellène** (de Thalès à Empédocle). 1 v. in-8, 1887. 7 fr. 50

PHILOSOPHIE MODERNE

* LEIBNIZ. **Œuvres philosophiques**, avec introduction et notes par M. Paul Janet. 2 vol. in-8. 16 fr.
— **Leibniz et Pierre le Grand**, par Foucher de Careil. 1 v. in-8. 2 fr.
— **Leibniz et les deux Sophie**, par Foucher de Careil. In-8. 2 fr.
DESCARTES, par Louis Liard. 1 vol. in-8.................... 5 fr.
— **Essai sur l'Esthétique de Descartes**, par Krantz. 1 v. in-8. 6 fr.
* SPINOZA. **Dieu, l'homme et la béatitude**, trad. et précédé d'une introd. de P. Janet. In-18. 2 fr. 50
— **Benedicti de Spinoza opera quotquot reperta sunt**, recognoverunt J. Van Vloten et J.-P.-N. Land. 2 forts vol. in-8 sur papier de Hollande.............. 45 fr.
* LOCKE. **Sa vie et ses œuvres**, par M. Marion. 1 vol. in-18. 2 fr. 50
* MALEBRANCHE. **La Philosophie de Malebranche**, par M. Ollé-Laprune. 2 vol. in-8...... 16 fr.
PASCAL. **Études sur le scepticisme de Pascal**, par M. Droz, 1 vol. in-8............ 6 fr.
* VOLTAIRE. **Les Sciences au XVIIIe siècle. Voltaire physicien**, par M. Em. Saigey. 1 vol. in-8. 5 fr.
FRANCK (Ad.). **La Philosophie mystique en France au XVIIIe siècle.** 1 vol. in-18... 2 fr. 50
* DAMIRON. **Mémoires pour servir à l'histoire de la philosophie au XVIIIe siècle.** 3 vol. in-8. 15 fr.

PHILOSOPHIE ECOSSAISE

* DUGALD STEWART. Éléments de la philosophie de l'esprit humain, traduits de l'anglais par L. Peisse. 3 vol. in-12... 9 fr.
* HAMILTON. La Philosophie de Hamilton, par J. Stuart Mill, 1 vol. in-8............ 10 fr.
* HUME. Sa vie et sa philosophie, par Th. Huxley, trad. de l'angl. par M. G. Compayré. 1 vol. in-8. 5 fr.

PHILOSOPHIE ALLEMANDE

KANT. La Critique de la raison pratique, traduction nouvelle avec introduction et notes, par M. Picavet. 1 vol. in-8, 1888... 6 fr.
— Critique de la raison pure, trad. par M. Tissot. 2 v. in-8. 16 fr.
— Même ouvrage, traduction par M. Jules Barni. 2 vol. in-8.. 16 fr.
* — Éclaircissements sur la Critique de la raison pure, trad. par M. J. Tissot. 1 vol. in-8... 6 fr.
— Principes métaphysiques de la morale, augmentés des *Fondements de la métaphysique des mœurs*, traduct. par M. Tissot. 1 v. in-8. 8 fr.
— Même ouvrage, traduction par M. Jules Barni. 1 vol. in-8... 8 fr.
* — La Logique, traduction par M. Tissot. 1 vol. in-8..... 4 fr.
* — Mélanges de logique, traduction par M. Tissot. 1 v. in-8. 6 fr.
* — Prolégomènes à toute métaphysique future qui se présentera comme science, traduction de M. Tissot. 1 vol. in-8... 6 fr.
* — Anthropologie, suivie de divers fragments relatifs aux rapports du physique et du moral de l'homme, et du commerce des esprits d'un monde à l'autre, traduction par M. Tissot. 1 vol. in-8.... 6 fr.
— Traité de pédagogie, trad. J. Barni; préface et notes par M. Raymond Thamin. 1 vol. in-12. 2 fr.
* FICHTE. Méthode pour arriver à la vie bienheureuse, trad. par M. Fr. Bouillier. 1 vol. in-8. 8 fr.
— Destination du savant et de l'homme de lettres, traduit par M. Nicolas. 1 vol. in-8. 3 fr.
* — Doctrines de la science. 1 vol. in-8............ 9 fr.
SCHELLING. Bruno, ou du principe divin. 1 vol. in-8...... 3 fr. 50

SCHELLING. Écrits philosophiques et morceaux propres à donner une idée de son système, traduit par M. Ch. Bénard. 1 vol. in-8. 9 fr.
HEGEL. * Logique. 2ᵉ édit. 2 vol. in-8............... 14 fr.
* — Philosophie de la nature. 3 vol. in-8............ 25 fr.
* — Philosophie de l'esprit. 2 vol. in-8............. 18 fr.
— Philosophie de la religion. 2 vol. in-8............ 20 fr.
— Essais de philosophie hégélienne, par A. Véra. 1 vol. 2 fr. 50
— La Poétique, trad. par M. Ch. Bénard. Extraits de Schiller, Gœthe, Jean-Paul, etc., et sur divers sujets relatifs à la poésie. 2 v. in-8. 12 fr.
— Esthétique. 2 vol. in-8, traduit par M. Bénard....... 16 fr.
— Antécédents de l'hégélianisme dans la philosophie française, par M. Beaussire. 1 vol. in-18... 2 fr. 50
— La Dialectique dans Hegel et dans Platon, par M. Paul Janet. 1 vol. in-8. .... 6 fr.
— Introduction à la philosophie de Hegel, par Véra. 1 vol. in-8, 2ᵉ édit............. 6 fr. 50
HUMBOLDT (G. de). Essai sur les limites de l'action de l'État. 1 vol. in-18 .... 3 fr. 50
* La Philosophie individualiste, étude sur G. de Humboldt, par M. Challemel-Lacour. 1 v. in-18. 2 fr. 50
* STAHL. Le Vitalisme et l'Animisme de Stahl, par M. Albert Lemoine. 1 vol. in-18.... 2 fr. 50
LESSING. Le Christianisme moderne. Étude sur Lessing, par M. Fontanès. 1 vol. in-18. 2 fr. 50

PHILOSOPHIE ALLEMANDE CONTEMPORAINE

BUCHNER (L.). **Nature et Science.** 1 vol. in-8. 2ᵉ édit. ...... 7 fr. 50
— *Le Matérialisme contemporain*, par M. P. JANET. 4ᵉ édit. 1 vol. in-18. ...... 2 fr. 50
CHRISTIAN BAUR et l'École de **Tubingue**, par M. Ed. ZELLER. 1 vol. in-18. ...... 2 fr. 50
HARTMANN (E. de). **La Religion de l'avenir.** 1 vol. in-18. . 2 fr. 50
— **Le Darwinisme**, ce qu'il y a de vrai et de faux dans cette doctrine. 1 vol. in-18. 3ᵉ édition. . 2 fr. 50
HAECKEL. **Les Preuves du transformisme.** 1 vol. in-18. 2 fr. 50
O. SCHMIDT. **Les Sciences naturelles et la Philosophie de l'inconscient.** 1 v. in-18. 2 fr. 50
PIDERIT, **La Mimique et la Physiognomonie.** 1 v. in-8. 5 fr.
PREYER. **Éléments de physiologie.** 1 vol. in-8. ...... 5 fr.
— **L'Âme de l'enfant.** Observations sur le développement psychique des premières années. 1 vol. in-8. 10 fr.
SCHOEBEL. **Philosophie de la raison pure.** 1 vol. in-18. 2 fr. 50
SCHOPENHAUER, **Essai sur le libre arbitre.** 1 vol. in-18. 3ᵉ éd. 2 fr. 50

— **Le Fondement de la morale.** 1 vol. in-18. ...... 2 fr. 50
— **Essais et fragments**, traduit et précédé d'une Vie de Schopenhauer, par M. BOURDEAU. 1 vol. in-18. 6ᵉ édit. ...... 2 fr. 50
— **Aphorismes sur la sagesse dans la vie.** 1 vol. in-8. 3ᵉ éd. 5 fr.
— **De la quadruple racine du principe de la raison suffisante.** 1 vol. in-8. ...... 5 fr.
— **Le Monde comme volonté et représentation.** Tome premier. 1 vol. in-8. ...... 7 fr. 50
— **Schopenhauer et les origines de sa métaphysique**, par M. L. DUCROS. 1 vol. in-8. ... 3 fr. 50
— **La Philosophie de Schopenhauer**, par M. Th. RIBOT. 1 vol. in-18. 3ᵉ édit. ...... 2 fr. 50
RIBOT (Th.). **La Psychologie allemande contemporaine.** 1 vol. in-8. 2ᵉ édit. ...... 7 fr. 50
STRICKER. **Le Langage et la Musique.** 1 vol. in-18. ...... 2 fr. 50
WUNDT. **Psychologie physiologique.** 2 vol. in-8 avec fig. 20 fr.

PHILOSOPHIE ANGLAISE CONTEMPORAINE

STUART MILL*. **La Philosophie de Hamilton.** 1 fort vol. in-8. 10 fr.
— *Mes Mémoires*, Histoire de ma vie et de mes idées. 1 v. in-8. 5 fr.
— *Système de logique déductive et inductive.* 2 v. in-8. 20 fr.
— *Auguste Comte et la philosophie positive.* 1 vol. in-18. 2 fr. 50
— **L'Utilitarisme.** 1 v. in-18. 2 fr. 50
— **Essais sur la Religion.** 1 vol. in-8. 2ᵉ édit. ...... 5 fr.
— **La République de 1848 et ses détracteurs**, trad. et préface de M. SADI CARNOT. 1 v. in-18. 1 fr.
— **La Philosophie de Stuart Mill**, par H. LAURET. 1 v. in-8. 6 fr.
HERBERT SPENCER *. **Les Premiers Principes.** 1 fort volume in-8. ...... 10 fr.

HERBERT SPENCER *. **Principes de biologie.** 2 forts vol. in-8. 20 fr.
— *Principes de psychologie.* 2 vol. in-8. ...... 20 fr.
— *Introduction à la science sociale.* 1 v. in-8 cart. 6ᵉ édit. 6 fr.
— *Principes de sociologie.* 4 vol. in-8. ...... 36 fr. 25
— *Classification des sciences.* 1 vol. in-18. 2ᵉ édition. 2 fr. 50
— *De l'éducation intellectuelle, morale et physique.* 1 vol. in-8. 5ᵉ édit. ...... 5 fr.
— *Essais sur le progrès.* 1 vol. in-8. 2ᵉ édit. ...... 7 fr. 50
— *Essais de politique.* 1 vol. in-8. 2ᵉ édit. ...... 7 fr. 50
— *Essais scientifiques.* 1 vol. in-8. ...... 7 fr. 50

HERBERT SPENCER *. Les Bases de la morale évolutionniste. 1 vol. in-8, 3° édit........ 6 fr.
— L'Individu contre l'État. 1 vol. in-18. 2° édit........ 2 fr. 50
BAIN *. Des sens et de l'intelligence. 1 vol. in-8.... 10 fr.
— Les Émotions et la Volonté. 1 vol. in-8............. 10 fr.
— La Logique inductive et déductive. 2 vol. in-8. 2° édit. 20 fr.
— * L'Esprit et le Corps. 1 vol. in-8, cartonné, 4° édit.... 6 fr.
— * La Science de l'éducation. 1 vol. in-8, cartonné. 6° édit. 6 fr.
DARWIN *. Ch. Darwin et ses précurseurs français, par M. de QUATREFAGES. 1 vol. in-8.. 5 fr.
— * Descendance et Darwinisme, par Oscar SCHMIDT. 1 vol. in-8 cart. 5° édit......... 6 fr.
— Le Darwinisme, par E. DE HARTMANN. 1 vol. in-18.. 2 fr. 50
FERRIER. Les Fonctions du Cerveau. 1 vol. in-8...... 10 fr.
CHARLTON BASTIAN. Le cerveau, organe de la pensée chez l'homme et les animaux. 2 vol. in-8. 12 fr.
CARLYLE. L'Idéalisme anglais, étude sur Carlyle, par H. TAINE. 1 vol. in-18......... 2 fr. 50
BAGEHOT *. Lois scientifiques du développement des nations. 1 vol. in-8, cart. 4° édit.... 6 fr.
DRAPER. Les Conflits de la science et de la religion. 1 volume in-8. 7° édit.............. 6 fr.
RUSKIN (JOHN) *. L'Esthétique anglaise, étude sur J. Ruskin, par MILSAND. 1 vol. in-18 ... 2 fr. 50
MATTHEW ARNOLD. La Crise religieuse. 1 vol. in-8.... 7 fr. 50
MAUDSLEY *. Le Crime et la Folie. 1 vol. in-8. cart. 5° édit... 6 fr.
— La Pathologie de l'esprit. 1 vol in-8......... 10 fr.
FLINT *. La Philosophie de l'histoire en France et en Allemagne. 2 vol in-8. Chacun, séparément .... 7 fr. 50
RIBOT (Th.). La Psychologie anglaise contemporaine. 3° édit. 1 vol. in-8........... 7 fr. 50
LIARD *. Les Logiciens anglais contemporains. 1 vol. in-18. 2° édit............. 2 fr. 50
GUYAU *. La Morale anglaise contemporaine. 1 v. in-8. 2°éd. 7 fr. 50
HUXLEY *. Hume, sa vie, sa philosophie. 1 vol. in-8...... 5 fr.
JAMES SULLY. Le Pessimisme. 1 vol. in-8.......... 7 fr. 50
— Les Illusions des sens et de l'esprit. 1 vol. in-8, cart.. 6 fr.
CARRAU (L.). La Philosophie religieuse en Angleterre, depuis Locke jusqu'à nos jours. 1 volume in-8............... 5 fr.
LYON (Georges). L'Idéalisme en Angleterre au XVIII° siècle. 1 vol. in-8............ 7 fr. 50

PHILOSOPHIE ITALIENNE CONTEMPORAINE

SICILIANI. La Psychogénie moderne. 1 vol. in-18..... 2 fr. 50
ESPINAS *. La Philosophie expérimentale en Italie, origines, état actuel. 1 vol. in-18. 2 fr. 50
MARIANO. La Philosophie contemporaine en Italie, essais de philos. hegelienne. 1 v. in-18. 2 fr.50
FERRI (Louis). Essai sur l'histoire de la philosophie en Italie au XIX° siècle. 2 vol. in-8. 12 fr.
— La Philosophie de l'association depuis Hobbes jusqu'à nos jours. In-8........ 7 fr. 50
MINGHETTI. L'État et l'Église. 1 vol. in-8................ 5 fr.
LEOPARDI. Opuscules et pensées. 1 vol. in-18.......... 2 fr. 50
MOSSO. La Peur. 1 vol. in-18. 2 fr. 50
LOMBROSO. L'Homme criminel. 1 vol. in-8............. 10 fr.
— Atlas accompagnant l'ouvrage ci-dessus............... 12 fr.
MANTEGAZZA. La Physionomie et l'Expression des sentiments. 1 vol. in-8 cart......... 6 fr.
SERGI. La Psychologie physiologique. 1 vol. in-8... 7 fr. 50
GAROFALO. La Criminologie. 1 volume in-8........... 7 fr. 50

OUVRAGES DE PHILOSOPHIE
Prescrits pour l'enseignement des Lycées et des Collèges

COURS ÉLÉMENTAIRE
DE
PHILOSOPHIE
SUIVI
DE NOTIONS D'HISTOIRE DE LA PHILOSOPHIE
ET DE SUJETS DE DISSERTATIONS DONNÉS A LA FACULTÉ DES LETTRES DE PARIS
DE 1866 A 1888

Par Émile BOIRAC
Professeur de philosophie au lycée Condorcet
1 volume in-8° de 582 pages.................. 6 fr. 50

AUTEURS DEVANT ÊTRE EXPLIQUÉS DANS LA CLASSE DE PHILOSOPHIE
AUTEURS FRANÇAIS

CONDILLAC. — **Traité des Sensations**, livre I, avec notes, par Georges LYON, ancien élève de l'École normale supérieure, professeur au lycée Henri IV, docteur ès lettres. 1 vol. in-12.................. 1 fr. 40

DESCARTES. — **Discours sur la Méthode** et première méditation, avec notes, introduction et commentaires, par V. BROCHARD, maître de conférences à l'École normale supérieure. 1 vol. in-12, 2ᵉ édition.................. 2 fr.

DESCARTES. — **Les Principes de la philosophie**, livre I, avec notes, par LE MÊME. 1 vol. in-12, broché.................. 1 fr. 25

LEIBNIZ. — **La Monadologie**, avec notes, introduction et commentaires, par D. NOLEN, ancien élève de l'École normale supérieure, recteur de l'Académie de Besançon. 1 vol. in-12. 2ᵉ édit.................. 2 fr.

LEIBNIZ. — **Nouveaux essais sur l'entendement humain**. Avant-propos et livre I, avec notes, par Paul JANET, professeur à la Faculté des lettres de Paris. 1 vol. in-12.................. 1 fr.

MALEBRANCHE. — **De la recherche de la vérité**, livre II (de l'Imagination), avec notes, par Pierre JANET, ancien élève de l'École normale supérieure, professeur agrégé au lycée du Havre. 1 vol. in-12, broché.................. 1 fr. 80

PASCAL. — **De l'autorité en matière de philosophie. — De l'esprit géométrique. — Entretien avec M. de Sacy**, avec notes, par ROBERT, doyen de la Faculté des lettres de Rennes. 1 vol. in-12.................. 1 fr.

AUTEURS LATINS

CICÉRON. — **De natura Deorum**, livre II, avec notes, par PICAVET, agrégé de l'Université, bibliothécaire des conférences de philosophie à la Faculté des lettres de Paris. 1 vol. in-12. 2 fr.

CICÉRON. — **De Officiis**, livre I, avec notes, par E. BOIRAC, professeur agrégé au lycée Condorcet. 1 vol. in-12.................. 1 fr. 40

LUCRÈCE. — **De natura rerum**, livre V, avec notes, par G. LYON, ancien élève de l'École normale supérieure, professeur agrégé au lycée Henri IV. 1 vol. in-12.................. 1 fr. 50

SÉNÈQUE. — **Lettres à Lucilius** (les 16 premières), avec notes, par DAURIAC, ancien élève de l'École normale supérieure, professeur à la Faculté des lettres de Montpellier. 1 vol. in-12. 1 fr. 25

AUTEURS GRECS

ARISTOTE. — **Morale à Nicomaque**, livre X, avec notes, par L. CARRAU, professeur à la Faculté des lettres de Paris. 1 vol. in-12.................. 1 fr. 25

ÉPICTÈTE. — **Manuel**, avec notes, par MONTARGIS, ancien élève de l'École normale supérieure, agrégé de l'Université. 1 vol. in-12.................. 1 fr.

PLATON. — **La République**, livre VI, avec notes, par ESPINAS, ancien élève de l'École normale supérieure, doyen de la Faculté des lettres de Bordeaux. 1 vol. in-12.................. 2 fr.

XÉNOPHON. — **Mémorables**, livre I, avec notes, par PENJON, ancien élève de l'École normale supérieure, professeur à la Faculté des lettres de Lille. 1 vol. in-12.................. 1 fr. 25

CLASSE DE MATHÉMATIQUES ÉLÉMENTAIRES. — **Résumé de philosophie et analyse des auteurs** (logique, morale, auteurs latins, auteurs français, langues vivantes), à l'usage des candidats au baccalauréat ès sciences, par THOMAS, professeur agrégé de philosophie au lycée de Brest, et REYNIER, professeur agrégé au lycée de Toulouse. 1 vol. in-12. 2ᵉ éd. 2 fr.

BIBLIOTHÈQUE
D'HISTOIRE CONTEMPORAINE

Volumes in-18 brochés à 3 fr. 50. — Volumes in-8 brochés à 5 et 7 francs.

Cartonnage anglais, 50 cent. par vol. in-18; 1 fr. par vol. in-8.

Demi-reliure, 1 fr. 50 par vol. in-18; 2 fr. par vol. in-8.

EUROPE

* SYBEL (H. de). **Histoire de l'Europe pendant la Révolution française**, traduit de l'allemand par Mlle Dosquet. Ouvrage complet en 6 vol. in-8. 42 fr.
Chaque volume séparément. 7 fr.

FRANCE

BLANC (Louis). **Histoire de Dix ans.** 5 vol. in-8. 25 fr.
Chaque volume séparément. 5 fr.
— 25 pl. en taille-douce. Illustrations pour l'*Histoire de Dix ans*. 6 fr.
* BOERT. **La Guerre de 1870-1871**, d'après le colonel fédéral suisse Rustow. 1 vol. in-18. (V. P.) 3 fr. 50
CARLYLE. **Histoire de la Révolution française.** Traduit de l'anglais. 3 vol. in-18.
Chaque volume. 3 fr. 50
* CARNOT (H.), sénateur. **La Révolution française**, résumé historique. 1 volume in-18. Nouvelle édit. (V. P.) 3 fr. 50
ÉLIAS REGNAULT. **Histoire de Huit ans** (1840-1848). 3 vol. in-8. 15 fr.
Chaque volume séparément. 5 fr.
— 14 planches en taille-douce, illustrations pour l'*Histoire de Huit ans*. 4 fr.
* GAFFAREL (P.), professeur à la Faculté des lettres de Dijon. **Les Colonies françaises.** 1 vol. in-8. 4e édit. (V. P.) 5 fr.
* LAUGEL (A.). **La France politique et sociale.** 1 vol. in-8. 5 fr.
ROCHAU (de). **Histoire de la Restauration.** 1 vol. in-18. 3 fr. 50
* TAXILE DELORD. **Histoire du second Empire** (1848-1870). 6 vol. in-8. 42 fr.
Chaque volume séparément. 7 fr.
WAHL, professeur au lycée Lakanal. **L'Algérie.** 1 vol. in-18. 2e édit. (V. P.) 5 fr.
LANESSAN (de), député. **L'Expansion coloniale de la France.** Étude économique, politique et géographique sur les établissements français d'outre-mer. 1 fort vol. in-8, avec cartes. 1886. 12 fr.
— **La Tunisie.** 1 vol. in-8 avec une carte en couleurs. 1887. 5 fr.
— **L'Indo-Chine française.** 1 vol. in-8 avec cartes. (*Sous presse.*)

ANGLETERRE

* BAGEHOT (W.). **Lombard-street.** Le Marché financier en Angleterre. 1 vol. in-18. 3 fr. 50
GLADSTONE (E. W.). **Questions constitutionnelles** (1873-1878). — Le prince-époux. — Le droit électoral. Traduit de l'anglais, et précédé d'une Introduction par Albert Gigot. 1 vol. in-8. 5 fr.
* LAUGEL (Aug.). **Lord Palmerston et lord Russel.** 1 vol. in-18. 3 fr. 50
* SIR CORNEWAL LEWIS. **Histoire gouvernementale de l'Angleterre depuis 1770 jusqu'à 1830.** Traduit de l'anglais. 1 vol. in-8. 7 fr.
* REYNALD (H.), doyen de la Faculté des lettres d'Aix. **Histoire de l'Angleterre depuis la reine Anne jusqu'à nos jours.** 1 vol. in-18. 2e édit. (V. P.) 3 fr. 50
* THACKERAY. **Les Quatre George.** Traduit de l'anglais par Lefoyer. 1 vol. in-18. (V. P.) 3 fr. 50

ALLEMAGNE

* VÉRON (Eug.). **Histoire de la Prusse**, depuis la mort de Frédéric II jusqu'à la bataille de Sadowa. 1 vol. in-18. 4e édit. (V. P.) 3 fr. 50
— * **Histoire de l'Allemagne**, depuis la bataille de Sadowa jusqu'à nos jours. 1 vol. in-18. 2e édit. (V. P.) 3 fr. 50
* BOURLOTON (Ed.). **L'Allemagne contemporaine.** 1 vol. in-18. 3 fr. 50

AUTRICHE-HONGRIE

* ASSELINE (L.). **Histoire de l'Autriche**, depuis la mort de Marie-Thérèse jusqu'à nos jours. 1 vol. in-18. 3e édit. (V. P.) 3 fr. 50
SAYOUS (Ed.), professeur à la Faculté des lettres de Toulouse. **Histoire des Hongrois et de leur littérature politique, de 1790 à 1815.** 1 vol. in-18. 3 fr. 50

ITALIE

SORIN (Élie). **Histoire de l'Italie**, depuis 1815 jusqu'à la mort de Victor-Emmanuel. 1 vol. in-18. 1888. 3 fr. 50

ESPAGNE

* REYNALD (H.). **Histoire de l'Espagne** depuis la mort de Charles III jusqu'à nos jours. 1 vol. in-18. (V. P.) 3 fr. 50

RUSSIE

HERBERT BARRY. **La Russie contemporaine.** Traduit de l'anglais. 1 vol. in-18. (V. P.) 3 fr. 50
CRÉHANGE (M.). **Histoire contemporaine de la Russie.** 1 vol. in-18. (V. P.) 3 fr. 50

SUISSE

* DAENDLIKER. **Histoire du peuple suisse.** Trad. de l'allem. par M⁰⁰ Jules FAVRE et précédé d'une Introduction de M. Jules FAVRE. 1 vol. in-8. (V. P.) 5 fr.
DIXON (H.). **La Suisse contemporaine.** 1 vol. in-18, trad. de l'angl. (V. P.) 3 fr. 50

AMÉRIQUE

DEBERLE (Alf.). **Histoire de l'Amérique du Sud**, depuis sa conquête jusqu'à nos jours. 1 vol. in-18. 2ᵉ édit. (V. P.) 3 fr. 50
* LAUGEL (Aug.). **Les États-Unis pendant la guerre.** 1861-1864. Souvenirs personnels. 1 vol. in-18. 3 fr. 50

* BARNI (Jules). **Histoire des idées morales et politiques en France au dix-huitième siècle.** 2 vol. in-18. (V. P.) Chaque volume. 3 fr. 50
— * **Les Moralistes français au dix-huitième siècle.** 1 vol. in-18 faisant suite aux deux précédents. (V. P.) 3 fr. 50
BEAUSSIRE (Émile), de l'Institut. **La Guerre étrangère et la Guerre civile.** 1 vol. in-18. 3 fr. 50
* DESPOIS (Eug.). **Le Vandalisme révolutionnaire.** Fondations littéraires, scientifiques et artistiques de la Convention. 2ᵉ édition, précédée d'une notice sur l'auteur par M. Charles BIGOT. 1 vol. in-18. (V. P.) 3 fr. 50
* CLAMAGERAN (J.), sénateur. **La France républicaine.** 1 vol. in-18. (V. P.) 3 fr. 50
LAVELEYE (E. de), correspondant de l'Institut. **Le Socialisme contemporain.** 1 vol. in-18. 4ᵉ édit. augmentée. 3 fr. 50
MARCELLIN PELLET, ancien député. **Variétés révolutionnaires.** 2 vol. in-18, précédés d'une Préface de A. RANC. Chaque volume séparément. 3 fr. 50
SPULLER (E.), député, ancien ministre de l'Instruction publique. **Figures disparues, portraits contemporains, littéraires et politiques.** 1 vol. in-18. 2ᵉ édit. 3 fr. 50

BIBLIOTHÈQUE INTERNATIONALE
D'HISTOIRE MILITAIRE

25 VOLUMES PETIT IN-8° DE 250 A 400 PAGES
AVEC CROQUIS DANS LE TEXTE

Chaque volume cartonné à l'anglaise............ 5 francs.

VOLUMES PUBLIÉS :

1. — **Précis des campagnes de Gustave-Adolphe en Allemagne (1630-1632)**, précédé d'une Bibliographie générale de l'histoire militaire des temps modernes.
2. — **Précis des campagnes de Turenne (1644-1675).**
3. — **Précis de la campagne de 1805 en Allemagne et en Italie.**
4. — **Précis de la campagne de 1815 dans les Pays-Bas.**
5. — **Précis de la campagne de 1859 en Italie.**
6. — **Précis de la guerre de 1866 en Allemagne et en Italie.**

BIBLIOTHÈQUE HISTORIQUE ET POLITIQUE

* ALBANY DE FONBLANQUE. **L'Angleterre, son gouvernement, ses institutions.** Traduit de l'anglais sur la 14ᵉ édition par M. F. C. Dreyfus, avec Introduction par M. H. Brisson. 1 vol. in-8.   5 fr.
BENLOEW. **Les Lois de l'Histoire.** 1 vol. in-8.   5 fr.
* DESCHANEL (E.). **Le Peuple et la Bourgeoisie.** 1 vol. in-8, 2ᵉ éd.   5 fr.
DU CASSE. **Les Rois frères de Napoléon Iᵉʳ.** 1 vol. in-8.   10 fr.
MINGHETTI. **L'État et l'Église.** 1 vol. in-8.   5 fr.
LOUIS BLANC. **Discours politiques (1848-1881).** 1 vol. in-8.   7 fr. 50
PHILIPPSON. **La Contre-révolution religieuse au XVIᵉ siècle.** 1 vol. in-8.   10 fr.
HENRARD (P.). **Henri IV et la princesse de Condé.** 1 vol. in-8. 6 fr.
NOVICOW. **La Politique internationale**, précédé d'une Préface de M. Eugène Véron. 1 fort vol. in-8.   7 fr.
DREYFUS (F. C.). **La France, son gouvernement, ses institutions.** 1 vol. (Sous presse.)

PUBLICATIONS HISTORIQUES ILLUSTRÉES

HISTOIRE ILLUSTRÉE DU SECOND EMPIRE, par Taxile Delord. 6 vol. in-8 colombier avec 500 gravures de Ferat, Fr. Regamey, etc.
Chaque vol. broché, 8 fr. — Cart. doré, tr. dorées.   11 fr. 50
HISTOIRE POPULAIRE DE LA FRANCE, depuis les origines jusqu'en 1815. — Nouvelle édition. — 4 vol. in-8 colombier avec 1323 gravures sur bois dans le texte. Chaque vol. broché, 7 fr. 50 — Cart. toile, tranches dorées.   11 fr.

RECUEIL DES INSTRUCTIONS

DONNÉES

AUX AMBASSADEURS ET MINISTRES DE FRANCE

DEPUIS LES TRAITÉS DE WESTPHALIE JUSQU'A LA RÉVOLUTION FRANÇAISE

Publié sous les auspices de la Commission des archives diplomatiques au Ministère des affaires étrangères.

Beaux volumes in-8 cavalier, imprimés sur papier de Hollande :

I. — AUTRICHE, avec Introduction et notes, par M. Albert Sorel. 20 fr.
II. — SUÈDE, avec Introduction et notes, par M. A. Geffroy, membre de l'Institut.. 20 fr.
III. — PORTUGAL, avec Introduction et notes, par le vicomte de Caix de Saint-Aymour.. 20 fr.
IV et V. — POLOGNE, avec Introduction et notes, par M. Louis Farges, 2 vol.. 30 fr.
VI. — ROME, avec Introduction et notes, par M. G. Hanotaux, 1 vol. in-8.. 20 fr.

La publication se continuera par les volumes suivants :

Angleterre, par M. Jusserand.	Savoie et Mantoue, par M. Armingaud.
Prusse, par M. E. Lavisse.	
Russie, par M. A. Rambaud.	Bavière et Palatinat, par M. Lebon.
Turquie, par M. Girard de Rialle.	Naples et Parme, par M. Joseph Reinach.
Hollande, par M. H. Maze.	
Espagne, par M. Morel Fatio.	Diète germanique, par M. Chuquet.
Danemark, par M. Geffroy.	Venise, par M. Jean Kaulek.

INVENTAIRE ANALYTIQUE

DES

ARCHIVES DU MINISTÈRE DES AFFAIRES ÉTRANGÈRES

Publié sous les auspices de la Commission des archives diplomatiques

I. — **Correspondance politique de MM. de CASTILLON et de MARILLAC**, ambassadeurs de France en Angleterre (1538-1540), par M. Jean Kaulek, avec la collaboration de MM. Louis Farges et Germain Lefèvre-Pontalis. 1 beau volume in-8 raisin sur papier fort.. 15 francs.

II. — **Papiers de BARTHÉLEMY**, ambassadeur de France en Suisse, de 1792 à 1797 (Année 1792), par M. Jean Kaulek. 1 beau vol. in-8 raisin sur papier fort........................ 15 fr.

III. — **Papiers de BARTHÉLEMY** (janvier-août 1793), par M. Jean Kaulek. 1 beau vol. in-8 raisin sur papier fort............... 15 fr.

IV. — **Correspondance politique de ODET DE SELVE**, ambassadeur de France en Angleterre (1546-1549), par M. G. Lefèvre-Pontalis. 1 beau vol. in-8 raisin sur papier fort............ 15 fr.

V. — **Papiers de BARTHÉLEMY** (Septembre 1793 à mars 1794,) par M. Jean Kaulek. 1 beau vol. in-8 raisin sur papier fort........ 18 fr.

ANTHROPOLOGIE ET ETHNOLOGIE

EVANS (John). **Les Ages de la pierre.** 1 vol. grand in-8, avec 467 figures dans le texte. 15 fr. — En demi-reliure. 18 fr.

EVANS (John). **L'Age du bronze.** 1 vol. grand in-8, avec 540 gravures dans le texte, broché, 15 fr. — En demi-reliure. 18 fr.

GIRARD DE RIALLE. **Les Peuples de l'Afrique et de l'Amérique.** 1 vol. petit in-18. 60 c.

GIRARD DE RIALLE. **Les Peuples de l'Asie et de l'Europe.** 1 vol. petit in-18. 60 c.

HARTMANN (R.). **Les Peuples de l'Afrique.** 1 vol. in-8, avec fig. 6 fr.

HARTMANN (R.). **Les Singes anthropoïdes.** 1 vol. in-8 avec fig. 6 fr.

JOLY (N.). **L'Homme avant les métaux.** 1 vol. in-8 avec 150 gravures dans le texte et un frontispice. 4ᵉ édit. 6 fr.

LUBBOCK (Sir John). **Les Origines de la civilisation.** État primitif de l'homme et mœurs des sauvages modernes. 1877. 1 vol. gr. in-8, avec gravures et planches hors texte. Trad. de l'anglais par M. Ed. Barbier, 2ᵉ édit. 15 fr. — Relié en demi-maroquin, avec tranch. dorées. 18 fr.

LUBBOCK (Sir John). **L'Homme préhistorique.** 3ᵉ édit., avec gravures dans le texte. 2 vol. in-8. 12 fr.

PIÉTREMENT. **Les Chevaux dans les temps préhistoriques et historiques.** 1 fort vol. gr. in-8. 15 fr.

DE QUATREFAGES. **L'Espèce humaine.** 1 vol. in-8. 6ᵉ édit. 6 fr.

WHITNEY. **La Vie du langage.** 1 vol. in-8. 3ᵉ édit. 6 fr.

CARETTE (le colonel). **Études sur les temps antéhistoriques.**
Première étude : *Le Langage*. 1 vol. in-8. 1878. 8 fr.
Deuxième étude : *Les Migrations*. 1 vol. in-8. 1888. 7 fr.

REVUE PHILOSOPHIQUE
DE LA FRANCE ET DE L'ÉTRANGER
Dirigée par TH. RIBOT
Professeur au Collège de France.
(14ᵉ année, 1889.)

La REVUE PHILOSOPHIQUE paraît tous les mois, par livraisons de 6 ou 7 feuilles grand in-8, et forme ainsi à la fin de chaque année deux forts volumes d'environ 680 pages chacun.

CHAQUE NUMÉRO DE LA *REVUE* CONTIENT :

1° Plusieurs articles de fond; 2° des analyses et comptes rendus des nouveaux ouvrages philosophiques français et étrangers; 3° un compte rendu aussi complet que possible des *publications périodiques* de l'étranger pour tout ce qui concerne la philosophie; 4° des notes, documents, observations, pouvant servir de matériaux ou donner lieu à des vues nouvelles.

Prix d'abonnement :

Un an, pour Paris, 30 fr. — Pour les départements et l'étranger, 33 fr.
La livraison........................ 3 fr.

Les années écoulées se vendent séparément 30 francs, et par livraisons de 3 francs.

Table générale des matières contenues dans les 12 premières années (1876-1887), par M. BÉLUGOUX. 1 vol. in-8.................. 3 fr.

REVUE HISTORIQUE
Dirigée par G. MONOD
Maître de conférences à l'École normale, directeur à l'École des hautes études.
(14ᵉ année, 1889.)

La REVUE HISTORIQUE paraît tous les deux mois, par livraisons grand in-8 de 15 ou 16 feuilles, de manière à former à la fin de l'année trois beaux volumes de 500 pages chacun.

CHAQUE LIVRAISON CONTIENT :

I. Plusieurs *articles de fond*, comprenant chacun, s'il est possible, un travail complet. — II. Des *Mélanges et Variétés*, composés de documents inédits d'une étendue restreinte et de courtes notices sur des points d'histoire curieux ou mal connus. — III. Un *Bulletin historique* de la France et de l'étranger, fournissant des renseignements aussi complets que possible sur tout ce qui touche aux études historiques. — IV. Une *analyse des publications périodiques* de la France et de l'étranger, au point de vue des études historiques. — V. Des *Comptes rendus critiques* des livres d'histoire nouveaux.

Prix d'abonnement :

Un an, pour Paris, 30 fr. — Pour les départements et l'étranger, 33 fr.
La livraison................... 6 fr.

Les années écoulées se vendent séparément 30 francs, et par fascicules de 6 francs. Les fascicules de la 1ʳᵉ année se vendent 9 francs.

Tables générales des matières contenues dans les cinq premières années de la Revue historique.

I. — Années 1876 à 1880, par M. CHARLES BÉMONT.
II. — Années 1881 à 1885, par M. RENÉ COUDERC.

Chaque Table formant un vol. in-8, 3 francs; 1 fr. 50 pour les abonnés.

ANNALES DE L'ÉCOLE LIBRE

DES

SCIENCES POLITIQUES

RECUEIL TRIMESTRIEL

Publié avec la collaboration des professeurs et des anciens élèves de l'école

QUATRIÈME ANNÉE, 1889

COMITÉ DE RÉDACTION :

M. Émile BOUTMY, de l'Institut, directeur de l'École; M. Léon SAY, de l'Académie française, ancien ministre des Finances; M. ALF. DE FOVILLE, chef du bureau de statistique au ministère des Finances, professeur au Conservatoire des arts et métiers; M. R. STOURM, ancien inspecteur des Finances et administrateur des Contributions indirectes; M. Alexandre RIBOT, député; M. Gabriel ALIX; M. L. RENAULT, professeur à la Faculté de droit; M. André LEBON; M. Albert SOREL; M. PIGEONNEAU, professeur à la Sorbonne; M. A. VANDAL, auditeur de 1re classe au Conseil d'État; Directeurs des groupes de travail, professeurs à l'École.

Secrétaire de la rédaction : M. Aug. ARNAUNÉ, docteur en droit.

Les sujets traités dans ces *Annales* embrassent tout le champ couvert par le programme d'enseignement de l'École : *Économie politique, finances, statistique, histoire constitutionnelle, droit international, public et privé, droit administratif, législations civile et commerciale privées, histoire législative et parlementaire, histoire diplomatique, géographie économique, ethnographie, etc.*

La direction du Recueil ne néglige aucune des questions qui présentent, tant en France qu'à l'étranger, un intérêt pratique et actuel. L'esprit et la méthode en sont strictement scientifiques.

Les *Annales* contiennent en outre des notices bibliographiques et des correspondances de l'étranger.

Cette publication présente donc un intérêt considérable pour toutes les personnes qui s'adonnent à l'étude des sciences politiques. Sa place est marquée dans toutes les Bibliothèques des Facultés, des Universités et des grands corps délibérants.

MODE DE PUBLICATION ET CONDITIONS D'ABONNEMENT

Les *Annales de l'École libre des sciences politiques* paraissent tous les trois mois (15 janvier, 15 avril, 15 juillet et 15 octobre), par fascicules gr. in-8, de 186 pages chacun.

Les conditions d'abonnement sont ainsi modifiées à partir du 1er janvier 1889 et chaque numéro est augmenté de 32 pages.

	Paris	18 francs.
Un an (du 15 janvier)	Départements et étranger.	19 —
	La livraison............	5 —

Les *trois premières années* (1886-1887-1888) *se vendent chacune* 16 *francs ou par livraisons de* 5 *francs.*

BIBLIOTHÈQUE SCIENTIFIQUE
INTERNATIONALE
Publiée sous la direction de M. Émile ALGLAVE

La *Bibliothèque scientifique internationale* est une œuvre dirigée par les auteurs mêmes, en vue des intérêts de la science, pour la popularisation sous toutes ses formes, et faire connaître immédiatement dans le monde entier les idées originales, les directions nouvelles, les découvertes importantes qui se font chaque jour dans tous les pays. Chaque savant expose les idées qu'il a introduites dans la science et condense pour ainsi dire ses doctrines les plus originales.

On peut ainsi, sans quitter la France, assister et participer au mouvement des esprits en Angleterre, en Allemagne, en Amérique, en Italie, tout aussi bien que les savants mêmes de chacun de ces pays.

La *Bibliothèque scientifique internationale* ne comprend pas seulement des ouvrages consacrés aux sciences physiques et naturelles, elle aborde aussi les sciences morales, comme la philosophie, l'histoire, la politique et l'économie sociale, la haute législation, etc.; mais les livres traitant des sujets de ce genre se rattachent encore aux sciences naturelles, en leur empruntant les méthodes d'observation et d'expérience qui les ont rendues si fécondes depuis deux siècles.

Cette collection paraît à la fois en français, en anglais, en allemand et en italien : à Paris, chez Félix Alcan; à Londres, chez C. Kegan, Paul et Cⁱᵉ; à New-York, chez Appleton; à Leipzig, chez Brockhaus; et à Milan, chez Dumolard frères.

LISTE DES OUVRAGES PAR ORDRE D'APPARITION

VOLUMES IN-8, CARTONNÉS A L'ANGLAISE, A 6 FRANCS.

Les mêmes en demi-reliure veau, avec coins, tranche supérieure dorée, non rognés...................... 10 francs.

* 1. J. TYNDALL. **Les Glaciers et les Transformations de l'eau**, avec figures. 1 vol. in-8. 5ᵉ édition. 6 fr
* 2. BAGEHOT. **Lois scientifiques du développement des nations** dans leurs rapports avec les principes de la sélection naturelle et de l'hérédité. 1 vol. in-8. 5ᵉ édition. 6 fr.
* 3. MAREY. **La Machine animale**, locomotion terrestre et aérienne, avec de nombreuses fig. 1 vol. in-8. 4ᵉ édit. augmentée. 6 fr.
4. BAIN. **L'Esprit et le Corps**. 1 vol. in-8. 4ᵉ édition. 6 fr.
* 5. PETTIGREW. **La Locomotion chez les animaux**, marche, natation. 1 vol. in-8, avec figures. 2ᵉ édit. 6 fr.
* 6. HERBERT SPENCER. **La Science sociale**. 1 v. in-8. 9ᵉ édit. 6 fr.
* 7. SCHMIDT (O.). **La Descendance de l'homme et le Darwinisme**. 1 vol. in-8, avec fig. 5ᵉ édition. 6 fr.

8. MAUDSLEY. Le Crime et la Folie. 1 vol. in-8. 4ᵉ édit. 6 fr.
* 9. VAN BENEDEN. Les Commensaux et les Parasites dans le règne animal. 1 vol. in-8, avec figures. 3ᵉ édit. 6 fr.
* 10. BALFOUR STEWART. La Conservation de l'énergie, suivi d'une étude sur la *nature de la force*, par M. P. DE SAINT-ROBERT, avec figures. 1 vol. in-8. 4ᵉ édition. 6 fr.
11. DRAPER. Les Conflits de la science et de la religion. 1 vol. in-8. 8ᵉ édition. 6 fr.
12. L. DUMONT. Théorie scientifique de la sensibilité. 1 vol. in-8. 3ᵉ édition. 6 fr.
* 13. SCHUTZENBERGER. Les Fermentations. 1 vol. in-8, avec fig. 5ᵉ édition. 6 fr.
* 14. WHITNEY. La Vie du langage. 1 vol. in-8. 3ᵉ édit. 6 fr.
15. COOKE et BERKELEY. Les Champignons. 1 vol. in-8, avec figures. 4ᵉ édition. 6 fr.
16. BERNSTEIN. Les Sens. 1 vol. in-8, avec 91 fig. 4ᵉ édit. 6 fr.
* 17. BERTHELOT. La Synthèse chimique. 1 vol. in-8. 6ᵉ édit. 6 fr.
* 18. VOGEL. La Photographie et la Chimie de la lumière, avec 95 figures. 1 vol. in-8. 4ᵉ édition. 6 fr.
* 19. LUYS. Le Cerveau et ses fonctions, avec figures. 1 vol. in-8. 6ᵉ édition. 6 fr.
* 20. STANLEY JEVONS. La Monnaie et le Mécanisme de l'échange. 1 vol. in-8. 4ᵉ édition. 6 fr.
21. FUCHS. Les Volcans et les Tremblements de terre. 1 vol. in-8, avec figures et une carte en couleur. 4ᵉ édition. 6 fr.
* 22. GÉNÉRAL BRIALMONT. Les Camps retranchés et leur rôle dans la défense des États, avec fig. dans le texte et 2 planches hors texte. 3ᵉ édit. 6 fr.
23. DE QUATREFAGES. L'Espèce humaine. 1 vol. in-8. 9ᵉ édit. 6 fr.
* 24. BLASERNA et HELMHOLTZ. Le Son et la Musique. 1 vol. in-8, avec figures. 4ᵉ édition. 6 fr.
* 25. ROSENTHAL. Les Nerfs et les Muscles. 1 vol. in-8, avec 75 figures. 3ᵉ édition. 6 fr.
* 26. BRUCKE et HELMHOLTZ. Principes scientifiques des beaux-arts. 1 vol. in-8, avec 39 figures. 2ᵉ édition. 6 fr.
* 27. WURTZ. La Théorie atomique. 1 vol. in-8. 5ᵉ édition. 6 fr.
* 28-29. SECCHI (le père). Les Étoiles. 2 vol. in-8, avec 63 figures dans le texte et 17 planches en noir et en couleur hors texte. 2ᵉ édit. 12 fr.
30. JOLY. L'Homme avant les métaux. 1 vol. in-8, avec figures. 4ᵉ édition. 6 fr.
* 31. A. BAIN. La Science de l'éducation. 1 vol. in-8. 6ᵉ édition. 6 fr.
* 32-33. THURSTON (R.). Histoire de la machine à vapeur, précédée d'une Introduction par M. HIRSCH. 2 vol. in-8, avec 140 figures dans le texte et 16 planches hors texte. 3ᵉ édition. 12 fr.
34. HARTMANN (R.). Les Peuples de l'Afrique. 1 vol. in-8, avec figures. 2ᵉ édition. 6 fr.
* 35. HERBERT SPENCER. Les Bases de la morale évolutionniste. 1 vol. in-8. 4ᵉ édition. 6 fr.
36. HUXLEY. L'Écrevisse, introduction à l'étude de la zoologie. 1 vol. in-8, avec figures. 6 fr.
37. DE ROBERTY. De la Sociologie. 1 vol. in-8. 2ᵉ édition. 6 fr.
* 38. ROOD. Théorie scientifique des couleurs. 1 vol. in-8, avec figures et une planche en couleur hors texte. 6 fr.

39. DE SAPORTA et MARION. L'Évolution du règne végétal (les Cryptogames). 1 vol. in-8 avec figures. 6 fr.
40-41. CHARLTON BASTIAN. Le Cerveau, organe de la pensée chez l'homme et chez les animaux. 2 vol. in-8, avec figures, 2ᵉ éd. 12 fr.
42. JAMES SULLY. Les Illusions des sens et de l'esprit. 1 vol. in-8, avec figures. 2ᵉ édit. 6 fr.
43. YOUNG. Le Soleil. 1 vol. in-8, avec figures. 6 fr.
44. DE CANDOLLE. L'Origine des plantes cultivées. 3ᵉ édition. 1 vol. in-8. 6 fr.
45-46. SIR JOHN LUBBOCK. Fourmis, abeilles et guêpes. Études expérimentales sur l'organisation et les mœurs des sociétés d'insectes hyménoptères. 2 vol. in-8, avec 65 figures dans le texte et 13 planches hors texte, dont 5 coloriées. 12 fr.
47. PERRIER (Edm.). La Philosophie zoologique avant Darwin. 1 vol. in-8. 2ᵉ édition. 6 fr.
48. STALLO. La Matière et la Physique moderne. 1 vol. in-8, précédé d'une introduction par FRIEDEL. 6 fr.
49. MANTEGAZZA. La Physionomie et l'Expression des sentiments. 1 vol. in-8 avec huit planches hors texte. 6 fr.
50. DE MEYER. Les Organes de la parole et leur emploi pour la formation des sons du langage. 1 vol. in-8 avec 51 figures, traduit de l'allemand et précédé d'une introduction par M. O. CLAVEAU. 6 fr.
51. DE LANESSAN. Introduction à l'étude de la botanique (le Sapin). 1 vol. in-8, avec 143 figures dans le texte. 6 fr.
52-53. DE SAPORTA et MARION. L'évolution du règne végétal (les Phanérogames). 2 vol. in-8, avec 136 figures. 12 fr.
54. TROUESSART. Les Microbes, les Ferments et les Moisissures. 1 vol. in-8, avec 107 figures dans le texte. 6 fr.
55. HARTMANN (R.). Les Singes anthropoïdes, et leur organisation comparée à celle de l'homme. 1 vol. in-8, avec 63 figures dans le texte. 6 fr.
56. SCHMIDT (O.). Les Mammifères dans leurs rapports avec leurs ancêtres géologiques. 1 vol. in-8 avec 51 figures. 6 fr.
57. BINET et FÉRÉ. Le Magnétisme animal. 1 vol. in-8 avec figures. 2ᵉ édit. 6 fr.
58-59. ROMANES. L'Intelligence des animaux. 2 vol. in-8. 12 fr.
60. F. LAGRANGE. Physiologie des exercices du corps. 1 vol. in-8. 6 fr.
61. DREYFUS (Camille). La Théorie de l'évolution. 1 vol. in-8. 6 fr.
62. DAUBRÉE. Les régions invisibles du globe et des espaces célestes. 1 vol. in-8 avec 78 gravures dans le texte. 6 fr.
63-64. SIR JOHN LUBBOCK. L'homme préhistorique. 2 vol. in-8, avec figures dans le texte. 3ᵉ édit. 12 fr.
65. RICHET (Ch.). La chaleur animale. 1 vol. avec figures. 6 fr.

OUVRAGES SUR LE POINT DE PARAITRE :

FALSAN. Les périodes glaciaires en France. 1 vol. avec cartes et figures.
BERTHELOT. La Philosophie chimique. 1 vol.
BEAUNIS. Les Sensations internes. 1 vol. avec figures.
MORTILLET (de). L'Origine de l'homme. 1 vol. avec figures.
PERRIER (E.). L'Embryogénie générale. 1 vol. avec figures.
LACASSAGNE. Les Criminels. 1 vol. avec figures.
DURAND-CLAYE (A.). L'hygiène des villes. 1 vol. avec figures.
CARTAILHAC. La France préhistorique. 1 vol. avec figures.
POUCHET (G.). La forme et la vie. 1 vol. avec figures.

LISTE DES OUVRAGES
DE LA
BIBLIOTHÈQUE SCIENTIFIQUE INTERNATIONALE
PAR ORDRE DE MATIÈRES.

Chaque volume in-8, cartonné à l'anglaise......... 6 francs.
En demi-rel. veau avec coins, tranche supérieure dorée, non rognés. 10 fr.

SCIENCES SOCIALES

* Introduction à la science sociale, par HERBERT SPENCER. 1 vol. in-8, 9ᵉ édit. 6 fr.
* Les Bases de la morale évolutionniste, par HERBERT SPENCER. 1 vol. in-8, 4ᵉ édit. 6 fr.
Les Conflits de la science et de la religion, par DRAPER, professeur à l'Université de New-York. 1 vol. in-8, 8ᵉ édit. 6 fr.
Le Crime et la Folie, par H. MAUDSLEY, professeur de médecine légale à l'Université de Londres. 1 vol. in-8, 5ᵉ édit. 6 fr.
* La Défense des États et les Camps retranchés, par le général A. BRIALMONT, inspecteur général des fortifications et du corps du génie de Belgique. 1 vol. in-8 avec nombreuses figures dans le texte et 2 pl. hors texte, 3ᵉ édit.
* La Monnaie et le Mécanisme de l'échange, par W. STANLEY JEVONS, professeur d'économie politique à l'Université de Londres. 1 vol. in-8, 4ᵉ édit. (V. P.) 6 fr.
La Sociologie, par DE ROBERTY. 1 vol. in-8, 2ᵉ édit. (V. P.) 6 fr.
* La Science de l'éducation, par Alex. BAIN, professeur à l'Université d'Aberdeen (Écosse). 1 vol. in-8, 6ᵉ édit. (V. P.) 6 fr.
* Lois scientifiques du développement des nations dans leurs rapports avec les principes de l'hérédité et de la sélection naturelle, par W. BAGEHOT. 1 vol. in-8, 5ᵉ édit. 6 fr.
* La Vie du langage, par D. WHITNEY, professeur de philologie comparée à Yale-College de Boston (États-Unis). 1 vol. in-8, 3ᵉ édit. (V. P.) 6 fr.

PHYSIOLOGIE

Les Illusions des sens et de l'esprit, par James SULLY. 1 vol. in-8. 2ᵉ édit. (V. P.) 6 fr.
* La Locomotion chez les animaux (marche, natation et vol), suivie d'une étude sur l'Histoire de la navigation aérienne, par J.-B. PETTIGREW, professeur au Collège royal de chirurgie d'Édimbourg (Écosse). 1 vol. in-8 avec 140 figures dans le texte. 2ᵉ édit. 6 fr.
* Les Nerfs et les Muscles, par J. ROSENTHAL, professeur de physiologie à l'Université d'Erlangen (Bavière). 1 vol. in-8 avec 75 figures dans le texte, 3ᵉ édit. (V. P.) 6 fr.
* La Machine animale, par E.-J. MAREY, membre de l'Institut, professeur au Collège de France. 1 vol. in-8 avec 117 figures dans le texte, 4ᵉ édit. (V. P.) 6 fr.
* Les Sens, par BERNSTEIN, professeur de physiologie à l'Université de Halle (Prusse). 1 vol. in-8 avec 91 figures dans le texte, 4ᵉ édit. (V. P.) 6 fr.
Les Organes de la parole, par H. DE MEYER, professeur à l'Université de Zurich, traduit de l'allemand et précédé d'une introduction sur l'Enseignement de la parole aux sourds-muets, par O. CLAVEAU, inspecteur général des établissements de bienfaisance. 1 vol. in-8 avec 51 figures dans le texte. 6 fr.
La Physionomie et l'Expression des sentiments, par P. MANTEGAZZA, professeur au Muséum d'histoire naturelle de Florence. 1 vol. in-8 avec figures et 8 planches hors texte, d'après les dessins originaux d'Edouard Ximenès. 6 fr.
Physiologie des exercices du corps, par le docteur F. LAGRANGE. 1 vol. in-8. 6 fr.
La Chaleur animale, par CH. RICHET, professeur de physiologie à la Faculté de médecine de Paris. 1 vol. in-8 avec gravures dans le texte. 6 fr.

PHILOSOPHIE SCIENTIFIQUE

* **Le Cerveau et ses fonctions**, par J. LUYS, membre de l'Académie de médecine, médecin de la Salpêtrière. 1 vol. in-8 avec fig. 6ᵉ édit. (V. P.) 6 fr.
Le Cerveau et la Pensée chez l'homme et les animaux, par CHARLTON BASTIAN, professeur à l'Université de Londres. 2 vol. in-8 avec 184 fig. dans le texte. 2ᵉ édit. 12 fr.
Le Crime et la Folie, par H. MAUDSLEY, professeur à l'Université de Londres. 1 vol. in-8, 5ᵉ édit. 6 fr.
L'Esprit et le Corps, considérés au point de vue de leurs relations, suivi d'études sur les *Erreurs généralement répandues au sujet de l'esprit*, par Alex. BAIN, professeur à l'Université d'Aberdeen (Écosse). 1 vol. in-8, 4ᵉ édit. (V. P.) 6 fr.
* **Théorie scientifique de la sensibilité** : *le Plaisir et la Peine*, par Léon DUMONT. 1 vol. in-8, 3ᵉ édit. 6 fr.
La Matière et la Physique moderne, par STALLO, précédé d'une préface par M. Ch. FRIEDEL, de l'Institut. 1 vol. in-8. 6 fr.
Le Magnétisme animal, par A. BINET et Ch. FÉRÉ. 1 vol. in-8, avec figures dans le texte. 2ᵉ édit. 6 fr.
L'Intelligence des animaux, par ROMANES. 2 vol. in-8, précédés d'une préface de M. E. PERRIER, professeur au Muséum d'histoire naturelle. 12 fr.
L'Évolution des mondes et des sociétés, par C. DREYFUS, député de la Seine. 1 vol. in-8. 6 fr.

ANTHROPOLOGIE

* **L'Espèce humaine**, par A. DE QUATREFAGES, membre de l'Institut, professeur d'anthropologie au Muséum d'histoire naturelle de Paris. 1 vol. in-8, 9ᵉ édit. (V. P.) 6 fr.
* **L'Homme avant les métaux**, par N. JOLY, correspondant de l'Institut, professeur à la Faculté des sciences de Toulouse. 1 vol. in-8 avec 150 figures dans le texte et un frontispice. 4ᵉ édit. (V. P.) 6 fr.
* **Les Peuples de l'Afrique**, par R. HARTMANN, professeur à l'Université de Berlin. 1 vol. in-8 avec 93 figures dans le texte, 2ᵉ édit. (V. P.) 6 fr.
Les Singes anthropoïdes, et leur organisation comparée à celle de l'homme, par R. HARTMANN, professeur à l'Université de Berlin. 1 vol. in-8 avec 63 figures gravées sur bois. 6 fr.
L'Homme préhistorique, par SIR JOHN LUBBOCK, membre de la Société royale de Londres. 2 vol. in-8, avec 228 gravures dans le texte. 3ᵉ édit. 12 fr.

ZOOLOGIE

* **Descendance et Darwinisme**, par O. SCHMIDT, professeur à l'Université de Strasbourg. 1 vol. in-8 avec figures, 5ᵉ édit. 6 fr.
Les Mammifères dans leurs rapports avec leurs ancêtres géologiques, par O. SCHMIDT. 1 vol. in-8 avec 51 figures dans le texte. 6 fr.
Fourmis, Abeilles et Guêpes, par sir JOHN LUBBOCK, membre de la Société royale de Londres. 2 vol. in-8 avec figures dans le texte et 13 planches hors texte, dont 5 coloriées. (V. P.) 12 fr.
L'Écrevisse, introduction à l'étude de la zoologie, par Th.-H. HUXLEY, membre de la Société royale de Londres et de l'Institut de France, professeur d'histoire naturelle à l'École royale des mines de Londres. 1 vol. in-8 avec 82 figures. 6 fr.
* **Les Commensaux et les Parasites dans le règne animal**, par P.-J. VAN BENEDEN, professeur à l'Université de Louvain (Belgique). 1 vol. in-8 avec 82 figures dans le texte. 3ᵉ édit. (V. P.) 6 fr.
La Philosophie zoologique avant Darwin, par EDMOND PERRIER, professeur au Muséum d'histoire naturelle de Paris. 1 vol. in-8, 2ᵉ édit. (V. P.) 6 fr.

BOTANIQUE — GÉOLOGIE

Les Champignons, par COOKE et BERKELEY. 1 vol. in-8 avec 110 figures. 4ᵉ édition. 6 fr.
L'Évolution du règne végétal, par G. DE SAPORTA, correspondant de l'Institut, et MARION, correspondant de l'Institut, professeur à la Faculté des sciences de Marseille.
  I. *Les Cryptogames*. 1 vol. in-8 avec 85 figures dans le texte. 6 fr.
  II. *Les Phanérogames*. 2 v. in-8 avec 136 fig. dans le texte. 12 fr.
* **Les Volcans et les Tremblements de terre**, par FUCHS, professeur à l'Université de Heidelberg. 1 vol. in-8 avec 36 figures et une carte en couleur, 4ᵉ édition. 6 fr.

Les Régions invisibles du globe et des espaces célestes, par A. DAUBRÉE, de l'Institut, professeur au Muséum d'histoire naturelle. 1 vol. in-8, avec 78 gravures dans le texte. 6 fr.
L'Origine des plantes cultivées, par A. DE CANDOLLE, correspondant de l'Institut. 1 vol. in-8, 3ᵉ édit. 6 fr.
Introduction à l'étude de la botanique (le Sapin), par J. DE LANESSAN, professeur agrégé à la Faculté de médecine de Paris. 1 vol. in-8 avec figures dans le texte. (V. P.) 6 fr.
Microbes, Ferments et Moisissures, par le docteur L. TROUESSART. 1 vol. in-8 avec 108 figures dans le texte. (V. P.) 6 fr.

CHIMIE

Les Fermentations, par P. SCHUTZENBERGER, membre de l'Académie de médecine, professeur de chimie au Collège de France. 1 vol. in-8 avec figures, 5ᵉ édit. 6 fr.
* La Synthèse chimique, par M. BERTHELOT, membre de l'Institut, professeur de chimie organique au Collège de France. 1 vol. in-8, 3ᵉ édit. 6 fr.
* La Théorie atomique, par Ad. WURTZ, membre de l'Institut, professeur à la Faculté des sciences et à la Faculté de médecine de Paris. 1 vol. in-8, 5ᵉ édit., précédée d'une introduction sur la *Vie et les travaux* de l'auteur, par M. CH. FRIEDEL, de l'Institut. 6 fr.

ASTRONOMIE — MÉCANIQUE

* Histoire de la Machine à vapeur, de la Locomotive et des Bateaux à vapeur, par R. THURSTON, professeur de mécanique à l'Institut technique de Hoboken, près de New-York, revue, annotée et augmentée d'une Introduction par M. HIRSCH, professeur de machines à vapeur à l'École des ponts et chaussées de Paris. 2 vol. in-8 avec 160 figures dans le texte et 16 planches tirées à part. 3ᵉ édit. (V. P.) 16 fr.
* Les Étoiles, notions d'astronomie sidérale, par le P. A. SECCHI, directeur de l'Observatoire du Collège Romain. 2 vol. in-8 avec 68 figures dans le texte et 16 planches en noir et en couleurs, 2ᵉ édit. (V. P.) 12 fr.
Le Soleil, par C.-A. YOUNG, professeur d'astronomie au Collège de New-Jersey. 1 vol. in-8 avec 87 figures. (V. P.) 6 fr.

PHYSIQUE

La Conservation de l'énergie, par BALFOUR STEWART, professeur de physique au collège Owens de Manchester (Angleterre), suivi d'une étude sur la *Nature de la force*, par P. DE SAINT-ROBERT (de Turin), 1 vol. in-8 avec figures, 4ᵉ édit. 6 fr.
* Les Glaciers et les Transformations de l'eau, par J. TYNDALL, professeur de chimie à l'Institution royale de Londres, suivi d'une étude sur le même sujet, par HELMHOLTZ, professeur à l'Université de Berlin. 1 vol. in-8 avec nombreuses figures dans le texte et 8 planches tirées à part sur papier teinté, 5ᵉ édit. (V. P.) 6 fr.
* La Photographie et la Chimie de la lumière, par VOGEL, professeur à l'Académie polytechnique de Berlin. 1 vol. in-8 avec 95 figures dans le texte et une planche en photoglyptie, 4ᵉ édit. (V. P.) 6 fr.
La Matière et la Physique moderne, par STALLO. 1 vol. in-8. 6 fr.

THÉORIE DES BEAUX-ARTS

* Le Son et la Musique, par P. BLASERNA, professeur à l'Université de Rome, suivi des *Causes physiologiques de l'harmonie musicale*, par H. HELMHOLTZ, professeur à l'Université de Berlin. 1 vol. in-8 avec 41 figures, 4ᵉ édit. (V. P.) 6 fr.
Principes scientifiques des Beaux-Arts, par E. BRUCKE, professeur à l'Université de Vienne, suivi de *l'Optique et les Arts*, par HELMHOLTZ, professeur à l'Université de Berlin. 1 vol. in-8 avec figures, 4ᵉ édit. (V. P.) 6 fr.
* Théorie scientifique des couleurs et leurs applications aux arts et à l'industrie, par O. N. ROOD, professeur de physique à Colombia-College de New-York (États-Unis). 1 vol. in-8 avec 130 figures dans le texte et une planche en couleurs. (V. P.) 6 fr.

PUBLICATIONS
HISTORIQUES, PHILOSOPHIQUES ET SCIENTIFIQUES
qui ne se trouvent pas dans les collections précédentes.

ALAUX. **La Religion progressive.** 1 vol. in-18. 3 fr. 50
ALAUX. **Esquisse d'une philosophie de l'être.** In-8. 1888. 1 fr.
ALAUX. Voy. p. 2.
ALGLAVE. **Des Juridictions civiles chez les Romains.** 1 vol. in-8. 2 fr. 50
ALTMEYER (J. J.). **Les Précurseurs de la réforme aux Pays-Bas.** 2 forts volumes in-8°. 12 fr.
ARRÉAT. **Une Éducation intellectuelle.** 1 vol. in-18. 2 fr. 50
ARRÉAT. **La Morale dans le drame, l'épopée et le roman.** 1 vol. in-18. 1883. 2 fr. 50
ARRÉAT. **Journal d'un philosophe.** 1 vol. in-18. 1887. 3 fr. 50
AUBRY. **La Contagion du meurtre.** 1 vol. in-8. 1887. 3 fr. 50
AZAM. **Le Caractère dans la santé et dans la maladie.** 1 vol. in-8, précédé d'une préface de Th. RIBOT. 1887. 4 fr.
BALFOUR STEWART et TAIT. **L'Univers invisible.** 1 vol. in-8, traduit de l'anglais. 7 fr.
BARNI. **Les Martyrs de la libre pensée.** 1 vol. in-18. 2ᵉ édit. 3 fr. 50
BARNI. **Napoléon Iᵉʳ.** 1 vol. in-18, édition populaire. 1 fr.
BARNI. Voy. p. 4 ; KANT, p. 8 ; p. 13 et 31.
BARTHÉLEMY SAINT-HILAIRE. Voy. pages 2 et 7, ARISTOTE.
BAUTAIN. **La Philosophie morale.** 2 vol. in-8. 12 fr.
BEAUNIS (H.). **Impressions de campagne (1870-1871).** In-18. 3 fr. 50
BÉNARD (Ch.). **De la philosophie dans l'éducation classique.** 1862. 1 fort vol. in-8. 6 fr.
BÉNARD. Voy. p. 8, SCHELLING et HEGEL.
BERTAULD (P.-A.). **Introduction à la recherche des causes premières. — De la méthode.** 3 vol. in-18. Chaque volume, 3 fr. 50
BLACKWELL (Dʳ Elisabeth). **Conseils aux parents sur l'éducation de leurs enfants au point de vue sexuel.** In-18. 2 fr.
BLANQUI. **L'Éternité par les astres.** In-8. 2 fr.
BLANQUI. **Critique sociale**, capital et travail. Fragments et notes. 2 vol. in-18. 1885. 7 fr.
BOUCHARDAT. **Le Travail**, son influence sur la santé (conférences faites aux ouvriers). 1 vol. in-18. 2 fr. 50
BOUILLET (Ad.). **Les Bourgeois gentilshommes. — L'Armée de Henri V.** 1 vol. in-18. 3 fr. 50
BOUILLET (Ad.). **Types nouveaux.** 1 vol. in-18. 1 fr. 50
BOUILLET (Ad.). **L'Arrière-ban de l'ordre moral.** 1 vol. in-18. 3 fr. 50
BOURBON DEL MONTE. **L'Homme et les Animaux.** 1 vol. in-8. 5 fr.
BOURDEAU (Louis). **Théorie des sciences**, plan de science intégrale. 2 vol. in-8. 20 fr.
BOURDEAU (Louis). **Les Forces de l'industrie**, progrès de la puissance humaine. 1 vol. in-8. 5 fr.
BOURDEAU (Louis). **La Conquête du monde animal.** In-8. 5 fr.
BOURDEAU (Louis). **L'Histoire et les Historiens.** 1 vol. in-8. 1888. 7 fr. 50
BOURDET (Eug.). **Principes d'éducation positive**, précédés d'une préface de M. Ch. ROBIN. 1 vol. in-18. 3 fr. 50
BOURDET. **Vocabulaire des principaux termes de la philosophie positive.** 1 vol. in-18. 3 fr. 50
BOURLOTON. Voy. p. 12.
BOURLOTON (Edg.) et ROBERT (Edmond). **La Commune et ses idées à travers l'histoire.** 1 vol. in-18. 3 fr. 50

BUCHNER. **Essai biographique sur Léon Dumont.** 1 vol. in-18 (1884). 2 fr.
Bulletins de la Société de psychologie physiologique. 1ʳᵉ année, 1885. 1 broch. in-8, 1 fr. 50. — 2ᵉ année, 1886, 1 broch. in-8, 1 fr. 50. — 3ᵉ année, 1887. 1 fr. 50
BUSQUET. **Représailles**, poésies. 1 vol. in-18. 3 fr.
CADET. **Hygiène, inhumation, crémation.** In-18. 2 fr.
CARRAU (Lud.). **Études historiques et critiques sur les preuves du Phédon de Platon en faveur de l'immortalité de l'âme humaine.** In-8. 2 fr.
CARRAU (Lud.) Voy. p. 4 et FLINT p. 5.
CLAMAGERAN. **L'Algérie.** 3ᵉ édit. 1 vol. in-18. 1884. 3 fr. 50
CLAMAGERAN. Voy. p. 13.
CLAVEL (Dʳ). **La Morale positive.** 1 vol. in-8. 3 fr.
CLAVEL (Dʳ). **Critique et conséquences des principes de 1789.** 1 vol. in-18. 3 fr.
CLAVEL (Dʳ). **Les Principes au XIXᵉ siècle.** In-18. 1 fr.
CONTA. **Théorie du fatalisme.** 1 vol. in-18. 4 fr.
CONTA. **Introduction à la métaphysique.** 1 vol. in-18. 3 fr.
COQUEREL fils (Athanase). **Libres Études** (religion, critique, histoire, beaux-arts). 1 vol. in-8. 5 fr.
CORTAMBERT (Louis). **La Religion du progrès.** In-18. 3 fr. 50
COSTE (Adolphe). **Hygiène sociale contre le paupérisme** (prix de 5000 fr. au concours Pereire). 1 vol. in-8. 6 fr.
COSTE (Adolphe). **Les Questions sociales contemporaines**, comptes rendus du concours Pereire, et études nouvelles sur le *paupérisme, la prévoyance, l'impôt, le crédit, les monopoles, l'enseignement*, avec la collaboration de MM. A. BURDEAU et ARRÉAT pour la partie relative à l'enseignement. 1 fort. vol. in-8. 10 fr.
COSTE (Ad.). Voy. p. 2.
CRÉPIEUX-JANIN. **L'Écriture et le caractère.** 1 vol. in-8 avec fac-similé. (*Sous presse.*)
DANICOURT (Léon). **La Patrie et la République.** In-18. 2 fr. 50
DAURIAC. **Psychologie et pédagogie.** 1 br. in-8. 1884. 1 fr.
DAURIAC. **Sens commun et raison pratique.** 1 br. in-8. 1 fr. 50
DAVY. **Les Conventionnels de l'Eure.** 2 forts vol. in-8. 18 fr.
DELBŒUF. **Psychophysique**, mesure des sensations de lumière et de fatigue, théorie générale de la sensibilité. 1 vol. in-18. 3 fr. 50
DELBŒUF. **Examen critique de la loi psychophysique**, sa base et sa signification. 1 vol. in-18. 1883. 3 fr. 50
DELBŒUF. **Le Sommeil et les Rêves**, considérés principalement dans leurs rapports avec les théories de la certitude et de la mémoire. 1 vol. in-18. 3 fr. 50
DELBŒUF. **De l'origine des effets curatifs de l'hypnotisme.** Étude de psychologie expérimentale. 1887. in-8. 1 fr. 50
DELBŒUF. Voy. p. 2.
DESTREM (J.). **Les Déportations du Consulat.** 1 br. in-8. 1 fr. 50
DOLLFUS (Ch.). **Lettres philosophiques.** In-18. 3 fr.
DOLLFUS (Ch.). **Considérations sur l'histoire. Le monde antique.** 1 vol. in-8. 7 fr. 50
DOLLFUS (Ch.). **L'Ame dans les phénomènes de conscience.** 1 vol. in-18. 3 fr. 50
DUBOST (Antonin). **Des conditions de gouvernement en France.** 1 vol. in-8. 7 fr. 50
DUFAY. **Études sur la destinée.** 1 vol. in-18. 1876. 3 fr.
DUMONT (Léon). **Le Sentiment du gracieux.** 1 vol. in-8. 3 fr.
DUMONT (Léon). Voy. p. 19 et 22.

DUNAN. **Sur les formes à priori de la sensibilité.** 1 vol. in-8. 5 fr.
DUNAN. **Les Arguments de Zénon d'Élée contre le mouvement.** 1 br. in-8. 1884. 1 fr. 50
DURAND-DÉSORMEAUX. **Réflexions et Pensées**, précédées d'une Notice sur l'auteur par Ch. YRIARTE. 1 vol. in-8. 1884. 2 fr. 50
DURAND-DÉSORMEAUX. **Études philosophiques**, théorie de l'action, théorie de la connaissance. 2 vol. in-8. 1884. 15 fr.
DUTASTA. **Le Capitaine Vallé, ou l'Armée sous la Restauration.** 1 vol. in-18. 1883. 3 fr. 50
DUVAL-JOUVE. **Traité de logique.** 1 vol. in-8. 6 fr.
DUVERGIER DE HAURANNE (Mme E.). **Histoire populaire de la Révolution française.** 1 vol. in-18. 3e édit. 3 fr. 50
Éléments de science sociale. Religion physique, sexuelle et naturelle. 1 vol. in-18. 4e édit. 1885. 3 fr. 50
ESCANDE, **Roche en Irlande (1795-1798)**, d'après des documents inédits. 1 vol. in-18 en caractères elzéviriens. 1888. 3 fr. 50
ESPINAS. **Idée générale de la pédagogie.** 1 br. in-8. 1884. 1 fr.
ESPINAS. **Du Sommeil provoqué chez les hystériques**, br. in-8. 1 fr.
ESPINAS. Voy. p. 2 et 4.
ÉVELLIN. **Infini et quantité.** Étude sur le concept de l'infini dans la philosophie et dans les sciences. 1 vol. in-8. 2e édit. (*Sous presse.*)
FABRE (Joseph). **Histoire de la philosophie.** Première partie : Antiquité et moyen âge. 1 vol. in-12. 3 fr. 50
FAU. **Anatomie des formes du corps humain**, à l'usage des peintres et des sculpteurs. 1 atlas de 25 planches avec texte. 2e édition. Prix, figures noires, 15 fr. ; fig. coloriées. 30 fr.
FAUCONNIER. **Protection et libre échange.** In-8. 2 fr.
FAUCONNIER. **La morale et la religion dans l'enseignement.** 75 c.
FAUCONNIER. **L'Or et l'Argent.** In-8. 2 fr. 50
FEDERICI. **Les Lois du progrès.** 1 vol. in-8. 1888. 6 fr.
FERBUS (N.). **La Science positive du bonheur.** 1 vol. in-18. 3 fr.
FERRIÈRE (Em.). **Les Apôtres**, essai d'histoire religieuse, 1 vol. in-12. 4 fr. 50
FERRIÈRE (Em.). **L'Ame est la fonction du cerveau.** 2 volumes in-18. 1883. 7 fr.
FERRIÈRE (Em.). **Le Paganisme des Hébreux jusqu'à la captivité de Babylone.** 1 vol. in-18. 1884. 3 fr. 50
FERRIÈRE (Em.). **La Matière et l'Énergie.** 1 vol. in-18. 1887. 4 fr. 50
FERRIÈRE (Em.). **L'Ame et la Vie.** 1 vol. in-18. 1888. 4 fr. 50
FERRIÈRE (Em.). Voy. p. 32.
FERRON (de). **Institutions municipales et provinciales dans les différents États de l'Europe.** Comparaison. Réformes. 1 vol. in-8. 1883. 8 fr.
FERRON (de). **Théorie du progrès.** 2 vol. in-18. 7 fr.
FERRON (de). **De la division du pouvoir législatif en deux chambres**, histoire et théorie du Sénat. 1 vol. in-8. 8 fr.
FONCIN. **Essai sur le ministère Turgot.** In-8. 2e édit. (*Sous presse.*)
FOX (W.-J.). **Des idées religieuses.** In-8. 3 fr.
GASTINEAU. **Voltaire en exil.** 1 vol. in-18. 3 fr.
GAYTE (Claude). **Essai sur la croyance.** 1 vol. in-8. 3 fr.
GILLIOT (Alph.). **Études sur les religions et institutions comparées.** 2 vol. in-12, tome Ier, 3 fr. — Tome II. 5 fr.
GOBLET D'ALVIELLA. **L'Évolution religieuse chez les Anglais, les Américains, les Hindous**, etc. 1 vol. in-8. 1885. 7 fr. 50
GOURD. **Le Phénomène.** Esquisse de philosophie générale. 1 vol. in-8. 1888. 7 fr. 50
GRESLAND. **Le Génie de l'homme**, libre philosophie. Gr. in-8. 7 fr.

GRIMAUX (Ed.). **Lavoisier** (1743-1794), d'après sa correspondance et des documents inédits. 1 vol. gr. in-8 avec gravures en taille-douce, imprimé avec luxe. 1888. 15 fr.
GUILLAUME (de Moissey). **Traité des sensations**. 2 vol. in-8. 12 fr.
GUILLY. **La Nature et la Morale**. 1 vol. in-18. 2ᵉ édit. 2 fr. 50
GUYAU. **Vers d'un philosophe**. 1 vol. in-18. 3 fr. 50
GUYAU. Voy. p. 5, 7 et 10.
HAYEM (Armand). **L'Être social**. 1 vol. in-18. 2ᵉ édit. 3 fr. 50
HERZEN. **Récits et Nouvelles**. 1 vol. in-18. 3 fr. 50
HERZEN. **De l'autre rive**. 1 vol. in-18. 3 fr. 50
HERZEN. **Lettres de France et d'Italie**. In-18. 3 fr. 50
HUXLEY. **La Physiographie**, introduction à l'étude de la nature, traduit et adapté par M. G. Lamy. 1 vol. in-8 avec figures dans le texte et 2 planches en couleurs, broché, 8 fr. — En demi-reliure, tranches dorées. 11 fr.
HUXLEY. Voy. p. 5 et 32.
ISSAURAT. **Moments perdus de Pierre-Jean**. 1 vol. in-18. 3 fr.
ISSAURAT. **Les Alarmes d'un père de famille**. In-8. 1 fr.
JANET (Paul). **Le Médiateur plastique de Cudworth**. 1 vol. in-8. 1 fr.
JANET (Paul). Voy. p. 3, 5, 7, 8 et 9.
JEANMAIRE. **L'Idée de la personnalité dans la psychologie moderne**. 1 vol. in-8. 1883. 5 fr.
JOIRE. **La Population, richesse nationale; le travail, richesse du peuple**. 1 vol. in-8. 1886. 5 fr.
JOYAU. **De l'Invention dans les arts et dans les sciences**. 1 vol. in-8. 5 fr.
JOYAU. **Essai sur la liberté morale**. 1 vol. in-18. 1888. 2 fr. 50
JOZON (Paul). **De l'écriture phonétique**. In-18. 3 fr. 50
LABORDE. **Les Hommes et les Actes de l'insurrection de Paris devant la psychologie morbide**. 1 vol. in-18. 2 fr. 50
LACOMBE. **Mes droits**. 1 vol. in-12. 2 fr. 50
LAGGROND. **L'Univers, la force et la vie**. 1 vol. in-8. 1884. 2 fr. 50
LA LANDELLE (de). **Alphabet phonétique**. In-18. 2 fr. 50
LANGLOIS. **L'Homme et la Révolution**. 2 vol. in-18. 7 fr.
LAURET (Henri). **Critique d'une morale sans obligation ni sanction**. In-8. 1 fr. 50
LAURET (Henri). Voy. p. 9.
LAUSSEDAT. **La Suisse**. Études méd. et sociales. In-18 3 fr. 50
LAVELEYE (Em. de). **De l'avenir des peuples catholiques**. In-8. 21ᵉ édit. 25 c.
LAVELEYE (Em. de). **Lettres sur l'Italie** (1878-1879). In-18. 3 fr. 50
LAVELEYE (Em. de). **Nouvelles lettres d'Italie**. 1 vol. in-8. 1884. 3 fr.
LAVELEYE (Em. de). **L'Afrique centrale**. 1 vol. in-12. 3 fr.
LAVELEYE (Em. de). **La Péninsule des Balkans** (Vienne, Croatie, Bosnie, Serbie, Bulgarie, Roumélie, Turquie, Roumanie). 2ᵉ édit. 2 vol. in-12. 1888. 10 fr.
LAVELEYE (Em. de). **La Propriété collective du sol en différents pays**. In-8. 2 fr.
LAVELEYE (Em. de). Voy. p. 5 et 13.
LAVERGNE (Bernard). **L'Ultramontanisme et l'État**. In-8. 1 fr. 50
LEDRU-ROLLIN. **Discours politiques et écrits divers**. 2 vol. in-8 cavalier. 12 fr.
LEGOYT. **Le Suicide**. 1 vol. in-8. 8 fr.
LELORRAIN. **De l'aliéné au point de vue de la responsabilité pénale**. In-8. 2 fr.
LEMER (Julien). **Dossier des jésuites et des libertés de l'Église gallicane**. 1 vol. in-18. 3 fr. 50
LOURDEAU. **Le Sénat et la Magistrature dans la démocratie française**. 1 vol. in-18. 3 fr. 50

MAGY. **De la Science et de la Nature.** 1 vol. in-8. 6 fr.
MAINDRON (Ernest). **L'Académie des sciences** (Histoire de l'Académie, fondation de l'Institut national; Bonaparte, membre de l'Institut). 1 beau vol. in-8 cavalier, avec 53 gravures dans le texte, portraits, plans, etc., 8 planches hors texte et 2 autographes, d'après des documents originaux. 12 fr.
MARAIS. **Garibaldi et l'Armée des Vosges.** In-18. (V. P.) 1 fr. 50
MASSERON (I.). **Danger et Nécessité du socialisme.** In-18. 3 fr. 50
MAURICE (Fernand). **La Politique extérieure de la République française.** 1 vol. in-12. 3 fr. 50
MENIÈRE. **Cicéron médecin.** 1 vol. in-18. 4 fr. 50
MENIÈRE. **Les Consultations de Mme de Sévigné**, étude médico-littéraire. 1884. 1 vol. in-8. 3 fr.
MICHAUT (N.). **De l'Imagination.** 1 vol. in-8. 5 fr.
MILSAND. **Les Études classiques et l'enseignement public.** 1 vol. in-18. 3 fr. 50
MILSAND. **Le Code et la Liberté.** In-8. 2 fr.
MILSAND. Voy. p. 3.
MORIN (Miron). **De la séparation du temporel et du spirituel.** In-8. 3 fr. 50
MORIN (Miron). **Essais de critique religieuse.** 1 fort vol. in-8. 1885. 5 fr.
MORIN. **Magnétisme et Sciences occultes.** 1 vol. in-8. 6 fr.
MORIN (Frédéric). **Politique et Philosophie.** 1 vol. in-18. 3 fr. 50
NIVELET. **Loisirs de la vieillesse ou l'Heure de philosopher.** 1 vol. in-12. 3 fr.
NOËL (E.). **Mémoires d'un Imbécile**, précédé d'une préface de *M. Littré*. 1 vol. in-18. 3e édition. 3 fr. 50
NOTOVITCH. **La Liberté de la volonté.** In-18. 1888. 3 fr. 50
OGER. **Les Bonaparte et les frontières de la France.** In-18. 50 c.
OGER. **La République.** In-8. 50 c.
OLECHNOWICZ. **Histoire de la civilisation de l'humanité**, d'après la méthode brahmanique. 1 vol. in-12. 3 fr. 50
PARIS (comte de). **Les Associations ouvrières en Angleterre** (Trades-unions). 1 vol. in-18. 7e édit. 1 fr. — Édition sur papier fort, 2 fr. 50. — Sur papier de Chine, broché, 12 fr. — Rel. de luxe, 20 fr.
PELLETAN (Eugène). **La Naissance d'une ville** (Royan). In-18. 1 fr. 40
PELLETAN (Eug.). **Jarousseau, le pasteur du désert.** 1 vol. in-18 (couronné par l'Académie française), toile, tr. jaspées. 2 fr. 50
PELLETAN (Eug.). **Un Roi philosophe, Frédéric le Grand.** In-18. 3 fr. 50
PELLETAN (Eug.). **Le monde marche** (la loi du progrès). In-18. 3 fr. 50
PELLETAN (Eug.). **Droits de l'homme.** 1 vol. in-12. 3 fr. 50
PELLETAN (Eug.). **Profession de foi du XIXe siècle.** in-12. 3 fr. 50
PELLETAN (Eug.). **La Mère.** 1 vol. in-8, toile, tr. dorées. 4 fr. 25
PELLETAN (Eug.). **Les Rois philosophes.** 1 vol. in-8, toile, tranches dorées. 4 fr. 25
PELLETAN (Eug.). **La Nouvelle Babylone.** 1 vol. in-12. 3 fr. 50
PELLETAN (Eug.). Voy. p. 31.
PELLIS (F.) **La Philosophie de la Mécanique.** 1 vol. in-8. 1888. 2 fr. 50
PÉNY (le major). **La France par rapport à l'Allemagne.** Étude de géographie militaire. 1 vol. in-8. 2e édit. 6 fr.
PEREZ (Bernard). **Thiery Tiedmann. — Mes deux chats.** In-12. 2 fr.
PEREZ (Bernard). **Jacotot et sa méthode d'émancipation intellectuelle.** 1 vol. in-18. 3 fr.

PEREZ (Bernard). Voy. p. 6.
PETROZ (P.). **L'Art et la Critique en France** depuis 1822. 1 volume
in-18. 3 fr. 50
PETROZ. **Un Critique d'art au XIX° siècle.** in-18. 1 fr. 50
PHILBERT (Louis). **Le Rire**, essai littéraire, moral et psychologique. 1 vol.
in-8. (Couronné par l'Académie française, prix Montyon.) 7 fr. 50
POEY. **Le Positivisme.** 1 fort vol. in-12. 4 fr. 50
POEY. **M. Littré et Auguste Comte.** 1 vol. in-18. 3 fr. 50
POULLET, **La Campagne de l'Est** (1870-1871). 1 vol. in-8 avec 2 cartes, et pièces justificatives. 7 fr.
QUINET (Edgar). **Œuvres complètes.** 30 volumes in-18. Chaque
volume... 3 fr. 50

    Chaque ouvrage se vend séparément :
1. Génie des religions. 6° édition.
2. Les Jésuites. — L'Ultramontanisme. 11° édition.
3. Le Christianisme et la Révolution française. 6° édition.
4-5. Les Révolutions d'Italie. 5° édition. 2 vol.
6. Marnix de Sainte-Aldegonde. — Philosophie de l'Histoire de France. 4° édition.
7. Les Roumains. — Allemagne et Italie. 3° édition.
8. Premiers travaux : Introduction à la Philosophie de l'histoire. — Essai sur Herder. — Examen de la Vie de Jésus. — Origine des dieux. — L'Église de Brou. 3° édition.
9. La Grèce moderne. — Histoire de la poésie. 3° édition.
10. Mes Vacances en Espagne. 5° édition.
11. Ahasverus. — Tablettes du Juif errant. 5° édition.
12. Prométhée. — Les Esclaves. 4° édition.
13. Napoléon (poème). (*Épuisé.*)
14. L'Enseignement du peuple. — Œuvres politiques avant l'exil. 8° édition.
15. Histoire de mes idées (Autobiographie). 4° édition.
16-17. Merlin l'Enchanteur. 2° édition. 2 vol.
18-19-20. La Révolution. 10° édition. 3 vol.
21. Campagne de 1815. 7° édition.
22-23. La Création. 3° édition. 2 vol.
24. Le Livre de l'exilé. — La Révolution religieuse au XIX° siècle. — Œuvres politiques pendant l'exil. 2° édition.
25. Le Siège de Paris. — Œuvres politiques après l'exil. 2° édition.
26. La République, Conditions de régénération de la France. 2° édit.
27. L'Esprit nouveau. 5° édition.
28. Le Génie grec. 1re édition.
29-30. Correspondance. Lettres à sa mère. 1re édition. 2 vol.

RÉGAMEY (Guillaume). **Anatomie des formes du cheval**, à l'usage des peintres et des sculpteurs. 6 planches en chromolithographie, publiées sous la direction de Félix Régamey, avec texte par le Dr Kuhff. 8 fr.
RIBERT (Léonce). **Esprit de la Constitution** du 25 février 1875.
1 vol. in-18. 3 fr. 50
RIBOT (Paul). **Spiritualisme et Matérialisme.** Étude sur les limites de nos connaissances. 2° édit. 1887. 1 vol. in-8. 6 fr.
ROBERT (Edmond). **Les Domestiques.** 1 vol. in-18. 3 fr. 50
ROSNY (Ch. de). **La Méthode consciencielle.** Essai de philosophie exactiviste. 1 vol. in-8. 1887. 4 fr.
SANDERVAL (O. de). **De l'Absolu.** La loi de vie. 1887. 1 vol. in-8. 5 fr.

SECRÉTAN. **Philosophie de la liberté.** 2 vol. in-8. 10 fr.
SECRÉTAN. **La Civilisation et la Croyance.** 1 vol. in-8. 1887. 7 fr. 50
SIEGFRIED (Jules). **La Misère, son histoire, ses causes, ses remèdes.** 1 vol. grand in-18. 3ᵉ édition. 1879. 2 fr. 50
SIÈREBOIS. **Psychologie réaliste.** Étude sur les éléments réels de l'âme et de la pensée. 1876. 1 vol. in-18. 2 fr. 50
SOREL (Albert). **Le Traité de Paris du 20 novembre 1815.** 1 vol. in-8. 4 fr. 50
SPIR (A.). **Esquisses de philosophie critique**, précédées d'une préface de M. A. PENJON. 1 vol. in-18. 1887. 2 fr. 50
STUART MILL (J.). **La République de 1848 et ses détracteurs**, traduit de l'anglais, avec préface par M. SADI CARNOT. 1 vol. in-18. 2ᵉ édition. 1 fr.
STUART MILL. Voy. p. 4, 6 et 9.
TÉNOT (Eugène). **Paris et ses fortifications (1870-1880).** 1 vol. in-8. 5 fr.
TÉNOT (Eugène). **La Frontière (1870-1881).** 1 fort vol. grand in-8. 8 fr.
THIERS (Édouard). **La Puissance de l'armée par la réduction du service.** In-8. 1 fr. 50
THULIÉ. **La Folie et la Loi.** 2ᵉ édit. 1 vol. in-8. 3 fr. 50
THULIÉ. **La Manie raisonnante du docteur Campagne.** In-8. 2 fr.
TIBERGHIEN. **Les Commandements de l'humanité.** 1 vol. in-18. 3 fr.
TIBERGHIEN. **Enseignement et philosophie.** 1 vol. in-18. 4 fr.
TIBERGHIEN. **Introduction à la philosophie.** 1 vol. in-18. 6 fr.
TIBERGHIEN. **La Science de l'âme.** 1 vol. in-12. 3ᵉ édit. 6 fr.
TIBERGHIEN. **Éléments de morale universelle.** In-12. 2 fr.
TISSANDIER. **Études de théodicée.** 1 vol. in-8. 4 fr.
TISSOT. **Principes de morale.** 1 vol. in-8. 6 fr.
TISSOT. Voy. KANT, p. 7.
VACHEROT. **La Science et la Métaphysique.** 3 vol. in-18. 10 fr. 50
VACHEROT. Voy. p. 4 et 6.
VALLIER. **De l'intention morale.** 1 vol. in-8. 3 fr. 50
VAN ENDE (U.). **Histoire naturelle de la croyance**, *première partie* : l'Animal. 1887. 1 vol. in-8. 5 fr.
VERNIAL. **Origine de l'homme**, d'après les lois de l'évolution naturelle. 1 vol. in-8. 3 fr.
VILLIAUMÉ. **La Politique moderne.** 1 vol. in-8. 6 fr.
VOITURON (P.). **Le Libéralisme et les Idées religieuses.** 1 volume in-12. 4 fr.
WEILL (Alexandre). **Le Pentateuque selon Moïse et le Pentateuque selon Esra**, avec *vie, doctrine et gouvernement authentiqus de Moïse*. 1 fort vol. in-8. 7 fr. 50
WEILL (Alexandre). **Vie, doctrine et gouvernement authentique de Moïse**, d'après des textes hébraïques de la Bible jusqu'à ce jour incompris. 1 vol. in-8. 3 fr.
YUNG (Eugène). **Henri IV écrivain.** 1 vol. in-8. 5 fr.
ZIESING (Th.). **Érasme ou Salignac.** Étude sur la lettre de François Rabelais, avec un fac-similé de l'original de la Bibliothèque de Zurich. 1 brochure gr. in-8. 1887. 4 fr.

BIBLIOTHÈQUE UTILE
100 VOLUMES PARUS.
Le volume de 190 pages, broché, 60 centimes.
Cartonné à l'anglaise ou en cartonnage toile dorée, 1 fr.

Le titre de cette collection est justifié par les services qu'elle rend et la part pour laquelle elle contribue à l'instruction populaire.

Elle embrasse l'histoire, la philosophie, le droit, les sciences, l'économie politique et les arts, c'est-à-dire qu'elle traite toutes les questions qu'il est aujourd'hui indispensable de connaître. Son esprit est essentiellement démocratique.

La plupart de ses volumes sont adoptés pour les Bibliothèques par le *Ministère de l'instruction publique*, le *Ministère de la guerre*, la *Ville de Paris*, la *Ligue de l'enseignement*, etc.

HISTOIRE DE FRANCE

* **Les Mérovingiens**, par Buchez, anc. présid. de l'Assemblée constituante.
* **Les Carlovingiens**, par Buchez.
* **Les Luttes religieuses des premiers siècles**, par J. Bastide, 4ᵉ édit.
* **Les Guerres de la Réforme**, par J. Bastide, 4ᵉ édit.
* **La France au moyen âge**, par F. Morin.
* **Jeanne d'Arc**, par Fréd. Lock.
* **Décadence de la monarchie française**, par Eug. Pelletan, 4ᵉ édit.
* **La Révolution française**, par Carnot, sénateur (2 volumes).
* **La Défense nationale en 1792**, par P. Gaffarel.
* **Napoléon I**ᵉʳ, par Jules Barni.
* **Histoire de la Restauration**, par Fréd. Lock. 3ᵉ édit.
* **Histoire de la marine française**, par Alfr. Doneaud. 2ᵉ édit.
* **Histoire de Louis-Philippe**, par Edgar Zevort. 2ᵉ édit.
  Mœurs et Institutions de la France, par P. Bondois. 2 volumes.
  Léon Gambetta, par J. Reinach.

PAYS ÉTRANGERS

* **L'Espagne et le Portugal**, par E. Raymond. 2ᵉ édition.
  Histoire de l'empire ottoman, par L. Collas. 2ᵉ édit.
* **Les Révolutions d'Angleterre**, par Eug. Despois. 3ᵉ édit.
  Histoire de la maison d'Autriche, par Ch. Rolland. 2 édit.
  L'Europe contemporaine (1789-1879), par P. Bondois.
  Histoire contemporaine de la Prusse, par Alfr. Doneaud.
  Histoire contemporaine de l'Italie, par Félix Henneguy.
  Histoire contemporaine de l'Angleterre, par A. Regnard.

HISTOIRE ANCIENNE

La Grèce ancienne, par L. Combes, conseiller municipal de Paris. 2ᵉ éd.
L'Asie occidentale et l'Égypte, par A. Ott. 2ᵉ édit.
L'Inde et la Chine, par A. Ott.
Histoire romaine, par Creighton.
L'Antiquité romaine, par Wilkins (avec gravures).
L'Antiquité grecque, par Mahaffy (avec gravures).

GÉOGRAPHIE

* **Torrents, fleuves et canaux de la France**, par H. Blerzy.
* **Les Colonies anglaises**, par le même.
  Les Îles du Pacifique, par le capitaine de vaisseau Jouan (avec 1 carte).
* **Les Peuples de l'Afrique et de l'Amérique**, par Girard de Rialle.
* **Les Peuples de l'Asie et de l'Europe**, par le même.
  L'Indo-Chine française, par Faque.
* **Géographie physique**, par Geikie, prof. à l'Univ. d'Edimbourg (avec fig.).
* **Continents et Océans**, par Grove (avec figures).
  Les Frontières de la France, par P. Gaffarel.

COSMOGRAPHIE

* **Les Entretiens de Fontenelle sur la pluralité des mondes**, mis au courant de la science par Boillot.
* **Le Soleil et les Étoiles**, par le P. Secchi, Briot, Wolf et Delaunay. 2ᵉ édit. (avec figures).
* **Les Phénomènes célestes**, par Zurcher et Margollé.
  A travers le ciel, par Amigues.
  Origines et Fin des mondes, par Ch. Richard. 3ᵉ édit.
* **Notions d'astronomie**, par L. Catalan, professeur à l'Université de Liège. 4ᵉ édit.

SCIENCES APPLIQUÉES

* Le Génie de la science et de l'industrie, par B. Gastineau.
* Causeries sur la mécanique, par Brothier. 2ᵉ édit.
Médecine populaire, par le docteur Turck. 4ᵉ édit.
La Médecine des accidents, par le docteur Broquère.
Les Maladies épidémiques (Hygiène et Protection), par le docteur L. Monin.
* Hygiène générale, par le docteur L. Cruveilhier. 6ᵉ édit.
Petit Dictionnaire des falsifications, avec moyens faciles pour les reconnaître, par Dufour.
Les Mines de la France et de nos colonies, par P. Maigne.
Les Matières premières et leur emploi dans les divers usages de la vie, par H. Genevoix.
La Machine à vapeur, par H. Gossin, avec figures.
La Photographie, par le même, avec figures.
La Navigation aérienne, par G. Dallet (avec figures).
L'Agriculture française, par A. Larbalétrier, avec figures.

SCIENCES PHYSIQUES ET NATURELLES

Télescope et Microscope, par Zurcher et Margollé.
* Les Phénomènes de l'atmosphère, par Zurcher. 4ᵉ édit.
* Histoire de l'air, par Albert Lévy.
* Histoire de la terre, par le même.
* Principaux faits de la chimie, par Sanson, prof. à l'Éc. d'Alfort. 5ᵉ édit.
Les Phénomènes de la mer, par E. Margollé. 5ᵉ édit.
* L'Homme préhistorique, par L. Zaborowski. 2ᵉ édit.
* Les Grands Singes, par le même.
Histoire de l'eau, par Bouant.
* Introduction à l'étude des sciences physiques, par Morand. 5ᵉ édit.
* Le Darwinisme, par E. Ferrière.
* Géologie, par Geikie (avec fig.).
* Les Migrations des animaux et le Pigeon voyageur, par Zaborowski.
* Premières Notions sur les sciences, par Th. Huxley.
La Chasse et la Pêche des animaux marins, par le capitaine de vaisseau Jouan.
Les Mondes disparus, par L. Zaborowski (avec figures).
Zoologie générale, par H. Beauregard, aide-naturaliste au Muséum (avec figures).

PHILOSOPHIE

La Vie éternelle, par Enfantin. 2ᵉ éd.
Voltaire et Rousseau, par Eug. Noel. 3ᵉ édit.
* Histoire populaire de la philosophie, par L. Brothier. 3ᵉ édit.
* La Philosophie zoologique, par Victor Meunier. 2ᵉ édit.
* L'Origine du langage, par L. Zaborowski.
Physiologie de l'esprit, par Paulhan (avec figures).
L'Homme est-il libre? par Renard. 2ᵉ édition.
La Philosophie positive, par le docteur Robinet. 2ᵉ édit.

ENSEIGNEMENT. — ÉCONOMIE DOMESTIQUE

* De l'Éducation, par Herbert Spencer.
La Statistique humaine de la France, par Jacques Bertillon.
Le Journal, par Hatin.
De l'Enseignement professionnel, par Corbon, sénateur. 3ᵉ édit.
* Les Délassements du travail, par Maurice Cristal. 2ᵉ édit.
Le Budget du foyer, par H. Leneveux.
* Paris municipal, par le même.
* Histoire du travail manuel en France, par le même.
L'Art et les Artistes en France, par Laurent Pichat, sénateur. 4ᵉ édit.
Premiers principes des beaux-arts, par J. Collier.
Économie politique, par Stanley Jevons. 3ᵉ édit.
* Le Patriotisme à l'école, par Jourdy, capitaine d'artillerie.
Histoire du libre échange en Angleterre, par Mongredien.
Économie rurale et agricole, par Petit.
Les Industries d'art, par Achille Mercier.

DROIT

La Loi civile en France, par Morin. 3ᵉ édit.
La Justice criminelle en France, par G. Jourdan. 3ᵉ édit.

Imprimeries réunies, A, rue Mignon, 2, Paris. — 10043.

BIBLIOTHÈQUE DE PHILOSOPHIE CONTEMPORAINE
Format in-8
Volumes brochés à 5 fr., 7 fr. 50 et 10 fr.

AGASSIZ. — De l'espèce et des classifications, traduit de l'angl. par M. Vogeli. 1 vol. 5 fr.
STUART MILL. — La philosophie de Hamilton, traduit de l'angl. par M. Cazelles. 1 v. 10 fr.
— Mes mémoires. Histoire de ma vie et de mes idées, traduit de l'anglais par M. E. Cazelles. 1 vol. 5 fr.
— Système de logique déductive et inductive. 2 vol. 20 fr.
— Essais sur la religion, traduit de l'anglais par M. E. Cazelles, 2e édit. 1 vol. 5 fr.
DE QUATREFAGES. — Ch. Darwin et ses précurseurs français. 1 vol. 5 fr.
HERBERT SPENCER. — Les premiers principes. 1 fort vol., traduit de l'anglais par M. Cazelles. 4e édit. 10 fr.
— Principes de psychologie, traduit de l'anglais par MM. Ribot et Espinas. 2 vol. 20 fr.
— Principes de biologie, traduit par M. Cazelles. 2e édit. 2 vol. 20 fr.
— Principes de sociologie, traduit par MM. Cazelles et Gerschel. 4 vol. 36 fr. 25
— Essais sur le progrès, traduit de l'anglais par M. Burdeau, 2e édit. 1 vol. 7 fr. 50
— Essais de politique. 1 vol., traduit par M. Burdeau, 2e édit. 7 fr. 50
— Essais scientifiques. 1 vol., traduit par M. Burdeau. 7 fr. 50
— De l'éducation physique, intellectuelle et morale. 1 vol. 8e édition. 5 fr.
— Introduction à la science sociale. 1 vol. 7e édition. 6 fr.
— Classification des sciences. 1 vol. in-18, 2e édit. 2 fr. 50
— L'individu contre l'État. 1 v. in-18. 2 fr. 50
— Les bases de la morale évolutionniste. 1 vol. 3e édit. 6 fr.
AUGUSTE LAUGEL. — Les problèmes (Problèmes de la nature, problèmes de la vie, problèmes de l'âme). 1 fort vol. 7 fr. 50
ÉMILE SAIGEY. — Les sciences au XVIIIe siècle, la physique de Voltaire. 1 vol. 5 fr.
PAUL JANET. — Les causes finales. 1 vol. 2e édit. 10 fr.
— Histoire de la science politique dans ses rapports avec la morale. 3e édit. 2 vol. 20 fr.
TH. RIBOT. — De l'hérédité psychologique. 1 vol. 3e édit. 7 fr. 50
— La psychologie anglaise contemporaine. 1 vol. 3e édit. 7 fr. 50
— La psychologie allemande contemporaine (école exper.). 1 vol. 2e éd. 7 fr. 50
ALF. FOUILLÉE. — La liberté et le déterminisme. 1 vol. 2e édit. 7 fr. 50
— Critique des systèmes de morale contemporains. 1 vol. 7 fr. 50
DE LAVELEYE. — De la propriété et de ses formes primitives. 1 vol. 3e édit. (Sous presse.)
BAIN. — La logique déductive et inductive, traduit de l'anglais par M. Compayré. 2e édit. 2 vol. 20 fr.
— Les sens et l'intelligence. 1 vol. traduit de l'anglais par M. Cazelles, 2e édit. 10 fr.
— Les émotions et la volonté. 1 vol. 10 fr.
— L'esprit et le corps. 1 vol. 4e édit. 6 fr.
— La science de l'éducation. 1 vol. 6e éd. 6 fr.
MATTHEW ARNOLD. — La crise religieuse. 1 vol. 7 fr. 50
BARDOUX. — Les légistes et leur influence sur la société française. 1 vol. 5 fr.
ESPINAS (ALF.). — Des sociétés animales. 1 vol. 2e édit. 7 fr. 50
FLINT. — La philosophie de l'histoire en France. 1 vol. 7 fr. 50
FLINT. — La philosophie de l'histoire en Allemagne. 1 vol. 7 fr. 50
LIARD. — La science positive et la métaphysique. 1 vol. 2e édit. 7 fr. 50
LIARD. — Descartes. 1 vol. 5 fr.
GUYAU. — La morale anglaise contemporaine. 1 vol. 2e éd. 7 fr. 50

GUYAU. — Les problèmes de l'esthétique contemporaine. 1 vol. 5 fr.
— Esquisse d'une morale sans obligation ni sanction. 1 vol. 5 fr.
— L'irréligion de l'avenir. 2e éd. 1 vol. 7 fr. 50
HUXLEY. — Hume, sa vie, sa philosophie, trad. et préface par M. G. Compayré. 1 vol. 5 fr.
E. NAVILLE. — La logique de l'hypothèse. 1 vol. 5 fr.
E. VACHEROT. — Essais de philosophie critique. 1 vol. 7 fr. 50
— La religion. 1 vol. 7 fr. 50
H. MARION. — De la solidarité morale. 1 vol. 2e édit. 5 fr.
SCHOPENHAUER. — Aphorismes sur la sagesse dans la vie. 1 vol. traduit par M. J.-A. Cantacuzène. 3e édit. 5 fr.
— De la quadruple racine du principe de la raison suffisante, traduit par M. J.-A. Cantacuzène. 1 vol. 5 fr.
— Le monde comme volonté et comme représentation, trad. par M. Burdeau. Tome I, 1 vol. 7 fr. 50. Tome II, 1 vol. in-8. 7 fr. 50. Tome III (sous presse).
J. BARNI. — La morale dans la démocratie. 2e édit. 1 vol. 5 fr.
LOUIS BUCHNER. — Nature et science. 1 vol. 2e édit. 7 fr. 50
JAMES SULLY. — Le pessimisme. 7 fr. 50
V. EGGER. — La Parole intérieure. 1 v. 3 fr.
LOUIS FERRI. — La psychologie de l'association, depuis Hobbes jusqu'à nos jours. 1 vol. 7 fr. 50
MAUDSLEY. — Pathologie de l'esprit. 1 vol.
CH. RICHET. L'homme et l'intelligence. 2e édit. 1 vol. 10 fr.
SÉAILLES. — Essai sur le génie dans l'art. 1 vol. 5 fr.
PREYER. — Éléments de physiologie. 1 vol. 5 fr.
— L'âme de l'Enfant, obs. sur le développement psychique des premières années. 10 fr.
WUNDT. — Éléments de psychologie physiologique. 2 vol. avec fig. 20 fr.
E. BEAUSSIRE. — Les principes de la morale. 1 vol. 5 fr.
— Les principes du droit. 1 vol. 7 fr. 50
A. FRANCK. — La philosophie du droit civil. 1 vol. 5 fr.
E. B. CLAY. — L'alternative. 1 vol. 10 fr.
BERNARD PEREZ. — Les trois premières années de l'enfant. 3e édit. 1 vol. 5 fr.
— L'enfant de trois à sept ans. 2e éd. 1 vol. 5 fr.
— L'éducation morale dès le berceau. 2e éd. 5 fr.
— L'art et la poésie chez l'enfant. 1 vol. 5 fr.
LOMBROSO. — L'homme criminel. 1 vol. 10 fr. Avec Atlas de 40 planches. 22 fr.
— L'homme de génie. 1 vol. avec 11 pl. 10 fr.
E. DE ROBERTY. — L'ancienne et la nouvelle philosophie. 1 vol. 7 fr. 50
FONSEGRIVE. — Le libre arbitre, théorie, histoire. 1 vol. 10 fr.
G. SERGI. — La Psychologie physiologique. 1 vol. avec fig. 7 fr. 50
L. CARRAU. — La philosophie religieuse en Angleterre, depuis Locke jusqu'à nos jours. 1 vol. 5 fr.
PIDERIT. — La mimique et la physiognomonie. 1 vol. avec 95 fig. 5 fr.
GAROFALO. — La criminologie. 1 vol. 7 fr. 50
G. LYON. — L'idéalisme en Angleterre au XVIIIe siècle. 1 vol. 7 fr. 50
P. SOURIAU. L'esthétique du mouvement. 1 vol. 5 fr.
F. PAULHAN. — L'activité mentale et les éléments de l'esprit. 1 vol. 10 fr.
PIERRE JANET. — L'automatisme psychologique. 1 vol. 7 fr. 50
J. BARTHÉLEMY-SAINT HILAIRE. — La philosophie dans ses rapports avec la science et la religion. 1 vol. 5

www.ingramcontent.com/pod-product-compliance
Lightning Source LLC
Chambersburg PA
CBHW071254160426
43196CB00009B/1279